汉译人类学名著丛书

男子汉的诗学

——一个克里特岛小山村中的竞争和身份认同

〔美〕迈克尔·赫兹菲尔德 著

赵德义 徐鲁亚 译

商务印书馆
创于1897 The Commercial Press

Michael Herzfeld

THE POETICS OF MANHOOD

Contest and Identity in a Cretan Mountain Village

根据普林斯顿大学出版社 1988 年版译出

总　序

　　学术并非都是绷着脸讲大道理,研究也不限于泡图书馆。有这样一种学术研究,研究者对一个地方、一群人感兴趣,怀着浪漫的想象跑到那里生活,在与人亲密接触的过程中获得他们生活的故事,最后又回到自己原先的日常生活,开始有条有理地叙述那里的所见所闻——很遗憾,人类学的这种研究路径在中国还是很冷清。

　　"屹立于世界民族之林"的现代民族国家都要培育一个号称"社会科学"(广义的社会科学包括人文学科)的专业群体。这个群体在不同的国家和不同的历史时期无论被期望扮演多少不同的角色,都有一个本分,就是把呈现"社会事实"作为职业的基础。社会科学的分工比较细密或者说比较发达的许多国家在过去近一个世纪的时间里发展出一种扎进社区里搜寻社会事实,然后用叙述体加以呈现的精致方法和文体,这就是"民族志"(ethnography)。

　　"民族志"的基本含义是指对异民族的社会、文化现象的记述,希罗多德对埃及人家庭生活的描述,旅行者、探险家的游记,那些最早与"土著"打交道的商人和布道的传教士以及殖民时代"帝国官员"们关于土著人的报告,都被归入"民族志"这个广义的文体。这些大杂烩的内容可以被归入一个文体,主要基于两大因素:一是它们在风格上的异域情调或新异感,二是它们表征着一个有着内在一致的精神(或民族精神)的群体(族群)。

　　具有专业素养的人类学家逐渐积累了记述异民族文化的技巧,把庞杂而散漫的民族志发展为以专门的方法论为依托的学术研究成果的载体,这就是以马林诺夫斯基为代表的"科学的民族志"。人类学把民族志发展到"科学"的水平,把这种文体与经过人类学专门训练的学人所从事的规范的田野作业捆绑在一起,成为其知识论和可靠资料的基础,因为一切都基于"我"在现场目睹(I witness),"我"对事实的叙述都基于对社会或文化的整体考虑。

民族志是社会文化人类学家所磨砺出来的学术利器,后来也被民族学界、社会学界、民俗学界广泛采用,并且与从业规模比较大的其他社会科学学科结合,发展出宗教人类学、政治人类学、法律人类学、经济人类学、历史人类学、教育人类学……

人类学的民族志及其所依托的田野作业作为一种组合成为学术规范,后来为多个学科所沿用,民族志既是社会科学的经验研究的一种文体,也是一种方法,即一种所谓的定性研究或者"质的研究"。这些学科本来就擅长定性研究,它们引入民族志的定性研究,使它们能够以整体的(holistic)观念去看待对象,并把对象在经验材料的层次整体性地呈现在文章里。民族志是在人类学对于前工业社会(或曰非西方社会、原始社会、传统社会、简单社会)的调查研究中精致起来的,但是多学科的运用使民族志早就成为也能够有效地对西方社会、现代社会进行调查研究的方法和文体。

作为现代社会科学的一个主要的奠基人,涂尔干强调对社会事实的把握是学术的基础。社会科学的使命首先是呈现社会事实,然后以此为据建立理解社会的角度,建立进入"社会"范畴的思想方式,并在这个过程之中不断磨砺有效呈现社会事实并对其加以解释的方法。

民族志依据社会整体观所支持的知识论来观察并呈现社会事实,对整个社会科学、对现代国家和现代世界具有独特的知识贡献。中国古训所讲的"实事求是"通常是文人学士以个人经历叙事明理。"事"所从出的范围是很狭窄的。现代国家需要知道尽可能广泛的社会事实,并且是超越个人随意性的事实。民族志是顺应现代社会的这种知识需要而获得发展机会的。通过专门训练的学者群体呈现社会各方的"事",使之作为公共知识,作为公共舆论的根据，这为各种行动者提供了共同感知、共同想象的社会知识。现代社会的人际互动是在极大地超越个人直观经验的时间和空间范围展开的，由专业群体在深入调查后提供广泛的社会事实就成为现代社会良性化运作的一个条件。现代世界不可能都由民族志提供社会事实，但是民族志提供的"事"具有怎样的数量、质量和代表性，对于一个社会具有怎样的"实事求是"的能力会产生至关重要的影响。

　　社会需要叙事，需要叙事建立起码的对社会事实的共识。在现代国家的公共领域，有事实就出议题，有议题就能够产生共同思想。看到思想的表达，才见到人之成为人；在共同思想中才见到社会。新闻在呈现事实，但是新闻事实在厚度和纵深上远远不够，现代世界还需要社会科学对事实的呈现，尤其是民族志以厚重的方式对事实的呈现，因为民族志擅长在事实里呈现并理解整个社会与文化。这是那些经济比较发达、公共事务管理比较高明的国家的社会科学界比较注重民族志知识生产的事实所给予我们的启示。

　　在中国现代学术的建构中，民族志的缺失造成了社会科学的知识生产的许多缺陷。学术群体没有一个基本队伍担当起民族志事业，不能提供所关注的社会的基本事实，那么，在每个人脑子里的"社会事实"太不一样并且相互不可知、不可衔接的状态下，学术群体不易形成共同话题，不易形成相互关联而又保持差别和张力的观点，不易磨炼整体的思想智慧和分析技术。没有民族志，没有民族志的思想方法在整个社会科学中的扩散，关于社会的学术就难以"说事儿"，难以把"事儿"说得有意思，难以把琐碎的现象勾连起来成为社会图像，难以在社会过程中理解人与文化。

　　因为民族志不发达，中国的社会科学在总体上不擅长以参与观察为依据的叙事表述。在一个较长的历史时期，中国社会在运作中所需要的对事实的叙述是由文学和艺术及其混合体的广场文艺来代劳的。收租院的故事，《创业史》《艳阳天》，诉苦会、批斗会，都是提供社会叙事的形式。在这些历史时期，如果知识界能够同时也提供社会科学的民族志叙事，中国社会对自己面临的问题的判断和选择会很不一样。专家作为第三方叙事对于作为大共同体的现代国家在内部维持明智的交往行为是不可缺少的。

民族志在呈现社会事实之外,还是一种发现或建构民族文化的文体。民族志学者以长期生活在一个社区的方式开展调查研究,他在社会中、在现实中、在百姓中、在常人生活中观察文化如何被表现出来。他通过对社会的把握而呈现一种文化,或者说他借助对于一种文化的认识而呈现一个社会。如果民族志写作持续地进行,一个民族、一个社会在文化上的丰富性就有较大的机会被呈现出来,一度被僵化、刻板化、污名化的文化就有较大的机会尽早获得准确、全面、公正的表述,生在其中的人民就有较大的机会由此发现自己的多样性,并容易使自己在生活中主动拥有较多的选择,从而使整个社会拥有各种更多的机会。

中国社会科学界无法回避民族志发育不良的问题。在中国有现代学科之前,西方已经占了现代学术的先机。中国社会科学界不重视民族志,西洋和东洋的学术界却出版了大量关于中国的民族志,描绘了他们眼中的中国社会的图像。这些图像是具有专业素养的学人所绘制的,我们不得不承认它们基于社会事实。然而,我们一方面难以认同它们是关于我们社会的完整图像,另一方面我们又没有生产出足够弥补或者替换它们的社会图像。要超越这个局面中我们杂糅着不服与无奈的心理,就必须自己发展起够水准的民族志,书写出自己所见证的社会图像供大家选择或偏爱、参考或参照。

这个译丛偏重选择作为人类学基石的经典民族志以及与民族志问题密切相联的一些人类学著作,是要以此为借鉴在中国社会科学界推动民族志研究,尽快让我们拥有足够多在学术上够水准、在观念上能表达中国学者的见识和主张的民族志。

我们对原著的选择主要基于民族志著作在写法上的原创性和学科史上的代表性,再就是考虑民族志文本的精致程度。概括地说,这个"汉译人类学名著丛书"的入选者或是民族志水准的标志性文本,或是反思民族志并促进民族志发展的人类学代表作。民族志最初的范本是由马林诺夫斯基、米德等人在实地调查大洋上的岛民之后创建的。我们选了米德的代表作。马林诺夫斯基的《西太平洋上的航海者》是最重要的开创之作,好在它已经有了中文本。

　　我们今天向中国社会科学界推荐的民族志，当然不限于大洋上的岛民，不限于非洲部落，也不应该限于人类学。我们纳入了社会学家写美国工厂的民族志。我们原来也列入了保罗·威利斯（Paul Willis）描写英国工人家庭的孩子在中学毕业后成为工人之现象的民族志著作《学做工》，后来因为没有获得版权而留下遗憾。我们利用这个覆盖面要传达的是，中国社会科学的实地调查研究要走向全球社会，既要进入调查成本相对比较低的发展中国家，也要深入西洋东洋的主要发达国家，再高的成本，对于我们终究能够得到的收益来说都是值得的。

　　这个译丛着眼于选择有益于磨砺我们找"事"、说"事"的本事的大作，因为我们认为这种本事的不足是中国社会科学健康发展的软肋。关于民族志，关于人类学，可译可读的书很多；好在有很多中文出版社，好在同行中还有多位热心人。组织此类图书的翻译，既不是从我们开始，也不会止于我们的努力。大家互相拾遗补缺吧。

高丙中

2006 年 2 月 4 日立春

中文版前言

本书中文版即将问世，我感到非常荣幸和高兴，感谢所有使之成为可能的人。

通过在中国的教学和会议活动，我对那些有智慧有勇气接受社会和文化人类学的中国学者产生了深深的敬意。至少从费孝通时代开始，这门学科在中国就有了非凡的历史，但对许多人来说，无论是在中国还是在其他地方，它都是一个有点神秘的研究领域——当然不应该是这样的。

迄今为止，中国人类学的研究大多聚焦于中国本身，并产生了大量的重要成果。这是合理且可以理解的。同时，人类学家有必要牢记他们研究的比较维度。中国人类学家如今对阅读世界其他地方的研究成果很感兴趣，并有人在国外开展了自己的研究。人类学发源地的西方国家的学者需要向中国学者学习很多东西，尤其是当我们的中国同事将自己的智慧探照灯投向人类学产生的文化背景之时。

我是一个在英国出生、在英国接受教育、大部分职业生涯都在美国度过的人类学家。对我来说，西方学术环境中的一个重要挑战，就是尽我所能来宣传欧洲人类学研究的重要性。当然，这不是一个纯粹的人类学问题，它涉及一般性的区域研究。无论是在中国还是在其他地方，都有一种趋势，即把区域研究看作是关于所谓第三世界的研究；在这种趋势下，人类学家可能会发现自己牵涉其中，就像几十年前的欧洲人类学家一样。但中国学者可能也会发现，一些欧洲的社会和文化习俗和非洲或美拉尼西亚一样有趣；对于欧洲（以及所有讲英语的）人类学家来说，阅读中国学者对这些行为的看法是非常有价值的。本书提供的希腊例子，来自一个长期被视为整个欧洲政治边缘的国家，一个被当地人视为希腊民族国家中古怪的岛屿，一个长期被误传为有着奇怪社会习俗、危险异端观念的村庄。我希望中国学者在这样的地方进行更多的民族志研究，而且我也希望他们能将自己的兴趣扩展到欧洲的精英领域,如大学、官僚机构和科学实验室。多年来,这门学科已经扩大了研究的领域。今天,它的实践者不再研究边缘群体和次等群体,而是询问为什么有些群体被认为是边缘群体,而另一些则不是。

我在牛津大学的博士导师 J. K. 坎贝尔(J. K. Campbell)是欧洲主义人类学的先驱之一,他的作品涉及希腊北部的牧羊社区萨拉卡萨尼人(Sara-katsani)。他的观点对本书的影响甚深,而且超越了 E. E. 埃文思-普里查德的影响。然而,本着本书中第一次被称为"社会诗学"之精神,本书也心存敬意地颠覆并重塑了他们作品中一些显著的知识和文体的结构——之所以心存敬意,是因为他们的著作对人类学仍然是非常重要的。

与人们认识中对欧洲社会的刻板印象相反,这里描述的村庄的社会结构更像埃文思-普里查德根据东非的报道人所描述的社会——实际上就像中国传统社会一样——而不是像坎贝尔笔下的萨拉卡萨尼社区。虽然核心家庭对他们来说很重要,但格伦迪人(Glendi)是以父系氏族为轴组织起来的,他们的争端和联盟倾向于在不同层次上追随氏族忠诚,埃文思-普里查德称之为"裂分"(Segmentation)。同时,我还将焦点集中在乡村男子汉的表现维度上。

坎贝尔根据他在萨拉卡萨尼的经历,质疑我对氏族角色的强调,并迫使我说明其准确性。我永远都感谢他的坚持以及他最终慷慨承认我确有证据。我们都意识到,从主权民族国家的角度来看,当今世界上的组织结构很容易让我们认识到,对文化同质性的假设都经不起实证的检验。今天的大多数希腊人并不以氏族为组织,虽然克里特岛的案例确实使我们深刻理解了独立的希腊民族国家诞生前几年希腊农村大片地区的社会组织。而就在我完成这篇前言的那天,恰恰正是这个国家诞生 200 周年的纪念日。

中国学者在希腊和其他欧洲国家的民族志研究,将为实现真正的国际理解做出可喜的贡献。当我在美国开始我的职业生涯时,欧洲人类学仍然是少数人的兴趣,但这种情况已经发生了戏剧性的变化。我期待着中国人类学家参与欧洲社会的研究。如果能够鼓励这类研究的开展,本书中文版就颇有裨益了。

本书描述的村庄仍然是一个热情好客的地方,但其传统的牲畜盗窃活动以及最近其他一些行为都引发了村民与希腊警察当局的严重冲突。因此,该村庄真实的名字佐尼亚那(Zoniana)已被无情的媒体曝光而为大多数希腊人所熟知,再也无法隐藏。村庄的人口已经减少,虽然其减少的辐度不及希腊其他农村地区。村民们的财富已经多样化了,他们自己也在伊拉克利奥(Iraklio,克里特岛最大的城市)建立了越来越明显的存在感。且他们对家族的忠诚也使他们能够发展商业利益。牲畜盗窃行为本身要么被商业化,要么被抛弃,已经被当局关注的其他活动取而代之,村里多数人已经不再偷盗。与此同时,一些农家子弟也开始从事公务员、医疗和法律等职业。过去那些将特定派系与议会代表联系在一起的赞助关系已经削弱。由于希腊越来越多地参与了欧洲联盟的行政和法律框架内的事宜,其他情况也发生了变化。

因此,正如每一部民族志必须做的那样,本书捕捉了一个特定的历史时刻和个人视角。我继续在村里进行研究,并与许多社区成员保持着亲密的友谊。其他人类学家,包括希腊人和非希腊人,都曾在克里特岛的同一地区做过研究,我现在希望中国的同事能以他们独特的视角加入进来。我也邀请他们思考本书提出的如下问题:关于法律本质和地方习俗,关于村庄在国家背景下的角色,关于语言和社会生活之间的关系,特别是关于熟练的表演如何创造并改变一个早期人类学家认为不变和不可改变的价值观和惯例等。

迈克尔·赫兹菲尔德

剑桥,马萨诸塞州

2021 年 3 月 25 日

献 给

科妮莉亚

目　　录

插图目录

（以下照片由科妮莉亚・梅耶・赫兹菲尔德拍摄）

图表目录

前　言

　　希腊民族志研究本身就是特殊的自我挑战。虽然这个国家在欧洲政治舞台上尚显年轻，却声称其历史为欧洲的起源。希腊领导人高度关注这一古老遗产的地位，使得今日的希腊人倍感骄傲，同时又有几分惆怅。

　　到目前为止，几项优秀的民族志研究都认识到了这一点在希腊生活中的重要性。（可特别参见 Campbell 1964：1-6；Friedl 1962：105-106）然而，人类学家因为没有把农村问题与更广泛的国家和国际背景进行联系而受到指责，这在更广泛的地中海研究层面上也有所反映。（Mouzelis 1978：68-70；引自 Davis 1977：5-10）这些抱怨一方面反映了地中海民族志对人类学理论所作的贡献普遍不令人满意，另一方面也引导人类学家去更深入了解农村的经济和政治生活与更大的结构相结合的方式。这种结合同时也构成了很大的风险。当地方层面的民族志需要同时关注更大的民族-国家背景时，它也能去探究农村社区的成员是怎样对上述两个层面的关系形成概念的。我们在农村研究中一味地想减少些异国情调，而多一些"相关性"，结果会容易忘记给村民说话的机会。的确，正是民族志写作会假定村民的想法属于描述的层面而不是理论的层面。这种做法抹杀了村民运用自己的理论（或者至少是概念）资本的能力。

　　以他们对民族国家内部政治关系的理解为例。官僚国家认可的是政治关系的金字塔或等级模式。然而，从村民的角度来看，这种关系可能是一种裂分关系。在此模式下，敌对的亲属群体联合起来保卫他们共同的村庄；不睦的村庄则在忠实于地域认同的基础上团结起来；各地域之间具有竞争性的忠诚则要服从于国家要求的大忠诚。裂分模式最初是由英国人类学家埃文思-普里查德（Evans-Pritchard）于 1940 年提出的，是一种以男系亲属体现社会组织的方式。本书所涉及的格伦迪社区，其政治关系中最主要的表 述方式同样是一种男系亲属关系，但其裂分的思想不需要任何形式的父系制度。用最简单的定义说,它是一种政治关系的相对模型;在理论上,局部的忠诚和敌意必须服从于大局。格伦迪村民充分认可该政治理念,而且会谈论这种理念。裂分观点的一个重要因素是,大与小的实体都是道德共同体,具有完全相同的包容和排斥的形式特征。格伦迪人视其社区为小国家,也将国家官僚结构视为实质上的裂分式结构。

在这方面,格伦迪表现得尤为明确。格伦迪是这个社会中一个以牧业为主的社区。总的看来,其生存状况经受了长期的,或许是不可逆转的衰落。格伦迪人有着悠久的崇尚独立的传统,外国占领时期是这样,身为希腊国民后更是如此。因此相较而言,从国家的角度看,该社区显得有些古怪。然而稍等,不妨让我们琢磨一下这种明显的古怪性。它在很大程度上是该社区对官僚统治和干涉的批判性回应。格伦迪人具有政治意识,他们为身为希腊民族的一员而感到自豪。他们不轻易接受官僚主义的假设,即国家必然是民族的最佳代表。格伦迪人的种种言行都是在探究官僚体制,并发现它存在缺陷。因而,他们的批评声越发强烈起来,因为每一次批评都体现了格伦迪人独有的希腊特色。而且,不仅体现了希腊人的特性,也体现了所有克里特人的特性、雷西姆尼(Rethimni)地区和乡村的特性,从而使格伦迪人在对抗中把自己理想化为最终的卓越群体。强烈的身份独特感,本身并不构成政治分离主义。相反,格伦迪人的经验表明,和官僚国家同心同德是令人尴尬的,并不因为他们代表着分离主义的威胁,而是因为他们为国家提供了另一种意识形态的视角。格伦迪人与官方思想体系明显存在差异。

在探索这些差异造成的问题以及自己的态度时,格伦迪人谈论最多的是"意义"(meaning)。他们沉湎于一种独特的社会价值观,与官方持不同政见,对官方世界无处不在的社会价值观给予尖刻的评判。在本书中,我没有试图采用"意义"的普遍性概念,比如人类学或其他的概念,而是尝试遵循格伦迪人对"西玛西亚(simasia)*"的定义和理解,从而揭示他们如何以及何时从别人的话语和行为中识别意义的属性,包括与他们的邻居、敌对社区

---

* simasia 是希腊文,在此使用音译"西玛西亚",与从 meaning 意译来的"意义"一词作出区分。——译者

成员，以及经常接触的官员和政客。

　　这就提出一个方法论的基本问题。"西玛西亚"是一个复杂概念，支撑它的理论基础值得我们像对待技术分析工具一样认真对待。有人可能反驳说，我将抽象理论归结为一些较早期的概念，更确切地说，归结至纯描述的层面。然而，也许应该受到挑战的，很大程度上正是理论与民族志之间含混不清的区别，即我们话语中的"民间理论"（folk theory）。格伦迪人通过追寻"西玛西亚"的同根词，教会我很多关于语义学和符号学的知识。因此我认为，我在本书中把几位学术权威的观点，与格伦迪人的社会理论和符号理论及其概念放在一个共同的分析框架内，并不是在冒犯那些学者，而是在向他们所有人学习。

　　格伦迪人为什么如此专注意义的问题呢？部分原因似乎涉及与官僚政府的紧张关系。最明显的冲突表现在普遍存在的牲畜盗窃问题上，格伦迪人对此与官方的态度截然不同。村民之间彼此盗窃，是一种有组织的系统行为，并且有一套心照不宣的规则：偷盗也有正确方式和错误方式之分，当然这种区别与官方的法制观念无关。他们说偷盗是"为了交朋友"，一次成功的盗窃，就产生了一个新的盟友。然而，所有参与者都触犯了法律。这是他们特殊身份的关键因素：如何在做一个好克里特人的同时，去做一个好偷盗者和一个好希腊公民？对他们来说并不是困难的选择：他们的行动表达了对独立和自由的由衷热爱，他们从突厥人*压迫者手中夺回了自由；今天他们仍然可以对官僚政府中"耍笔杆子"的小人嗤之以鼻。正是这个陈述本身是一个无解的矛盾。然而我们将看到，如果不涉及高层的政治利益，牲畜盗窃现象不可能延续至今。尽管格伦迪人依然偷盗，在数量上终将大大下降，但其民族身份成为一个至关紧要的问题。那些谴责盗窃牲畜为古老"野蛮行 XIV 为"的人，虽然更愿意奉行官僚的法治制度，但他们同样也参与到如何界定国家和地方身份之间关系的持续探索中。人类学想要理解民族国家在社会经验中的作用，或许可以从行为本身学到一些东西，更重要的是通过反思格伦

---

　　*　对于书中提及"Turkish"和"Turks"的地方，译者按照上下文的时间做了区分：1923 年之前统称为"突厥人"，此后土耳其建国，故译作"土耳其人"。——译者

迪人支持或反对官方的行为,从"西玛西亚"的属性中领悟他们身份的定义。

我们很快就会明白,"西玛西亚"并不是字典学中的一个抽象概念,而是格伦迪人在实践过程中认识的东西。这个词汇包含语言上的含义,但并不一定给予语言意义任何特殊优先权。本质上它是一种诗学概念。在技术层面上,它关注的是通过实际表现来表达意义的手段,进而,由于它跨越了言语和其他行为方式的界限,我们可以让它消解语言、象征、政治之间完全由人为设定的分野。意义存在于社会行为的所有领域,无论是世俗的还是礼仪的或是艺术的领域,然而核心是行为本身。格伦迪人的意义概念不关注任何文本,无论是一首歌曲,一次关于偷盗的报道,还是恶意的话语,除非它来自特定的生活经验。格伦迪人对什么是正式分类法不感兴趣,但他们能够充分理解由行动者从各种形式的社会经验中提取其形式属性的方式,并赋予这种经验以共同的意义。

这并非意味着我们仅仅认可格伦迪人已经明确指出的那些意义的要素。村民本身没有必要去探索不同经验领域中真实的相互关系,然而他们对这些社会生活领域中意义的认识,为结构性类比指明了一条道路,这可能是我们比较感兴趣的地方。其中一个核心例子是社会事件和叙事结构之间的紧密类比:叙事结构提供了主要途径,借此可以探索行为者所认为的社会事件所产生的意义。这种整体研究的核心问题的是社会诗学和自我诗学;它是一种尝试,目的是理解个人在和谐并存在潜在冲突的社会认同层面上,如何协调紧张关系,而这些关系都隐含在社会裂分模式中。这就是我和村民对"意义"进行协商的过程和产物。

社会诗学的概念在具体问题的研究和分析[①]上已经产生了积极的影响;我认为在本书中也具有高度的综合应用性,因为诗学原则指导着所有有效的社会互动。当然,这种诗学必须与地方社会理论当地居民关于意义的观念风格、相关性以及重要性的标准相一致。任何一种诗学都与意义的构成有关。除非找到一些他们认识意义的原则,否则就不可能理解格伦迪人是如何发现并赋予生活以意义的。意义的嵌入理念,是训练民族志学者观察事物的手段之一,它既是行为的原因也是行为的结果。一些希腊乡村社会的民族志已经含蓄地认识到这一点;我的目的则是,依靠他们对本土社会理论所具有的丰富敏感性,借助格伦迪人的慷慨分享和深刻体悟的见解,在我能力所及的范围发展一种符合他们的经验和理解的民族志诗学。

本书对意义和话语的强调,建立在研究希腊社会的早期民族志学者的见解之上,同时也对本研究的方向做出了相应的调整。本书讨论的许多主题,都是在前人对其他社区研究的基础上形成的,如社会组织、友谊在政治和社会中的作用、道德价值观(尤其犯罪和责任的概念)、村庄与世界其他地区的关系等。然而在本书中,我对传统的民族志布局做了改动,目的是为了公正地证明,社会关系本身就构成了一种话语,即本书中所描述的诗学,它与叙事、玩笑、歌曲并行不悖,在一个单一框架下形成了两种结构:社会结构和叙事结构。

可能有人反对说,叙事材料最好留给叙事学家或民俗学家。然而在我看来,这完全是不公平的人为区分。诚然,叙事材料在希腊社会的地方民族志中主要是说明性的,但在社会关系的探讨中敏感嵌入叙事材料(Campbell 1964:118 – 121,135,314 – 315;du Boulay,1974:38 – 39,82),则要求我们对二者之间的结构联系有深入的了解。这是民族志研究的一个方面,丹佛斯(Danforth 1982)在关于希腊死亡仪式的研究已经充分体现了这一点。

在本书的撰写中,我依然保持研究一个相对较小社区的传统。同时,我把重点一方面放在当地社区的意识形态、政治和历史关系上,另一方面则放 XVI 在社区与国家之间的各种关系上。在此过程中,我从诸多前辈的研究成果中受益匪浅,特别是坎贝尔(Campbell 1964)、佛里德尔(Friedl 1962)和罗伊佐思(Loizos 1975)。本书不再赘述社会组织的机制,而是尝试阐明修辞与话语在当地社区和更大范围内是如何进行调整和融合的。这种方法能让我们更容易地看到一个宏大的政治和历史背景对于村民而言究竟意味着什么。因为很明显,他们不把国家首都作为他们道德世界的中心,这一崇高的位置是留给他们自己的社区的,他们与外部关系的发展也是从这个事实开始的。

人们对在希腊和其他地方的民族志研究持有普遍性的批评,其原因是这些研究主要针对鲜为人知的边缘社区进行调查。我们可以轻而易举反驳这种指责,指出某社区或者其他类似社区在一个民族的自我定型过程中起到了至关重要的作用,是希腊人呈现给外部世界的集体形象的核心。要理解希腊与世界的关系,必须先理解这些"古怪"社区与行政中心的关系,这似乎也适用于大多数其他国家。在这个意义上,是村民对事物的看法,而不是人类学批评家的看法,能更好地促进理解,而这种理解反过来又加强了民族志研究对于地方身份认同的修辞或话语的关注。

村名"格伦迪"是虚构的,表明我对村民隐私的尊重;虚构不可能做到无懈可击,但我希望本书读者认同我使用虚构地名所暗示的道德责任。格伦迪人非常慷慨,他们允许我深入了解可能让他们感到尴尬的事情,同时他们也清楚,我打算在本书中使用这些材料。大多数人对使用化名感到满意,至少个人名字可以受到保护。在必要情况下,我对人名和地名做了分类,民族学命名模式的重要性应该不会丢失。哪些内容不该写或如何写,格伦迪人的观点也不尽相同,很多人可能对某些分析感到不适,可能的负面报道让他们做了最坏的打算。然而,本书除了对他们最深切的尊重之外,没有任何诋毁的意味。我坚持认为,他们在理论上做出了贡献,而不仅仅作为"民族志的被研究者",这就足以证明我的诚意。如果本书能影响他人和我一样分享对格伦迪人的尊重,我将不胜感激。特别在牲畜偷盗方面,我希望所写内容能够抵消一些耸人听闻的不实之词,因为克里特岛高地人的风俗习惯经常引发希腊社会和国外的关注。

"格伦迪"在当地和标准希腊语里的意义是"节日"。事实上,村民无需任何理由就可以举办各类社交活动,如音乐、舞蹈、聚餐等,以此构成一个真正的"格伦迪(*ghlendi*)"。村名没有任何言外之意:"格伦迪"人才是构建社会经验的主体。另外,我在实地考察中有一个重要的主观感受,即对格伦迪式幽默的钦佩。笑话无人不说,但格伦迪人的玩笑揭示了他们的矛盾情感。他们的集体经验如此痛苦,充满了危险和矛盾,他们把唯一的救赎保留在挑衅性的笑声中。两个小偷之间反复较量、为了亲兄弟被杀而复仇、对法律权威的无视和对抗,甚至面对死亡那一刻的内心恐惧和凶险境地,格伦迪人均表现出嬉戏般的蔑视。最重要的是,格伦迪人是社会经验丰富的诗人,在与恐惧开玩笑的过程中,他们在充满紧张的生活中汲取意义。

我对格伦迪人怀有深深的愧疚之心。他们生动地做出了解释,并对我作品充满了想象和兴趣,他们是帮助我完成任务的动力。他们同意我对大量叙事和其他文本进行录音,很大程度上他们才是本书的原创作者。

在研究过程中,朋友和同事给我以支持和建议。这里我要特别提到约翰·坎贝尔(John Campbell)。当我还在读博士时,曾在罗德岛得到一份短期工作,坎贝尔支持我去克里特岛工作六个月作为罗德岛短期工作的补充。这为我提供了一个研究的机会,使我完成博士论文后得到进一步发展。正是这种早期访问的灵感,促使我在1976年7月、1977年8月到1978年6月多次往返克里特岛。理查德·鲍曼(Richard Bauman)、劳瑞·丹佛斯(Loring M. Danforth)、玛丽·道格拉斯(Mary Douglas)、詹姆斯·费尔南德斯(James W. Fernandez)、罗杰·约瑟夫(Roger Joseph)、南妮·帕诺基亚(Nennie Panourgia)(他们都提供过有价值的档案材料)、安吉斯·帕珀 XVIII 塔克吉斯(Akis Papataxiarchi)、诺拉·斯科里迪卡罗(Nora Skouteri-Didaskalou)等人,都阅读了本书的手稿并提出关键的见解和建议。约翰·霍林斯沃斯(John M. Hollingsworth)把我潦草的画稿制成优雅线条,彼得·那波格尔(Peter J. Nebergall)把照片剪裁成标准的出版小样。我对普林斯顿大学出版社的爱丽丝·卡拉普斯(Alice Calaprice)和盖尔·厄尔曼(Gail Ullman)耐心的技术指导表示衷心感谢。我还对美国学术理事会(部分由国家人文基金会支持)提供的夏季研究拨款表示感谢,它让我在1981年希腊预选的关键时期再次造访格伦迪。1984年,我完成了初稿,又去格伦迪待了几天,主要为了进一步研究"二元"现象(第一章注释5),该研究的资助来自印第安纳大学研究生办公室和研究开发中心、俄罗斯和东欧研究所,以及西欧国家资源中心,这样我才得以观察1981年的政治选举,那是非常宝贵的研究经历。大约三年后,在终稿寄回普林斯顿之前,我和村民一起讨论了这份调查报告。本书的最终形式和内容由我负责,但这绝不掩饰我对所有来自专业、个人、机构的支持表达感激之情。

毫无疑问,我对我妻子科妮莉亚·梅耶·赫斯菲尔德(Cornelia Mayer Herzfeld)的歉疚最多。她和我一起分享了乡村生活的沧桑和乐趣。她的举止谨慎而大方,使得我们很快成为格伦迪男性和女性的亲密伙伴,并以多次实际的方式和无限的敏锐感将这项研究不断推进。在本书中,她敏锐的眼光从其拍摄的多姿多彩的照片中一览无余。读者可以通过照片看到格伦迪人对她本人的兴趣和热情。在她的帮助下,我终将这一成果奉献给大家。

关于音译和亲属名称缩写的说明

关于音译的说明

现代希腊语有个令人头疼的音译问题。在本书采用的语音系统中,我选择保留 *d* 和 *dh*、*g* 和 *gh* 之间的区别,因为它们都是克里特岛方言中的音素,而没有在专有名词中使用这些音素,包括化名,因为那样会出现为希腊人所不熟悉的人名和地名。我相信这样可以增加清晰度,以避免不协调的感受。

书中的希腊语按实际发生所显示,这意味着经常会出现方言和标准语言的混合体,导致词汇和语音的高度不一致,所有这些并非随意而为。

对附录中的希腊样本文本,我使用拉丁字母 b、d 和 g,分别表示英语中与这些希腊字母对应的发音,它们在发音上不同于希腊语的 vπ,μπ 和 rk。

颚化音词汇用拉丁语和希腊语中可区别的符号($\check{}$)标注(例如 č=$\check{k}$)。

对克里特方言和通俗希腊语(不是现代希腊语),我均采用单音节重读方式。尤其是当方言和"标准语言"混合在一起时,上述单音节重读方式可以避免音译可疑意义的文字。

关于亲属名称缩写的说明

我采取以下常规缩略语:

B＝兄弟　　M＝母亲

D＝女儿　　S＝儿子

F＝父亲　　W＝妻子

H＝丈夫　　Z＝姐妹

组合缩略语:(如 MBS＝母亲兄弟的儿子)

在参考书目中,所有现代希腊语标题都注有重读符号,其他地方使用常规单音节。

第一章　男子汉的诗学

默默无闻与傲视天下

　　1671年，就在突厥人入侵克里特岛几年后，奥斯曼帝国的文件中首次提到格伦迪村^①。当时，这个小山村是约230人的家园，半隐在岩石山谷中，海拔约六百米左右，地理位置越过了艾达山（Mont Ida）的林木线。无论拜占庭时期和威尼斯时期在此居住着何人，如今也只剩下了一个可疑的拜占庭姓氏和一处废弃的威尼斯-拜占庭小教堂，孤零零坐落在居住区域以外，与附近社区从拜占庭-威尼斯时期或更久远的岁月遗留而来的历史遗迹形成鲜明的对照。格伦迪最古老的建筑可以追溯到19世纪晚期，当时突厥人的统治即将土崩瓦解。

　　除此之外，格伦迪村形成的年代已无从考证。在某种程度上，格伦迪之所以不朽，在于他们至今仍在言行中推崇的品质：对艰难和贫穷泰然处之，化腐朽为神奇于掌握之中。曾经有一只流浪的山羊偶然发现了一处罕见的水泉，于是，山羊的主人决定就地定居。后来的定居者包括那些从家乡远逃西部的人，这些人杀了人，为免遭复仇而逃离家园。当然，这都是口头传说，不足为凭。

　　这种默默无闻似乎完全是性格使然。夏天，光秃秃的山脉上散布着几棵树木，格伦迪村暴露在烈日炎炎之下，从撒哈拉沙漠吹来的沙尘暴把村庄笼罩在黄沙之中，到了隆冬时节，阴冷的冻雪和蒙蒙细雨交替而下，若明若暗的云雾在寒冬时节飘过村庄上空，给那些周围山麓中神出鬼没的牧羊人既带来风险又提供了天然屏障。格伦迪村的名声正如这云雾一般，虽然频繁的雨雾和寒冷的积雪时而使当地道路无法通行，但安全的天然饮用水源却几乎没有。一条干涸的河床在低洼处将村子的主干道一分为二，道路两旁的房屋在暴雨之后面临被淹的危险，但这种降水无法提供可靠的水源。环绕的层层梯田掩映在村子上空的冬日薄雾和夏日雾霭之中,见证了贫乏的农业至少被放弃了二十年之久。岩石和灌木丛几乎覆盖了村外的整个景观。有些地方能看到分割成若干小块的土地种植着数量相等的不同作物,这更证明了一种不鼓励持有大量财产而是平等分割遗产的制度。谁也不认为这里能吸引新的移民,除了那些可能更喜欢隐姓埋名的人。如今,村里新建了一口竖井,一个运动场和冬季动物收容所,表明人们在加快行动的步伐。然而,通过村民的负面评价获得的总体印象是,他们已经适应这里的恶劣环境,而这里并不是适合人类居住的家园。很少有人自愿在此居住,村民们几乎都是为了躲避官府追究和仇人报复而逃亡至此的人们,此乃当地村民的集体形象。

且不论这种自我形象是什么,本书之目的就是对此一探究竟,并给出我的定义。该村庄默默无闻的状态明显在其形成中扮演了重要角色。这种状态保护格伦迪人免受突厥人政府的过多干预,显然是一个安全的避难所,让他们可以按照自己的理想和价值观自由地生活。然而,甚至这种自由也是模棱两可的,据说当地的阿格斯(*aghas*,突厥人的行政官)曾强迫当地的基督徒少女赤脚在干豌豆上跳舞,以此取乐。无论格伦迪村的隐蔽性是否严密,它都成为他们集体自我意识的重要方面,他们和农民、商人和官僚世界统统势不两立,同时也鄙视他们。

格伦迪村与克里特岛的关系,类似克里特岛与希腊国家的关系。格伦迪人对同岛富裕的同胞明显心怀不满,因为后者有得天独厚的水利条件,可以种植葡萄和橄榄,还过着沿海城镇舒适的都市生活(见图表 1 的地图)。格伦迪所属的村庄群落,纠缠于相互的牲畜偷盗中,与富饶的低地村庄相比全然两个世界。沿着通往雷西姆诺(Rethimno)的道路两旁,有几个破败的村庄人烟稀少,形成了两个世界之间鲜明的标志。通往伊拉克利奥(Iraklio)的公路穿过一个大村庄,把它上下一分为二,分别标志着荒郊野岭的尽头和温馨家园的开始。荒野之上几乎不见树木;格伦迪位于相对隐蔽的山谷,村民种植了稀疏的橄榄树和果树。按说,在这种环境里成长的人应该性格相对温和,与毫无遮蔽的村庄里生存的人们相对自由不羁的暴烈性格形成强烈的反差。自然差异决定着文化差异;本书的中心主题——格伦迪人的社会意识形态,正是在这种地理隔断和艰苦环境中"自然"形成的。

　　站在通往格伦迪之路的尽头,游客可以感受到村庄与世隔绝的面貌特征。公路从海边的地区首府雷西姆诺为起端,沿着一条曲折而艰难的上坡路,一直蜿蜒通往格伦迪。公路上方隐约可见遥远的艾达山上积雪覆盖的山峰。附近是大片的灌木丛和岩石,以及荒芜的梯田。只有在有人居住的山谷中才有耕种的迹象,且多为小菜园,偶尔也能看见几棵无花果树。沿着这条路,经过延伸的卫星居住区和干涸的河床,再穿过村庄的主要居住区,径直缓缓而上,就到达了海角上的一座现代教堂。游客在此会看到另一幅画面。一直往前走,一条道路通往有水利设施良好的村庄,那里以大面积种植柑橘而闻名。与这条路成直角的是一条更长更直的道路,它径直往上,远离耕地,通向最高处的普西拉(Psila)村,该村遍地乱石,几乎完全处在人的视野之外。其间,几个小山村隐约可见。到处都弥漫着黛青色,一屏若隐若现的峭壁勾勒出地平线的轮廓,挡住了后面的大海。在漫长的历史记录中,大海一直保护着克里特岛,同时也将该岛袒露无余。

　　迄今为止,克里特岛一直是希腊最大的海外岛屿,克里特人认为,它是民族独立国家中特殊而自豪的一部分。克里特岛与希腊大陆截然不同,虽然地理上被隔断,却孕育了包括政治、军事和艺术等方面的许多民族领袖人物。格伦迪人则把自己的村庄看作是该岛屿应有品质的一个缩影。简而言之,它是少数几个拒绝外来侵略的社区之一,保留了被现代平原人糟踏一空的道德和社会价值观。沿海城镇在服饰、语言、礼仪和思想上对外国敞开大门,但高地人坚定不移地维护着他们的身份认同。希腊在意识形态上已经沦为大国阴谋的受害者,克里特岛也变成希腊政治欺诈的傀儡②,因此格伦迪认为,他们的命运始终攥在寡廉鲜耻的地方官员手里。这些官员对格伦迪人漠不关心,只会利用格伦迪人达到自己的政治目的。希腊声称自己"为欧洲带来光明",克里特岛人声称对突厥的抵抗树立了英雄主义的榜样,所以格伦迪可以说他们在这片与世隔绝的山寨里保留了克里特人身份的精髓。例如在 1866 年一次周期性暴动中,克里特岛的僧侣和平民被突厥人围困在阿卡迪修道院,这些希腊保卫者宁可自焚也决不投降。希腊和外国媒体都将其视为希腊英雄主义的典型例子。实际上,希腊从 1821 年就开始了独立的步伐,但在之后的漫长岁月里,历史学家仍将这一事件作为克里特岛人与突厥人斗争的孤胆英雄主义的标志。格伦迪村民对这一双重成就感到

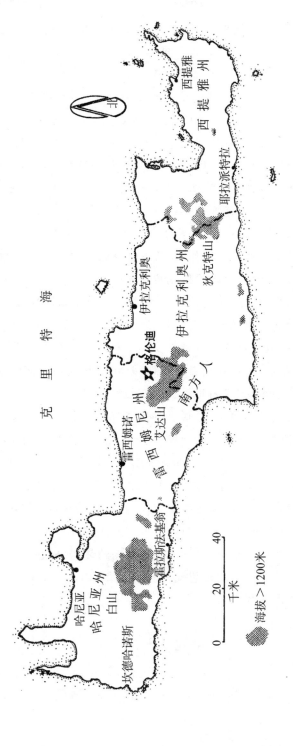

图表 1　克里特岛草图和格伦迪村的大概位置

自豪的同时,也从数个格伦迪人也在烈火中丧生的事实中找到自己存在的特殊意义。政治压迫、地理隔断、道德纯洁性,三方面的结合形成了格伦迪对克里特岛的立场,就像克里特岛对希腊国家的立场一样。

1898 年,克里特岛成为希腊监管下的自治州,但并没有带来多少变化。独立是短暂的,即使克里特岛于 1913 年并入希腊后,当地的孤立感也没有改观。时至今日,还有不少格伦迪人记得村里的唯一杂货商吃力地赶着毛驴,驮着一袋袋贫瘠土地无法提供的农产品,沿着依稀可辨的山路走一整天才能从最近的小镇回到村里。其实,即使是 1941 年德国人在入侵克里特岛时,格伦迪的情况也没有明显变化。这个高地村庄在四年孤立无援的岁月里,一直没有停止过地下抵抗,他们饱受德国人的残酷报复和强行奴役。格伦迪人在抵抗运动中发挥了积极作用,战争结束时也因盟国的答谢而获益。从那时起,这个村庄的经济和政治孤立情况才开始慢慢消失。

直到 1956 年,高原公路才将格伦迪纳入国家经济和行政圈。如今,格伦迪人经常乘坐公交车或私家车前往城镇办理银行贷款,购买流动商贩无法提供的日用品,或是与官方和律师打交道。格伦迪离伊拉克利奥旅游中心只有 90 分钟的路程(伊拉克利奥系港口城市,也是通往克诺索斯(Knossos)和菲斯托斯(Phaestos)考古遗址的发车点),从首府雷西姆诺到格伦迪也不过稍长一点时间。即便这样,孤立的影子还是难以磨灭。只要提起这个村庄,就会引起克里特城里人的冷漠和警觉。伊拉克利奥的居民公开说在那里过日子不死也得掉层皮! 这不免有点危言耸听。还有人甚至对格伦迪人居然同其他人一样参与市政选举而惊讶不已! 事实上,格伦迪现在到处都是新建的房屋,大部分用水泥砖砌成,并装有铁栏杆和现代化的电气设备,与低洼地区的石头废墟形成鲜明的对比。但从城市角度看,这根本算不上什么发展。在城镇居民眼里,格伦迪人和他们的邻居仍然是可怕的山民,他们欣赏格伦迪人身上遗留的理想化的古老美德,但对他们所谓的崇尚暴力和无法无天感到鄙视和恐怖。

自我的诗学

这项研究说明,人类学家对偏远、非典型的群体怀有浓厚的兴趣,因此有人开始进行民族志研究。然而,人类学家不会特别坚持说,被研究的群体代表了国家或其他概念的实体(Dimen and Friedl 1976:286)。另一方面,这个国家的民族主义学者,往往以极端的态度把边缘群体视为典型:这些群体通常位于国家领土的边缘地带,他们所处的地理位置就足以说明,他们在针对跨界反诉方面具有典型性。在希腊,这种情况就不足为奇,坎贝尔(Campbell 1964)曾经考察过伊庇鲁斯(Epirot)地区的萨拉卡萨尼(Sarakatsani)游牧群体,并在研究报告中对这个问题做过全面阐述。一方面,他写的文字充分描述了萨拉卡萨尼的社会边缘性,后者曾被农民、律师、官员们取笑和鄙视;另一方面,正如坎贝尔在第一章(第1—6页)所申明的,该群体的希腊性一直是个烫手山芋,因为它是希腊与邻国的领土争端的症结。所有边境地区(*akritikes periokhes*)都是如此,其名字本身就容易与11世纪拜占庭时期的英雄阿克里特斯(*akrites*)*产生混淆,这些人抵制外界对希腊文化的侵蚀,自身却也掺杂了很多域外的影响。边境地区的国家身份面临着区域差异。鉴于整个南欧的类似群体普遍存在家畜偷盗(Di Bella 1983)的现象,从比较角度看,选择这样一个群体可以让我们直接触及这个悖论的核心。

克里特岛在希腊社会的大框架内无疑是一个异类,然而这又是其自我形象的核心。岛外居民常常鄙视和害怕岛内居民,但克里特岛在发展和保卫现代希腊民族国家的过程中所发挥的作用是公认的。在克里特岛,像格伦迪这样的高地村庄长期以来存在这种矛盾,并将矛盾状态提升到了一个极端的程度。尽管他们与世隔绝,在文化和社会方面存在差异,成为低地居民和市民唯恐躲之不及的对象,但是在突厥人统治时期(1645—1898年),格伦迪人就直接参与了岛上(因此也是国家)的重大历史事件。这种孤立状态足以让他们我行我素,按照当今希腊人的标准,格伦迪人似乎代表着一种高度怪异的生活方式。另一方面,这并未阻碍村民以顽强抵制权威的方式参与国家近代史上一些重大事件,在某些方面甚至还获得了明显优势。在始于1821年的希腊独立战争中,一群格伦迪人在一个逃亡者后代的带领下展开斗争,这个逃亡者早期从另一个村庄因为仇杀逃亡至此。这个家族如

---

* 拜占庭史诗中的英雄,全名为狄金斯·阿克里特斯(Digenes Akrites)。——译者

今虽然人丁惨淡但仍然存在；这名勇士的名字也延续至今，成为一个家族分支的族称。

1866 年，在一次反抗突厥人的激烈、但最终失败的起义中，17 名格伦迪人丧生在阿卡迪修道院（Arkadi Monastery）的大火中。这一事件在希腊和国际政治背景下产生了戏剧性变化，加速了克里特岛从突厥人统治下解放的进程。起义让格伦迪村付出了高昂的代价：为了报复村民，突厥人将村庄夷为平地。关于这个事件的内在意义，一个多世纪后一位耄耋之年的格伦迪老人对我做了说明。他特地穿上当地的传统服装，白色的靴子和正式的马甲，当众朗诵自己写下的诗句，讲述先辈在保卫阿卡迪战斗中的英雄壮举和悲壮角色。当他和主人公即他的祖父之间的关系清晰浮现在眼前时，老人平时的洪亮嗓音开始变得沙哑而颤抖，老泪纵横。这种情绪的流露，不是民族主义者有关乡村生活的措辞能够解释的，那种解释听起来只能是空洞乏味。

相反，我们看到的是一种完整的身份。叙事者的自我意识代表家族男性的连续性，他为之悲痛之人是一个群体，包括他自己、父亲、祖父（真实的主人公）以及所有可能的父系祖先，此时都凝聚为一个单一身份。事实上，他从来没有见过祖父，他的祖父在他出生二十年前就被杀死了，就像另外一个格伦迪人一样，他把杀害自己哥哥的人反杀，自己却从未见过哥哥。在复仇杀人的案例中，有人说杀人是出于社会压力，与是否见过死者没有任何关系："血债必血还，踟蹰非男儿"。然而这个说法却忽视了父系的观念，即父系遗传的自我意识意味着任何亲人的死亡都是对他本人的伤害。虽然这位老人为祖父的英勇牺牲悲痛不已，但他继承了祖父的洗礼名。祖父在格伦迪、克里特岛和希腊的独立过程中牺牲了，这个事实给他的身份带来一种苦涩的味道。老人在年轻时曾因偷盗而出名，还与德国侵略者战斗过，也曾担任过村长。在讲述祖父之死的故事时，他把格伦迪男子汉的各种诗学因素糅合到一起。

我们有必要对"诗学"概念稍加说明。诗学概念与亚里士多德的戏剧评论密切相关，然而戏剧在向社会关系和社会表演领域延伸的隐喻方面，似乎没有发挥很大作用。"社会戏剧"（例如 Turner 1974）的编码解读与操作之间,在取向上完全没有联系,这是我们讨论自我表演时(特别参见 Goffman 1959)发现的问题。然而很明显,自我的成功表演依赖于能否在更大的身份类别中识别自我的身份。在社会交往中,老练的行为者都会暗指意识形态的理念和历史先例,但会保持低调以免显得过于自大。与所有比喻一样,把自我表述为无所不能的大英雄即意味着他是超凡脱俗的人物(参见 Burke 1954:90)。个体身份成功地得以表演,观众的注意力就集中于表演本身:社会表演中隐含的诉求也就被观众接受了,因为是通过无拘无束传递出一种启示性的理念。正是在这种社会表演的自我暗示中,以及日常思考的背景中,我们可以领悟到社会互动的诗学。直面生活比身在其中更能彰显自我(图 1)。

　　即使在最狭义上说,语境的暂时中断也不失为诗学话语的特征。诗即"传递(*Einstellung*)某种音信的文字组合,为音信而传递音信"(Jakobson 1960:356;Waugh 1980:58)。我们不必把这种感悟限制在纯粹诗学的话语上。此外,社会互动的诗学也出现在更大语境中,但它确实试图解释,为什么在特定情境下有些人可以打破传统和规则,而他们的社会地位并未受到影响,他们是怎样做到的。格伦迪男性的表演在于自我欣赏,"天下唯我,舍我其谁"(*Egho ime,če čanis alos*)传递的音信实际上是唯我独尊(*eghoismos*)或是唯我独大(self-regard)。如果一个男性的表演成功彰显了个人卓越,就符合格伦迪人社会生活的诗学标准。格伦迪男性为了获取短暂但并不稳定的优势而不断博弈,每一场表演都是这场博弈的一个插曲,每一次成功或失败都标志着进了一步。唯我独尊即与众不同,无论是个人,还是作为亲戚、村庄或岛屿的代表,因此唯我独尊必然具有诗学意味:彰显了以其本身为目的的与众不同。

　　唯我独尊特定含义的多样性亦强化了这一观点。在英语中,"egoism"的同源词是"利己主义",指纯粹的自我关注,而在希腊语中,只能理解为一个社会类别。典型的唯我独尊者一般蓄着浓密的胡须,漫不经心地叼着香烟,具有很高识别度。(图 2—4)。一个人的唯我独尊可以代表集体,无论这个集体是亲属群体、父系家族、乡村、地区、岛屿还是国家。在社会表现上,它代表的阶层并非每次都清晰可辨,如果说代表什么阶层,那一定是精

图 1   煽情的姿态：直面生活比身在其中更能彰显自我

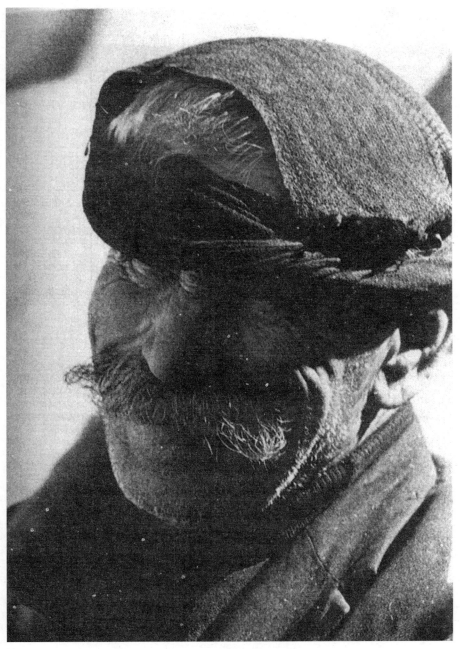

图 2 胡须:克里特岛男性的标志

图 3 两代格伦迪男子汉：团结的骄傲

图 4 若有所思地吸烟：唯我独尊不但要有侵略性，而且要思考

英阶层。比如，当格伦迪人嘲笑低地人时，会间接暗示平原生活多么舒适，和突厥人时代不无两样；当牧羊人碰到异常强大的对手时，他会为捍卫家庭、家族、村庄的荣誉而战。很多叙事都记录了国家危难之时他们挺身而出的故事。社会所有阶层都不分贵贱、勇于担当。咬文嚼字之辈，必无大用，
16　直接叫板无妨。如用诗学的话语说，凡表里不一者，即不同之情境中可呈现不同之表象，亦可根据各种状况而改变之（Waugh 1980:72）。在理论上分为阶层的社会中，内部人（*edhiči*）与外部人（*kseni*）相互对立，能够同时吸引并凝聚各阶层最广大人民群众之人，必然受到最高的礼遇。

　　在本书中，我们将遇见使用不同语言风格的格伦迪人，还将看到这些语言风格在什么情形下会发生作用，在什么时候可能功亏一篑。在有明显竞争意味的话语中，语言修辞是相互作用的；但绝不是机械呆板的。事实上，可预测性在格伦迪人眼里是一种缺陷，真正的诗学策略总是包含惊喜、独创、惊悚、甚至排斥等。常规的东西与其说被抛弃了，不如说是被创造性地重新定义了；每个行为者的表演都要不断接受严格的审视和评估，这种评估乃是内在社会价值观唯一有形的指标。只要他干得漂亮，就能赢得喝彩。除此之外别无出路，因为他们认为个人秉性原本就是不透明的。

　　这里提出的社会互动的诗学，源于符号理论和格伦迪人宇宙观之结合。在格伦迪习语里，"擅长做个好人"比"做个好人"更重要。他们强调个人的卓越表现，通过"让事迹说话"的行为彰显了男子汉的风采。平凡无奇的举动无人关注：每个人都在努力工作；成年男性都会翩翩起舞；牧羊人偷羊手到擒来。借用费尔南德斯（Fernandez）富有表现力的措辞（1976－77:472－476），重要的是"有效运动"，即在平凡与日常的生活中，为每一个变化赋予意义。格伦迪人从不关注一个人做什么，而是看他如何做。这里肯定有一个行动的加速度或风格的变化：工作必须以天赋来完成；跳舞必须配以崭新的步伐，同时不干扰其他舞者的基本舞步（图5）；偷盗手段必须马上引起受害人的警觉：因为他擅于偷盗，所以也擅于做你的敌人或盟友，你看着办吧！盗窃以及讲述盗窃的故事都聚焦于行动本身，偷盗的娴熟程度、实施手段和
18　叙述技巧均是男子气概的要素，展现了格伦迪人、克里特人和希腊人身份的精髓所在。在这个西玛西亚上，成功才有意义。

图 5 "如果公山山羊强,羊圈就圈不住;
是男人打造了家族,而非家族打造了男人!"(押韵双行诗)
男人在跳,女人在看。(附近的村庄)

17

"西玛西亚"是一个本土概念,可以丰富我们对社会互动诗学的理解,也是村民衡量个人成功或失败的尺度。虽然隐喻是格伦迪人表达所有重要性的修辞手段,但"意义"并不是纯粹的语言概念。没有达到预期效果的行为,比如一次毫无意义的争论,等于"什么也没说"。即使作为一个语言概念,"意义"在语境和用法上的多变性,也远远超出传统的语言学研究范畴。在其他比较平和的社区,也能发现"西玛西亚"的存在(Herzfeld 1981),但格伦迪人使用这个概念的频繁性提醒我们,格伦迪人的人生观,除了最直接体验到的东西之外,任何事物都没有固定定义。一言以蔽之,没有什么是确定的。

细心观察"意义"这个本土概念,我们会看到,我们可以在某种如礼仪般的正式行为中轻易识别的排序和排位之过程,渗透在人们的日常经验中。"意义"告诉我们,不应该只在歌曲和谚语之类的口头文本中寻找意义,还应该从司空见惯的平凡事物中发现意义(引自 Rosaldo 1980:23-24)。我们应超越如下观点,即象征性语言与普通语言是两个不同的分类。普通语言同样可以具有诗意,换言之,亦可用普通语言写诗,二者之间不存在绝对分野。而某些文化传统要求我们用二元对立的思维模式看待这个问题。在社会诗学中,我们应参照行为者本身的话语和表现(例如,Bauman 1977:22-24)。这样,就使得本土范畴更接近我们的"意义"概念。*

格伦迪人的偷盗赋予社会生活以意义:风险越大,就有更多的"西玛西亚"(引自 Meeker 1979:32)。"西玛西亚"与英雄主义、勇敢无畏、桀骜不驯如影随形,格伦迪人认为自己是真正的希腊人。外部人可能迷惑不解,为什么格伦迪人非要通过抗法来强调对国家的忠诚,但格伦迪人却没有什么不适感。对他们来说,与世隔绝和放牧生涯的困苦,决定了他们对官僚政府的敌对态度,这是很自然的事。地方与国家伦理之间的紧张关系,为每一次冒险平添了几分情趣:如能笑傲江湖,从容面对,才有资格被称为男子汉。

19

---

* 此段落为原书第18页第3段,原文非常晦涩。译者与作者联系,作者做出了相关解释。此段是根据作者的解释翻译的。——译者

饥饿的论证

　　毫无疑问,格伦迪人忠实于希腊民族(*ethnos*)的统一,但绝不意味着他们必须接受中央官僚机构即行政官署(*kratos*)制定的道德和法律准则。由于远离权力中心并受到政客冷落,格伦迪人心怀不满,因此对社区以外的任何权威表示敌意。与官方打交道时,他们始终采取自我免责的模式:他们时而被忽视,时而被压制,没有任何有效的办法应对地主赞助人的过度盘剥(他们依靠地主得到放牧权),无奈之下只能相互掠夺。简言之,他们说是因为不平等而叛逆,并以此作为自我补偿。

　　他们对民族国家的忠诚没有半点折扣(而不是对官僚国家的忠诚),所以敢于宣称他们的高尚道德超越所有其他的希腊人。其他地方公民可以对官僚政府的干预忍气吞声,然而格伦迪人却我行我素,置国家或教会的反对于不顾:"我们这里是自由的希腊!"把官僚权威和突厥人的暴政相提并论就化解了这一尖锐的矛盾。至少,在安德利亚斯·帕潘德里欧(Andreas Papandreou)领导的泛希腊社会运动党(Panhellenic Socialist Movement,简写为 PA. SO. K)1981 年全国大选获胜之前,格伦迪人的不满情绪一直发泄在雅典保守派和顽固赞助派的当政机构身上,"是该干掉他们了,骑在我们头上四百年了!"而实际上,离上次选举刚刚过去四年,上校军政府垮台也不过七年之久,"四百年"明显指突厥人统治的象征性持续时间。[突厥人实际是在 1645 年至 1898 年间统治克里特岛大部分地区,所以这种说法言过其实,但常见于突厥人统治的相关描述(引自 Halpern 1956:13 关于塞尔维亚的论述。)]这就是格伦迪人与官方势不两立的原因:它涉及民族身份和政治身份的关系问题。社会运动党诞生于 1967 到 1974 年希腊军政府统治期间,但该党是否真正摒弃了精英主义弊端仍有待观察,因为格伦迪人一直认为精英主义者与所有主流政党密切相关。有些人冷眼旁观,认为不管什么政府都是换汤不换药,但新政府也有新颖之处,比如明确拒绝老政客建立的赞助制度,对年轻和贫苦的格伦迪人有一定吸引力。

　　和许多希腊人一样,格伦迪人对所有政客的动机持悲观态度。军政府曾承诺肃清腐败,然而自己却变得更加骄奢淫逸。1974 年许多老政客重返政坛,开始为大批儿童洗礼,据说是为了确保儿童父母的选票。但是当父母恳求把子女调到近一点的军营,或安排一个不错的政府部门工作时,这些政客摇身一变,像以往一样装聋作哑。事实证明社会党会更好吗?支持者期待新秩序的到来,也有村民觉得或许值得一试,但没抱太大希望。历史证明不管何种政府,无一不尽其所能为自己拉票。格伦迪人的不同之处在于根据自己的需要对法律进行不同程度的抵制。

无疑,格伦迪人干了很多违反官方准则的事情。他们偷盗羊只,绑架新娘,非法拥有武器,而且无视法律在婚礼和洗礼仪式上鸣枪示威。他们平时说地方方言,公开挑战国家标准化语言,但在处理官方事务时,他们亦能说一口流利的标准希腊语。他们根据家族团结的原则进行民主选举。然而这些特性也会出现变化,但很缓慢,而且只局限在传统主义的话语框架内。比如,因为家畜偷盗受到商业价值和实践的渗透,渐渐地侵蚀了偷盗作为男子汉标志的社会意义,其影响范围扩大到引来更多外部人的注意时,家畜偷盗才被视为负面行为。冷嘲热讽的作用不可小觑,格伦迪人向外部人谈论家畜偷盗时,在极度尴尬和急于表白之间踌躇不决(因为每个外部人都有可能是官方价值观的代表),他们很想告诉外部人为什么克里特人与众不同,或许他们比任何希腊人更好。

这种自我形象的内在和外在之间的紧张状态,也反映在国家层面上。比如,格伦迪人试图粉饰其不法形象,用“这里不会再发生家畜偷盗”或“家畜偷盗都是因为突厥人”之类的托词来搪塞,而希腊人为了打造自我形象,也用类似措辞,声称他们是古希腊传统的继承者,与希腊人更为内向的严于律己的印象形成对比。另外可以比较的,是克里特人狂热的独立性和暴力倾向。由此可见,无论从概念上还是话语上,各个层级的紧张关系,在格伦迪、克里特岛和希腊都有相似之处,但各有不同的表述。

在日常谈话中,格伦迪人不断控制着这些紧张关系。他们的话语是自我辩解和自我认识相平衡的修辞。一方面,他们清楚自己的行为会招致官方的不满和惩罚;另一方面,他们坚信只要艾达山高高耸立,家畜偷盗就会继续下去。他们乐此不疲,威武不屈,透着偷盗和叙述的诗学品质,凸显了克里特岛山地居民的身份特征。他们经受了几个世纪的压迫,在毫无同情心的政府统治下,压迫一直在持续,这是他们维护古老价值观和实践的最有力的论证。在希腊、克里特岛或格伦迪村,他们有向外人展示的理想中的形象,但因为受苦受难,他们认为与理想中的形象相悖的行为是合理的。但是,诗学给他们集体身份之本质下了定义。格伦迪牧羊人的话语就是此情此景的表达。

毕竟,他们坚持说饿了。在突厥人统治时期他们就是饥饿的,为了填饱肚子才去偷盗。德国占领期间,偷盗是游击队员的看家本领,即使劫掠的是其他克里特人的羊群,而不是敌人扣押的羊群,他们会说因为在当时的情况下他们别无选择。也许今天他们不那么饥饿了,但牧羊人仍然把饥饿作为借口,可以在一夜之间偷几只羊,而另一个牧羊人甚至狡辩说,大规模偷盗是为了偿还银行贷款,否则无法在一个体面的行业中站稳脚跟。

这种似是而非的饥饿之说,绝不能和常见的饥肠辘辘混为一谈。饥饿是格伦迪人身份的关键要素,然而只能从意识形态上而不能从字面上理解。作为偷盗的理由,饥饿凸显了特殊的意义。事实上,格伦迪并没有经历过毁灭性的饥荒,即使在突厥人和德国人统治的时期,肉类作为赖以生存的食物之一,村民们仍然唾手可得[3]。其他食物可能短缺,由于土地贫瘠和气候原因,农产品产量少之又少。直到 20 世纪 60 年代中期,农民在人口中的比例很小,社会地位也很低,几乎是贫困群体。一般认为,农民是被限制偷盗的。农民偶尔偷点西瓜之类的东西,胆子稍微大点的,没准偷一只别人家里圈养的绵羊或山羊。只有牧羊人可以大规模偷盗,也只有牧羊人一直用"饥饿"为自己的偷盗辩护。

据我们对希腊其他乡村社区的了解(例如,Friedl 1962;Campbell 1964;du Boulay 1974),牧羊人的地位竟然比农民高得多,这让人们感到吃惊。然而,这是圈内人定义的:牧羊人要面临更大的危险,他们每年都要迁徙到东部沿海地区的冬季牧场,有更多机会感受和体验广阔的世界。上次战争之前,牧羊人的比例曾一度占成年男性人口的 90%。在特殊情况下,他们可以搞到巨大的羊群,养家糊口并获得威望。为此,他们袭击其他社区的羊群,然而并没有拿去卖钱,因为传统主义者认为那样做便违反了当地的规则,偷盗是为了获得受害者的钦佩并最终与受害者结盟，"饥饿"只是借口，他们的辩解明显带有政治色彩。

我们不应否认或肯定这些主张的真实性，而应将"饥饿"和"吃"视为压迫和剥削意识形态话语中不可分割的部分。我们不妨就"饥饿"将格伦迪与城镇和低地村庄的情况做个比较。富人"吃"自然理所当然，却以牺牲穷人为代价，格伦迪人将自己归类为穷人。一位才华横溢的格伦迪诗人曾经写了一首诗，讥讽他的政治赞助人在选举中拉选票的行径：

> 当选举临近之时，你来到我们的村庄，
> 一派谎言和承诺，你会站在我们一旁。
> 选举结束的时候，你可以坐享其成了，
> 你还记得这里吗？ 这是个可怜的地方！

据说，饥饿是从突厥人统治的黑暗时期遗留下来的，这是目前对家畜偷盗的通常解释。格伦迪人常说，羊是从突厥人地主那里偷来的，或是从德国军队霸占的羊群里抢回来的，他们的骄人业绩有时会让谎言变成美丽的传说。但是，当听到一段因为"饥饿"而袭击羊群的叙述时，便会联想到背后的理念：那一刻的饥饿，可以理解为克里特岛山区人民备受压迫的比喻。用暗示饥饿或与剥夺有关的内容引出的叙事具有诗学的效果，即将偷盗者的处境与整个社会背景联系起来，从而把注意力集中在行为本身的男子气概上。通过这种方式，传奇历史和个人经验之间明显的矛盾在表演中得到化解，传递出的信息同时承载了两个层面的含义。

说饥饿是外国人占领造成的，这具有讽刺的意味。事实上，昔日城镇和低地村庄的居民遭受了更多的饥饿之苦，而今日格伦迪繁荣的经济状况也与饥饿大相径庭。在一个人口仍在增长的村庄①，有些家庭的银行存款接近 100 万德拉克马（在 1981 年约 1.8 万美元），这与其他农村地区的人口减少和经济衰退形成鲜明对照（引自 Allen 1976；du Boulay 1974）。很显然，格伦迪人的"饥饿"不仅仅是谎言，相反，他们公开炫耀自己的经济成就，这是他们很多人共同取得的，如果没有官僚干预他们会取得更大的成就。但正是这种干预，这种中心和边缘之间的不平衡，才产生了"饥饿"的象征意义，也许更合适的字眼是"不满"，不满导致了不从，成为他们最具特色的表达方式。

国家认同和政治认同之间的紧张关系，构成了本书的主题，它既指导着格伦迪人的行为，也被视为他们的专利。对他们来说，在官僚政府面前无所畏惧是男子汉的标志之一。他们不仅对官方辞令具有很高的感悟力，还有嘲弄和戏谑官方言辞的非凡能力。

确实，如果威权话语就是国家、宗教和教会的话语（引自 Goldschläger 1982：13－16），那么同样，格伦迪人的回应就是对这些话语进行持久和不敬的解构。格伦迪的男性幽默其味无穷，其反教会干预政治、反中央集权的辛辣程度在希腊无人能及，其中大部分是文字游戏。格伦迪人能够发现官方话语中的内在矛盾，经常反其意而用之，例如一位不高兴的村民曾说他们的牧师是（唯一真正的）"罪人"（*amartoli*）。格伦迪男人的实际行为往往就是出于同样的讽刺目的。例如，一个偷盗者可以把他的独立和勇气视作"国家"的价值观，但他针对的却是官僚体制，甚至对保护他免遭惩罚的政治赞助人，也同样毫不客气。

格伦迪人为这种紧张关系而自豪，在地方与官方价值观之关系中，他们的所作所为即表露了他们的自豪感。同时，这种快乐只能算自娱自乐。在其他希腊人中，他们享有"山羊盗贼"（*katsikokleftes*）名声，这让他们感到心情复杂，他们讨厌别人当面用这种绰号称呼他们。有个年轻人否认自己偷盗，为了回击另一个非克里特牧羊人嘲笑他是"克里特山羊盗贼"，干脆自豪地宣布他的确偷过一回，他并不想证明克里特人不盗窃，只是不能容忍这份嘲笑，更何况这种辛辣感受发生在他服兵役那段特殊时期，这种讽刺正是格伦迪人幽默的精髓。

克里特人对侮辱很敏感，他们的独特性很可能是一把双刃剑。有个语言的例子可以说明这种迂腐心态的复杂性和模糊性。一个村民颇为心酸地对我抱怨说，雅典人鄙视克里特人，称他们为"小克里特山羊盗贼"（*kritikatse katsikoklefti*）。被直截了当称为山羊盗贼已经够糟糕了，但是"小山羊盗贼"额外增加了几层厌恶之意。*Kritikos* 是克里特的标准拼写法。加上"小"字变成 kritikaki(s) 就有了轻蔑的味道，大多数克里特人的名字都以

24

相同的后缀（-*akis*）结尾，表达"小"的意思，这或许传递出一种嘲弄的意味，格伦迪人认为这是当初突厥人决定的，旨在羞辱克里特人，好在格伦迪和周边村庄的居民躲过了这一劫。事实上，至少雅典人和突厥人的做法都令人不快。还是那"四百年"留下的阴影！

但讽刺意味远不止于此。大多数克里特人把后缀发成颚化音/-aci/。我有个格伦迪的朋友，知道雅典人发/c/这个音时非常困难，于是用自己的方式嘲弄那些折磨他的人。然而方言也能为自己正名，"山羊盗贼"（*kritikatse*）的收尾音/e/，很可能是正规收尾音/i/的当地方言的变体。我们没必要过分强调某个语音现象的重要性，然而在"小克里特山羊盗贼"抱怨中，我们看到了一系列深层次的对立。

格伦迪人厌恶国家官僚主义，也不喜欢内地城市的中产阶级。在他们看来，国家官僚主义代表城市中产阶级的政治和经济方面的成功。虽然格伦迪人在大舞台上无能为力，却可以自诩道德优越，并在格伦迪的小舞台上充分演绎着道德高尚之人。

于是，每一次对抗都不是单一的，包括唱歌、跳舞、发誓、饮酒、抢劫、新娘绑架、吵架。因而就引发了当地的冲突。对抗需要更多的智慧和勇气；根本不理会官方的绝对裁决。对抗既是一种媒介，又表达了一种信息：引发了地方争斗的情绪，使之转化为漠视官僚和对法律的宣泄。

此种对抗意味着格伦迪人与希腊人和克里特人既性格外向又理想化的那种形象格格不入。希腊人的自我形象⑤比较内省、不太刁钻，或说有点狡黠。普遍认为，希腊人的民族特征是绝不屈从，有压迫就有反抗。曾让突厥人付出代价是一时的笑谈，也象征希腊人与当权者打交道时表现出的不屑一顾的态度（Danforth 1976：91，105 - 107；还可参见 Friedl 1962：80）。有一个格伦迪卖奶酪的牧羊人，典型地诠释了狡黠的含义。他卖的奶酪 90 德拉克马（drx.）一份，并说在另一个村子卖 130 德拉克马，而实际上是 80 德拉克马！这种行为是克里特岛高地人相对于其他希腊人的典型特点，也是牧羊人相对于农民的典型特点。它既是男子汉的象征，又是好斗与傲慢的源泉，因此是典型的希腊风格。在此，克里特人正是通过这方面的个人表演来宣告他们的殊荣。

　　我这里说的个人表演,并不是指循规蹈矩的行为。相反,格伦迪男性的反常规行为已成为他们的常规行为,他们得以充分展示创造性地背离行为规范,这相当于政治反叛,或者说引出了政治反叛。任何领域的有效表现,都可以在规则的夹缝中求生存,这凸显了行为者对规则的熟练操控(见Bauman 1970:34-35)。格伦迪人相信,最伟大的成就是抓住意想不到的机会,他们在跳舞、唱歌和开玩笑时即兴发挥,表现了作为格伦迪人的卓越,而且也是一场说演就演的表演。唯我独大,或曰唯我独尊,是一种社会价值观而不是个人特质。个人特质只有在表示自我和集体之间的最终认同时才起作用,凸显表演者表现格伦迪人特征的能力。这是格伦迪男子汉诗学的基础:

Fronimi če nikočiri dhe zoun stom Bziloriti
守法者与地主不住艾达山
I kouzouli tin gamane athanati tin Griti
疯狂之人让克里特岛不朽

优秀的爱国者,叛逆的公民

　　对于格伦迪人一般性的违法行为,除非明目张胆的犯法作乱,官方反应往往是出人意料的低调。这并不等于警察和官员的执法标准失之于宽。正相反,他们以高度的责任心致力于在本区域建立广泛的法律秩序。然而,这种努力受制于社交方式和当地约定俗成的规矩。官方充分认识到,违背这些规矩的一切努力最终都会适得其反:比如,以盗窃罪或谋杀未遂罪将一个人绳之以法,只能增加罪犯的复仇心理,让他身陷囹圄的那个人必须付出代价。出于这个原因,当地警方反而试图劝说受害方不起诉,传统的和解方式可能是行之有效的办法。

　　警方也明白,尊重当地的规矩是处理矛盾的法宝,远比盛气凌人的执法者形象更为有效。这是血的教训。有一个非克里特籍警官,无视格伦迪人劝他多带几个当地人随行的忠告,坚持独自一人进山逮捕一个偷羊嫌疑人。

在他就要到达嫌疑人藏身的牧羊人小石屋时,嫌疑人突然冲出小石屋夺路而逃。警察拔出左轮手枪,就在瞄准目标的刹那间,嫌疑人年迈的残疾父亲,出于对儿子性命的担忧,突然举起手中的棍子将警官砸昏,并抢走警察的制服帽子和左轮手枪,然后匆匆消失。警官恢复知觉后,挣扎着爬回村庄并得到了救治。他吸取了教训,懂得了本地人劝说习俗的重要性。经过劝告,帽子和左轮手枪被归还了,警官也恢复了健康,随即申请调动,同时向当地法院提出正式诉讼。案子裁决时,法官要求嫌疑犯的父亲站起来,老人照做了。难道这就是把健壮的年轻警察殴打致伤的格伦迪人? 这肯定是真的,但法官在一片哄笑中驳回上诉。

这一事件说明了为什么官方通常更倾向于当地调解,而不是强行施加法律制裁。格伦迪人对此的满意态度同样显示了他们的团结。那位年迈的父亲是个普通百姓,没有社会地位。格伦迪人受到外来干涉时,他们会同仇敌忾,他们认为把偷盗、伤人一类的事情向警察报案是一种"背叛"(prodhosia)。

除了短期、实用的利益,妥协政策也符合国家的利益。因为该政策降低了政治异见的风险,特别是大规模转向共产主义的风险。迄今为止,格伦迪从未在任何一次选举中有超过 18 人投票给共产党(1984)。多数村民似乎与官方观点相同,即共产主义绝不符合希腊国情和希腊性⑥。从警方言论和村民的谈论看,大规模压制性执法有可能引发大规模转向,这并不出于对政治信念的担心,而是共产主义一直站在法律和秩序的对立面,希腊政治生活中占主导地位的保守派就是这样说的,因此警察一直处于一种微妙的位置上:他们必须或多或少同情那些违反法律的人,以维持他们对国家意识形态的忠诚。现实中,大规模叛逆是否会发生,无人可以妄下断言;但这种疑虑足以提醒警察谨慎行事,他们不得不随时掌握格伦迪人背叛国家基本忠诚的可能性。

官方对家畜盗窃不采取高压措施,还有另外一层考虑。无论官方多么不情愿,毕竟从格伦迪人桀骜不驯的性情中可以看到与突厥人斗争的些许影子:拒绝权威、蔑视城市的安逸生活、崇尚冒险精神,甚至有些词语与特定生活方式有关,即"偷盗者的生活方式"(kleftouria)⑦。格伦迪人的话语将当今政府与突厥人政府相联系,强化了格伦迪人昨日的民族斗争和今天的反中央政府斗争中的身份。任何有关格伦迪男子汉诗学的探讨,都不能忽略他们在民族独立斗争中表现出的特征在现代情境下的重现。警察对家畜盗窃的温和态度,绝对不是徇私枉法。实际上,警方竭力劝阻牧羊人远离偷盗,他们频繁召开会议,成立地方委员会,希望打破这种局面。但他们也知道,过度反应将使牧羊人陷入与国家传统的全面冲突。牧羊人肯定也这样想。最大危险在于:对外可以声称,打击盗窃是因为它不符合希腊精神;对内却意味着压制希腊美德的最后代表者。这一细节如果处理不当,便会导致大规模的政治反叛,这并非是不可想象的事情,尤其是格伦迪人一直把中央权威视为外国暴政的重演。

格伦迪人和希腊国家之间的关系,如果真的重蹈覆辙,则进一步预示着格伦迪男性会采取对抗的行为。格伦迪人抵制法律,在某种程度上可以比拟历史上的"偷盗者"——游击队员抵抗外国的压迫者。无论从偷盗本身还是后来的叙事来判断,格伦迪偷盗者的成功表演,通过这种中心与边缘的关系,都预示着历史即将重演,而实现这一目标的主要修辞手段就是饥饿。真正具有诗学意味的偷盗,或同样具有诗学意味的叙事,都强调官僚冷漠是所有行为的根源,尤其是特别的具体行为。以这种方式,成功的表演以这种几乎不让官方感到难堪的方式影射了历史。

希腊独立始于 19 世纪早期,当时是一个多族群、不安定的联合体,一部分是受过西方教育的知识分子和政治家,以及他们在国外的仰慕者(热爱希腊的人)。另一部分则是基本没有文化的当地游击队员。他们头脑简单,不知为谁而战,但毕竟为希腊独立助了一臂之力[⑧]。

这些游击队员被通称为希腊"绿林好汉"(*Greek kleftes*),这个词语的意义一度由"盗贼"演变为爱国英雄。后来重新分类时,该词语就失去了正面的意义,变成了贬义词,即"盗匪"(*listes*)。在希腊建立中央政府之后,与政府作战的人被称为"盗匪",这至少隐含着对中央集权论的威胁,中央集权论认为,所有希腊人必须忠于国家(见 Politis 1973:xii - xviii;Herzfeld 1982a:66 - 69)。这些人现在如何称呼自己不得而知,但是至少暗示了格伦迪人可能被称为盗匪。可以理解,民族主义作家为何不急于详述该术语的历史沿革。一场类似的术语拉锯战,正在格伦迪及其周边地区上演,官方一直试图说服那些自封"绿林好汉"的人,他们的实际行为正是典型的盗匪行为。

正如对意大利黑手党的研究所表明的,从某种意义上说,"盗匪"概念本身就是中央集权制的产物(例如,Molfese 1964;Moss 1979)。对犯法的定义都会涉及道德界限形成的原则,而不法分子对于国家的异见必须要被压制(引自 Kevelson 1977)。在希腊,中央集权意识形态长期主导着学术研究。只是在近期研究中,盗匪行为才被视为一种相对于国家社会意识的表达(例如,Kondoyoryis 1980)。这一见解极为重要,因为它挑战了独立前和独立后对盗匪的历史区分,使我们得以更充分理解这种类比的重要性,特别是格伦迪人反抗突厥人统治与抵制官僚统治的关系。

霍布斯鲍姆(Hobsbawm 1959:23)坚持认为,社会盗匪缺乏明确的意识形态,具有讽刺意味的是,这与中央集权主义和民族主义者的提法不约而同,均把盗匪行为视为对国家法律的间接拒绝,而不是另一种意识形态的表达(也见 Mintz 1982:271-276)。这种观点显然来自如下见解,即意识形态是有组织的文化传统的产物。然而,如果意识形态是"高度比喻性"的,"旨在使原本不可理解的社会状况变得有意义,从而对其做出解释,使之有可能成为自觉的行为(Geertz 1973:220)",那么,格伦迪人对官僚国家经验的不确定性,很可能催生一种独特的反中央集权的地方意识形态。正如我们所见,格伦迪人的"饥饿"就是最典型的隐喻,在"饥饿"的旗帜下,村民们可以组织起来以应对任何形式的统治。它没有用我们这个时代的宏大政治理论来阐述,但并不意味它不是一种意识形态。相反,我们即将看到,它所表达的正是政治纲领不断通过调整来接近的内容。

19 世纪早期的"盗匪"意识形态是否会重现,目前不得而知。总之,不要把历史类比推得太远。克里特岛不是希腊大陆,况且现在是新世纪。此外,格伦迪人显然知道他们与 19 世纪的英雄有相似之处,所以在表达这个共识的时候经常闪烁其词不予置否。毕竟,格伦迪不能容忍被外界描述为职业盗匪。按照他们的说法,只有为数不多的格伦迪人在适当情况下"擅长偷盗"(*kala kleftes*)罢了。

事实上,或许格伦迪人给我们上了一堂历史课:按照职业定义,以抢劫为生的盗匪概念很可能只是错觉而已。按照时间和定义划分盗匪的类别，更多属于官方的意识形态，而不是地方概念。从专业角度看，格伦迪人是牧羊人（*vosci*）而不是偷盗者。盗贼（*kleftis*）只是一个表述行为的术语：只有当牧羊人实施了一系列异常大胆或者惩罚性的偷盗时，才被称为具有高超技巧的盗贼。只有在肯尼斯·伯克（Kenneth Burke）的"职业"概念上，格伦迪人才能被称为盗匪：他们在特定环境中勇敢无畏，而且这样的行为被概括为一种伦理，用以证明偷盗行为的合理性。简而言之，这是一种意识形态。

在格伦迪，家畜偷盗在意识形态上存在两个辅助性的维度。一方面，他们坚称偷盗是突厥人压迫留下的后遗症；另一方面，面对外国人或非克里特人提及偷盗时，他们也会难堪不已，因为他们知道，在官方眼里偷盗绝不属于希腊的民族精神。所以在某些场合，格伦迪人的民族主义情绪甚至比警察还要强烈。他们坚持认为偷盗的源头是突厥人：

> 家畜偷盗者迈克哈里斯，发迹于克里特岛，那是突厥人统治的时期。这时突厥人聚集了克里特岛的所有羊群，作为他们的囊中之物！比如说，在萨拉沙（沿海村庄，叙述者的居住地）地区有一千只羊。突厥人从牧羊人身边把羊群牵走了，安置在那里看管。嗯，克里特岛的家畜偷盗者对于人们的饥饿感到极大的不安，于是就开始行动了。呃，突厥人把羊群聚集在低地……嗯，希腊人（*Katsiaounidhes*）冲了下来，从平原偷走了羊群。因为他们饥饿无奈！换句话说，他们这样做有各种理由，因为突厥人首先从他们那里掠夺了羊群！

31

注意讲述者如何在措辞上谈到"饥饿"，谈到袭击突厥人也是"以牙还牙"的反击。"harem"是格伦迪人形容羊群和女人的常见术语，羊群和女人都是男性的捕获对象，但在此暗示敌人的兽性和懦弱。在山里人看来，平原人和突厥人至少也有相似之处。然而讲述者在结束语中，又提到了分类上的细微变化：

> 突厥人离开后，难民从小亚细亚来了。从此，克里特岛就不得安宁

了,克里特人之间产生了仇恨。因为那时人们的财富开始增长,他们把
嫉妒眼光投向田地、财产和房产。

家畜偷盗始于突厥人统治的说法,忽略了许多当地证据,主要是 14 到 15 世
纪的教堂壁画,描绘了偷羊者下地狱的故事⑨。这说明至少在威尼斯时期,
甚至更早就存在家畜偷盗了。当然,自古以来希腊人就把家畜偷盗或其他
偷盗形式归因为外来的影响,成为了民族主义历史学家和民俗学家的一贯
手法(例如,Xenos 1865)。至少有一名警官在和我讨论偷盗问题时,坚称偷
盗是古希腊传统的残存,荷马史诗中描述的盗牛故事就是证明。甚至在官
方层面,格伦迪人沾沾自喜称之为"狡黠"的东西,可以服务于国家的统一和
古老历史的延续。

　　所有这些说法都必须被视为措辞的策略,这些模式化的看法需要重新
确定。在此背景下,偷盗凸显了当地身份认同之中存在的紧张关系。村民
困惑于自己的身份认同——究竟是格伦迪人还是克里特人,是希腊人还是
基督徒? 偷盗的意义在不断变化,这使他们感到自己的处境存在模糊性和
不确定性。

　　格伦迪近年的繁荣凸显了这些内在的紧张关系。财富本身并不意味着
融合或一致。在蜿蜒进入村庄的柏油路两侧,一排排不规则的现代混凝土
修建的房屋,连接成沿着山路延伸的早期建筑群。沉闷爆炸声和随之升腾
的尘烟,标志着一条通往艾达山的新公路正在动工。你会感到不断扩张的
社区,终将融合到现代国家的格局中。在某种意义上,当然你是对的:格伦
迪无疑正从越来越多的公共服务和经济机会中获益。

　　但另一番不起眼的景象悄然改变了画风。一头无人看管的猪在村里街
道上游荡。然而,没有一个任性的官员出来指责它的主人或罚款。太多的
人还记得多管闲事的后果——那位在法庭上遭到嘲笑的警察。干涸的河床
下方有一栋硕大的私人住宅,它属于一个在偷盗方面享有名气的房主:难道
是靠偷盗盖起了房子? 如今,蜿蜒通往山麓的新路,成为抑制家畜偷盗的一
道屏障:牧羊人再不能谎称因回家不便而留在山上,小规模偷盗越来越难以
实施,道路本身也有助于警方监控。进出村庄的商用卡车看似正常,有些还

是格伦迪人购买的,但有小道消息说,有些车辆经常装有被盗的家畜,并由携带枪支弹药的亡命之徒驾驶⑩。看到身着夸张的克里特服装的陌生人——他们个个穿着高皮靴,戴着精心打扮的黑色头巾,你会禁不住问当地朋友,这些人是不是牧羊人的盟友(*arotikhtadhes*)? 来这里是不是为了探听被盗家畜的下落? 朋友会谨慎地回答"大概是吧"。如果你真的揣着明白装糊涂,对你说谎还有什么意义? 如果你根本不屑一顾,或是开个与"旅游"有关的玩笑,或许就没那么尴尬了。

一面是造反有理的价值观,另一面是与官方协调的实用主义,格伦迪人必须在两者之间不断找到平衡。他们小心翼翼装出遵纪守法样子,表明他们已经了然于心。如果官方不做出妥协,他们紧绷的弦也难以为继:格伦迪人与中央集权国家意识之矛盾终将迫使对抗公开化。

国家不能完全按照自己的意愿控制局势,否则家畜偷盗和其他违法行为早就消失殆尽了。执法人员至少和村民一样,受到意识形态和实用主义的共同制约,到目前为止有两个关键因素:一是害怕把格伦迪这样的"希腊人"推向"共产主义"的怀抱,二是从格伦迪人的不顺从中看到他们的自豪和勇气,与荷马史诗及以往希腊革命英雄主义有关。如果还有第三种考虑,那么就是那些有影响力的政治家,他们在颠覆或改变官方压制家畜偷盗的意愿方面起到一些作用,这一点我们将在本书后面的章节中谈到。 33

上述三个因素都表明,将格伦迪视为希腊社会研究的边缘是何等错误。它们清楚地表明,格伦迪人在许多方面可能很古怪,但其焦点依然是悬而未决的现代希腊人身份认同的问题,即民族地位与国家官僚结构之间的关系问题。村民对官僚权威的不信任绝非个案,所以才转化为对抗的形式,只是在希腊其他地区不容易遇到这种情况罢了。中央集权不一定是管控,除非官僚政治无能。格伦迪人夸口说的"法律到不了这里",是一种激进、不服从的说法,偏离了中央集权式国家严格管控的传统。

学者和牧羊人

近来,针对地中海民族志的批评说,地中海民族志没有将特定村庄的分析置于更大的国家背景中(Davis 1977:8-10)。民族志的主要困难是建立典型性的标准(例如,见 Friedl 1962:3)。我们要认识到,基于特定民族志进行一般性理论概括容易产生高风险。虽然这些问题正在逐步得到解决,但相关工作主要涉及行政、政治、经济和某种程度上的宗教问题,属于可以直接观察到的国家结构和地方社会之间的相互影响。有关地方学术和村民自我认知之间可能存在的关系,人们知之甚少,或许因为这是一个无形的研究领域,也许因为人类学家对详细了解当地传统的学术不感兴趣。

34　　然而很明显,这些传统代表了"更大背景"中的重要组成部分。村民们不可能读过克里特岛的饱学之士的作品,但他们表达了类似情绪,在处理地方与国家认同之间的紧张关系上,甚至表现出了明显的相似性。与农民的观点相比,那些作者与中央集权政府的口径更加吻合,然而在调节国家和地方的相互忠诚时,同样面临着类比的问题。他们的工作毕竟为观察格伦迪人的身份认同提供了有益的补充。至少,对格伦迪人与官方打交道时所使用的话语来源,他们做了一定的说明。

　　以前的希腊民族志著作中,一个重要的方面就是通过论证古典历史的连续性,坚持希腊文化在本质上的同质性[⑪]。当地学者辩称,他们的家乡就是证明这种连续性的最有力的证据。凭借这些措辞策略,他们同时变成爱国主义者和地方主义者,以套娃的模式表达某种忠诚,亦是乡村话语的特征:所有希腊人都很热情好客,但与我们相比,邻村人就不那么热情好客了(见 Friedl 1962:103-106)。必须认识到,这种将文化和政治关系概念化的实质就是裂分模式:尽管人们对克里特岛抱有成见,认为它是分裂主义的温床(例如,Papamanousakis 1979),但是地方自豪感是从民族爱国主义的话语中孕育出来的,城市知识分子和不法村民在这一点上不谋而合。此外,套娃与人类学的裂分模式的概念相结合,更容易理解格伦迪人如何根据家族裂分模式的理念协调内部组织,以适应完全不同于国家模式的需要。

　　大多数克里特学者遵循通常的模式,主张一种与古代历史保持连续性的特殊方法。然而,在对历史下定义时,他们大大偏离了话语的准则。其他地区的学者通常满足于将首要地位授予古代雅典,但克里特学者却追寻"更古老"的历史,以及独特的拜占庭时期。19世纪的希腊民俗学家改写的民歌文本,加入了经典作品的成分,但在克里特民歌中,唯一可做比较的典故是米诺斯国王(King Minos)(Romanias 1965:110)[12]。

确实,克里特岛的民族学似乎认为古典时期与该地区并不相干:"他们说人类文明始于古亚述帝国,传到埃及,五千年前跃迁到这个美丽的岛屿,从而紧紧拥抱了欧洲海岸线"(Romanias 1965:7)。另一位尽职的作家坚持认为,"希腊是一个整体",古希腊对现代克里特岛的民歌影响很小,而拜占庭的影响才使克里特歌手曲目中的荷马美德得以复苏。但是,古典时期的克里特音乐除了"多利安"之外,几乎不为人知,换句话说,古克里特的音乐并非古雅典的音乐(Hadjidakis 1968:26,30)。克里特岛最杰出的学者之一、著名历史学家和民俗学家帕夫洛斯·拉斯托斯(Pavlos Vlastos 1909)曾试图证明,民间传说中的狄金斯(Digenes)与其说是拜占庭英雄,即古代赫拉克勒斯(大力神)的一个版本,不如说他就是克里特岛的赫拉克勒斯(大力神),即"宙斯之子"[13],后者据说就出生在艾达山。

所有这些与格伦迪人当下的关切似乎毫不相干。他们当中很少有人会阅读任何语言学文献。他们不知道羊耳朵上的耳标萨米亚(samia)是一种财产的标志,该词语很可能来自多利克词汇赛梅奥恩(sēmeion),即用于防盗的符号或记号;但是他们确实把宙斯诞在艾达山当作历史事实,而且反复重复某些学者关于那些与古代名字有联系的地名的学术论证,这其中也包括对宙斯的名字的论证。格伦迪人的战略意图与民族主义学者惊人地接近,令人非常不安。这两个群体都关心克里特人在大希腊的地位,他们都希望保持一种独特的身份认同,以便充分享受公民身份的好处。

"裂分模式"是达到这一目的理想媒介:

> 在我们希腊的土地上,一切都是美丽、甜蜜、平静、有规律的。同样美丽、简单、平静的是我们的民间文化宝藏。
>
> 在我们的克里特岛上,一切更加美好。从每一座山、每一座山峰、每一个山坡;从每一个峡谷、每一个山谷或每一个平原,都涌动着一首歌、一个传说、一段话语……
>
> 我们的祖父……把希腊传统中钻石般珍贵的财富代代相传,那财

35

富便是我们民族传统的壁炉中永不熄灭的火焰,成为我们从祖先那里不断传承着的光荣的证明。(Lambithianaki-Papadaki 1972:5)

这段文字显然抄自某个早期作品,旨在展示"希腊人的民族团结"(Frangaki 1949:4),并表明希腊人的民族团结是克里特岛的大规模移民带来的:雅典并不是希腊历史的中心。

36   当然,很难评估这些作品对村民的影响。然而两种话语之间惊人的兼容性,表明教师、学者和高地牧羊人并不完全生活在不同世界中。正相反,明显反常的格伦迪价值观,可以被视为广泛地方主义的极端表现,反过来有助于解释官方对待格伦迪人违法行为的克制性。

等级制度和对立:有关身份认同的话语

我在上一节简要回顾的学术讨论,并未涉及克里特岛不同区域之间的地方差别。当地作家的民俗收集工作主要集中在某个特定地区,甚至某个村庄。另一方面,格伦迪人极其看重身份的细微差别,这就像一座中间桥梁,可以鉴别他们与希腊国民和克里特人的关系,乃至格伦迪内部特殊纠纷的身份关系。如英语中一样,希腊语的"差别"(*dhia fores*)可以表示性质上的"差别",或政治上的"差别"。在格伦迪社会的裂分模式中,差别的含义并不总是很明确的;但在一定条件下,敌人都低人一等。

讨论这个问题的关键,是所有阶层的格伦迪人对外部人反应的一致性。任何外部人,无论外国人、非克里特人、东克里特人、非雷西姆尼人(*non-Rethimniot*)、低地人、外村人(*ksenokhorianos*)、非亲戚或远亲,在定义上都是低人一等的。这些歧视也有等级划分:外部人离得越远,相互间的义务就越少,热情好客的程度则越高。对最亲近的人热情本属天经地义,但格伦迪人邀请陌生人到自己家的前提是自愿性。"和在自己家一样",虽然是传统的客套话,却凸显行为者的诗学气质:客人不在自己家,就要高度依赖主人,这是问题的关键。事实上,对很多格伦迪人来说,殷勤程度代表唯我独尊或自尊感的充分展现,因为它能充分显示行为者的社会重要性。在格伦迪这样多变的社会环境中,热情待客也给客人留下潜在的表现空间,主客关系最终可能演变为理想的互惠关系。作为一个外部人,我曾在几个层面体验到了格伦迪人的社会生活。在田野调查的早期,我获得一定程度的认可,因为我遵守了咖啡馆主与客的招待关系。如果村民不允许我买单,我会争辩说这等于剥夺我是"格伦迪人"的权利。其实这种权利充其量只是一种比喻,其含义类似"和在自己家一样"。我觉得主要是这种姿态起了作用,符合社会互动的诗学原则,尽管我还没有与之相适应。同时,我与村民在互动中还建立了某种自主性,至少证明我可以在一个重要方面上与他们当中的佼佼者竞争。

　　然而,社会关系的重置,并不能改变格伦迪人根深蒂固的等级意识,仅能说明个人经验和刻板理念的紧张关系永远不会真正消失,村民会明确区分外来朋友和无良政府,就能充分说明这种紧张的关系。潜在二分法自动支配着村民的态度甚至情感,并体现在每个层面:人们总是"爱"内部人胜过外部人。格伦迪人的等级观念如此强烈,以至于对社区冲突和国际问题也要进行说明性对比。比如在谈到格伦迪与普西拉(Psila)村的边界纠纷时,有个村民就提到"希腊的山脉(领土)",就是说,那是他们村庄的领土。然后他回过神来;但是字里行间还是透露出强烈的类比意识。

　　是什么将不同程度的差异联系在一起的呢?首先是他们的话语中反复出现的剥夺或"饥饿"。划分界限的依据是高度可变的:划分国家可以依据语言、宗教以及领土的诉求;划分区域可以根据生态和文化的差异;村庄存在更明显的政治秩序的"差别"。人们总是想当然地认为,外部人有更多"吃"的。因为外国更加富有,所以可以奴役希腊人;因为没有足够的财富,所以克里特岛成为雅典的牺牲品;因为低地得到上帝恩赐,所以有充足的水源和肥沃的土地;即使只是最大的邻村也有特权,因为很多乡村的领导人在地区和国家政治上表现不菲,可以代表村民行使影响力。但是,这并不意味内部人在任何意义上都低人一等。拥有财富可以获得政治权力,但同时也意味着道德败坏。因此,无论面对哪个阶层的人,格伦迪人始终把自己的地位视为一种道德优势,这种理念使他们将非法行为神圣化,同时蔑视那些代表法律或诉诸法律的人。

　　在对待其他克里特人的态度上，这些观点被发挥得淋漓尽致；格伦迪人对东克里特人深恶痛绝，尤其是西提雅（Sitia）人，他们都是动辄就打官司的"官司达人"（*anthropi tou dhikastiriou*），而对格伦迪人来说，打官司是真正的侮辱。他们认为，动辄就打官司简直就是背叛。许多格伦迪牧羊人每年都要租用西提雅人的冬季牧场，东部沿海平原的牧场肥沃，加上少雨和相对较高的温度，是格伦迪牧羊人迁移放牧的理想之地。当地人出于嫉妒就把果园和麦田都圈起来，结果还是被经过的羊群践踏，于是就导致了格伦迪牧羊人与当地人的冲突。最让格伦迪人不能容忍的，是西提雅人缺乏社会公德，格伦迪人指责他们破坏了咖啡馆的礼仪；西提雅人进入咖啡馆后，需要掏钱为已经就座的客人买单，这完全与西克里特人的习俗相反，对格伦迪人来说简直是匪夷所思。这个话题我们稍后还会涉及⑭。

　　克里特岛西部和中部地区的居民，格伦迪人同样看着不顺眼。他们认为城市居民太腐败，但可能非常聪明，他们为自己创造了良好的生存环境。居住在艾达山南部的人（the *noticotes*）更可笑，他们被南风（*nothias*）吹迷了眼，居然看不见自己的羊群已经被勇敢的格伦迪人翻山越岭悉数盗走。居住在艾达山周围低地村庄的人，格伦迪人称他们为"低地人"（*katomerites*），更是死气沉沉的无能之辈。居住在伊拉克利奥市附近的"平原人"（*kambites*）可能更加富有，因为他们运气好，有水有地，但都是些软骨头。相对这些群体，格伦迪人自诩"山里人"（*aorites*）。这个骄傲的名字赋予他们一种权利，即代表着希腊和克里特岛的出类拔萃之辈，从而扩展了裂分的逻辑，更广泛地包容了村民和学者的共同利益。

　　格伦迪村是艾达山上处于最高海拔的村庄之一。在格伦迪人习语中，"上去和上升"都代表"外出"（*vyeno*）的意思，因此这个村庄处在权力中心之外。"高处"的空气和人的灵魂更加纯净。相比之下，伊拉克利奥市总被称作中心地带。（像雷西姆诺这样更小更穷的地区行政首府仅仅算是在"下面"）。因此，政治上的"外部"在地理上和道德上都是优越的，他们用一个个故事渲染这种态度，印证了城市中心的居民懦弱、贪婪、爱财和愚蠢。

　　在这种背景之下，高地人最独特的行为是家畜偷盗。所有牧羊人都希望自己的羊群保持在合理的水平上,偷盗是实现这个目标的必要手段,唯此才能建立名声,才能有效保护自己的财产,才能与他人结为盟友。三十岁左右的年轻牧羊人都致力于将自己的羊群增加到最大存量(很少有牧羊人拥有超过六百只羊),因此这些人尤为活跃。结婚生子之后,他们可能受到家庭生活和义务的束缚,但也要随时准备对首先偷盗的更年轻的偷盗者实施报复。偷盗的频率很难判断。有些牧羊人专门到外村偷窃,然而不愿意告诉我偷盗的时间、地点、规模等细节,或者是否还牵扯到其他人,对此我完全理解。也正因为如此,我收集的有关偷盗事件的信息,现在都已经成为"旧闻"。即使在今天,只要没有月亮,就至少会有一个牧羊人在黑暗的掩护下偷走几只羊。他们认为这些行为象征着格伦迪人的骄傲,一种将不可抑制的青春、勇气、独立、力量结合在一起的骄傲。

偷的肉(*klepsimeiko kreas*)"更好吃",在荒山野岭上吃肉比在村的住宅里吃肉会更有滋味,这绝非巧合。"山里人"的道德优越感不是低地人可以比拟的,更不是受过教育的城市阶层可以自诩的。格伦迪人有一则耐人寻味的"俏皮话"(*kalambouri*),讲出了重要的象征意义:偷盗者最喜欢生吃羊肚子上的肥肉(*knisar*[⑮])。正如卡普索诺(Kapsomenos)根据一首记录了与格伦迪人非常相似生活方式的歌词(1980:228-229)所说的,只要盗匪与官家作对,自然/文化之模式便行将颠倒。对许多格伦迪人尤其牧羊人来说,城镇资产阶级的文化十分诱人,但也是迂腐的。擅长偷盗之人(*kalak-leftis*)更接近大自然,而远离令人鄙视的文化形式,象征性地生吃肥肉正是代表了这种立场。偷盗者喜欢煮羊肉而不喜欢烤羊肉,因为烤羊肉的过程会烟雾弥漫;婚宴上的手把肉都是水煮羊肉,当然其中相当一部分是偷来的,这再次表明自然与道德的相对亲密程度[⑯]。偷的肉也被称作"不过称"(*aziyasto*)的肉,因为偷的肉通常要尽快吃光,无需"过称"这样一种象征"有教养"的社会生活方式。 40

吃肉的行为同样传递着另一种重要的信息。正如我们已经看到的,有钱才能"吃肉",这通常也被认为是以牺牲别人为代价的行为。"吃肉"也是"偷盗"的标准隐喻。在之后要讨论的家畜盗窃的叙事中,"吃肉"产生了某种模糊其词的感觉。其实,"吃"别人家的羊肉和偷别人家的羊在道德上是等同的。然而,在偷盗富人的描述中,"吃"的重要性在于它符合一种理想的互惠模式:擅长盗羊的人能够"吃肉"意味着从富人身上剥夺财富。这种比喻把可恨的低地人与突厥人归为一类货色,除非他们离开这个岛屿,偷盗不仅理所应当,而且有利可图。当然,这种相互作用和邻村之间的偷盗性质不同,是意识形态原则的结构性转换。

　　下面这个故事,用以说明接近自然(以'岩石'为象征)之人的道德优越感,以及格伦迪人对平原居民的厌恶和嫉妒,进一步印证了格伦迪人典型的希腊性,其性格中不失"狡黠":

　　　　从前,牧羊人住在科拉科尼亚(Korakinia),即格伦迪村,耶稣穿着克里特人的靴子从山坡上走下来。

　　　　"祝您健康,老兄!"

　　　　"欢迎您,老兄。"牧羊人对耶稣说。

　　　　就这样他们相遇了,耶稣告诉牧羊人他是谁。耶稣问他:"你有什么不满吗,我的孩子? 你过得好吗? 一切顺利吗?"

　　　　他说(牧羊人),"什么! 我有什么满意的吗? 你把所有岩石都给了我们,我们没法生存,我们有困难。你把所有土地都给了平原。"(指伊拉克利奥)

　　　　他说:"我的孩子,我把土地放在那里,把石头放在这里,所以平原人应该工作,你应该吃就好了!"

41　关于盗羊的故事有如此完美的结局,明确地向我挑明了"吃"的隐喻是什么。平原居民是普通人,他们"吃"是尽情享受轻易得到的财富。但这位格伦迪的耶稣本末倒置,给山里的牧羊人提供了一个偷盗的象征性理由⑰。

　　第二个故事是相当专业化的地方版本,把这种"狡黠"上升到国家层面。

　　　　他们抓到耶稣,把他关进监狱,你不是想收集这些东西吗。英国人第一个看他。英格利斯人(*Inglis*)!

　　　　他对他说:"我亲爱的基督,你在这里干嘛呢,关在这监狱里?"

(听着,下面很精彩!)

于是这个英国人对耶稣说,"亲爱的基督,我要把你从这个地牢中救出去。"

"你怎么救我出去?"

"我拿些金子把你从地牢救出去"

"愿你得到我的祝福,永远拥有金子!"

俄国人吃过大餐(原话)后,去对耶稣说:"我的基督,你在监狱里干什么?"

"哦,我被关在这里,我不能(做任何事)。"

"我派军队把你从监狱抢出来。"

他说:"愿你得到我的祝福,永远拥有一支军队!"

希腊人去了。希腊人! 就是我,就是这么说的,嗯?"我的基督,你在这里做什么?"

"哦,我被关在监狱了。"

"哦,亲爱的基督,我要带你离开这里。"

"你怎么把我救出去?"

"我要在这些墙上钻个洞,把你从这里偷走!"

"愿你拥有我的祝福,永远是偷盗者!"

嗯,就是这样,这就是我们得到祝福的地方。我们希腊人是(之后中断一会)……偷盗者!

所有认为"盗匪"是舶来品的民族主义言论与这个故事就南辕北辙了。同时,这个故事也部分解释了格伦迪人偷盗的"希腊性",无论用什么花言巧语,这种暗示恐怕只有希腊人才能真正领悟。

然而,民族主义论调在当地颇为流行。并非所有格伦迪人对牧羊人相互偷盗都感到有趣,不再从事放牧的人越来越担忧,他们有自己的看法。耶稣和牧羊人的故事是格伦迪人讲的,他自称自己是传统主义者,也是一个经验丰富的牧羊人和偷盗者。听了他的故事,另一个格伦迪人对故事的含义表示强烈不满。两个人的对话值得在此重述,因为它揭示了对于当地身份的协商过程：

> 斯泰里奥斯（牧羊人）：……（这是）一个古老的故事，当然，是格伦迪的故事。
>
> 迈克哈里斯：是关于家畜偷盗的，是吗？
>
> 斯泰里奥斯：但是当然！因为他是从这下来的。所以，你自己总结我们已经取得的进展，也就是说：我们有没有进步？在金钱上，在财产上，在格伦迪人创造的一切上，他是通过个人价值来做的。一个人通过他的工作，而另一个，也就是说，从来不工作，就是偷盗！他去偷平原人，一直活得不错！

注意，故事中没有否认当地的繁荣，相反，故事中形成了斯泰里奥斯按照旧方式生存的观点之基础。故事还表明，格伦迪人用另一种"饥饿"的隐喻象征来解释社会的价值观。

斯泰里奥斯继续解释说：

> 家畜偷盗怎样才能停止呢？所有去冬季牧场的人都没有自己的土地来放牧……这就是为什么我告诉你基督要去那里。所以，我们也去冬季牧场。
>
> 艾提克斯（农民，在德国工作了一段时间，最近刚回来。他彬彬有礼，与斯泰里奥斯传统主义风格形成对照）：不！
>
> 斯泰里奥斯：艾提克斯，如果我们不去冬天牧场，我们都在这等死，我们怎么生活？
>
> 艾提克斯：但是，我们不是在生活！不是！
>
> 斯泰里奥斯（讽刺地说）：我们不是在生活？
>
> 艾提克斯：这是在山上……
>
> 斯泰里奥斯：我给米克哈里斯讲这个故事是有意义的［这里说的"意义"（*noima*）与正常的西玛西亚非常相似，但或许是有意识创造的意义］。如果没有家畜偷盗行为，所有平原人就会有自己的家畜！你知

道吗？

　　艾提克斯：他们不会有。

　　斯泰利奥斯：他们都会有，艾提克斯。他们现在就有了！我来告诉你实际情况，我会的！我不是都经历了吗？我来告诉你，只要家畜偷盗停止一小时，所有事情都会乱套，栅栏会竖起来（把为数不多的牧场围起来），后面都是羊群，那些家伙会把羊群都买下来。好吧，我们之后怎么活，艾提克斯？我们还能去哪？换句话说，这就是"意义"所在。

斯泰利奥斯担心的问题，也是格伦迪人经常谈论的问题。如果低地居民集中从事牧羊业，他们将关闭所有冬季牧场，最终形成自己的庞大羊群，游牧的高地人难以竞争。输给一直被鄙视的低地人简直不可想象。这种不寒而栗的前景让格伦迪人忐忑不安。

　　争论变得越来越激烈，两个主人公的声音越来越大。一个敏感的问题随之出现，即低地人对出现在村庄的格伦迪牧羊人怀有强烈敌意。

　　艾提克斯：有这么多财产，这么多东西，这么多土地……

　　斯泰利奥斯：没有，没有，对我们来说什么都没有！

　　艾提克斯：你错了！

　　斯泰利奥斯：听着，艾提克斯，对任何想买土地的（格伦迪）人，当地人都会去找地主，对他说，"不要把土地卖给他，他不能在这里立足！甚至不能走近这块土地！"你听见了吗？我是说，对我们山里人来说，和平原居民讲和不是容易的事。我告诉你，家畜偷盗是我们最大的武器，对我们来说，没有其他的战法。我们最大的武器！在这种情况下，就是这个（家畜偷盗）。

　　艾提克斯：你错了！（未说完）

　　斯泰利奥斯：我担心，如果他们用自己的办法做事，所有这些村庄（格伦迪周边村庄）的人都会被他们拒绝，哪怕朝那个方向走一步都不行。

　　艾提克斯：我只知道一件事，放弃羊！如果我们村庄处于一定水

43

44   平,不是高水平,但无论如何是相对好的水平,比如说,在经济上……

      斯泰利奥斯:是的。

      艾提克斯:……原因是地方发展。

"地方发展"听起来不错,对于格伦迪人是个总的方针,它意味着政府投入资金,德国归国移民带来新的财富,山村中逐渐增多生活便利设施。艾提克斯认为,牧羊业的重要性应该降低,无法获得冬季牧场的牧羊人应该改变思路;而斯泰利奥斯抱定职业的自豪感,认定农业是女性化的行业。

      艾提克斯:如果你没有办法管好你的羊群,朋友,还有别的工作!保留一百只羊!(换句话说,没必要完全依赖牧业)。

      斯泰利奥斯:一个牧羊人,艾提克斯,习惯了放牧,不能只当个领工资的工人。

他们在这种氛围中谈论了许久。艾提克斯终于向斯泰利奥斯说明当地的自豪感:

      艾提克斯:我既不偷也不"吃"(这里可能指吃偷的肉),我也没有任何(家畜)给别人(偷)吃!我唯一要告诉你的是,你们互相吃来吃去,这样你们都会死,对我们来说很简单![艾提克斯颠倒了"吃"的公式,或许无意识中借用了一个常用的魔咒公式,使邪恶的灵魂吃了特制的药就会死(见 Herzfeld 1977:38 - 40)]我听说,我曾经去过德国,去过雅典,我去过很多地方(听人们说):克里特人真可耻!

      斯泰利奥斯:但是,不光克里特人偷,艾提克斯!

      艾提克斯:这里他们确实在偷盗!

      斯泰利奥斯:在这里他们偷羊。在别的地方他们偷别的东西。我不赞成家畜偷盗。我谴责它!换句话说,在现在这个时代,人们不应该偷。但他们到处都偷。在一个地方他们偷羊,在另一个地方,他们偷商店的东西,在别的地方,他们烧商店,还有银行。换句话说,比比皆是,每个地方都有可能！

我之所以详尽复制这段对话，是因为它说明了地方身份，以及存在紧张 45
关系的各种身份（格伦迪人，山地人，克里特人，希腊人）在何等程度上与家
畜偷盗有关。格伦迪内部崇拜"狡黠"，对外则展示了不同的自我形象，二者
之间的紧张关系也是非常脆弱的。依照此两种模式，格伦迪人都能"抬起头
来"。至于在什么情况下，哪个模式更合适，则需要不断地重新评估。斯泰
利奥斯和艾提克斯的对话，恰恰说明了发生这种情况的条件。在交流过程
中，极其模糊的"吃"，意味着他们把各种暴力视为本质上与互惠相似的形
式。"吃"的积极意义是互惠的关键主题，也是不服从和暴力的关键隐喻，格
伦迪人认为这是他们社会的特征。

意义的偷盗者

在这个世界上，格伦迪人何去何从，无人可以回答。这种不确定性给格
伦迪男性的行为和话语赋予了"意义"。斯泰利奥斯和艾提克斯的论点，还
反映了另一个层面的争论，即当局一直试图说服格伦迪人，家畜偷盗并不是
男子汉行为，而是懦弱和有失身份的表现。在过去几年里，官方话语与当地
情绪有效地结合在一起作为方法之一，使偷盗案件开始出现下降趋势。这
些变化，只有在"西玛西亚"和"男子汉气概"（*andrismos*）以及格伦迪社会不
确定性的背景下才能理解。它们是构成村民社会意识形态的主要依据，为
解读格伦迪人的生活真谛提供了一把钥匙。

格伦迪牧羊人通过冒险，发现意义的存在。风险将他们暴露在内心紧
张和焦虑中，同时考验着他们的技能和意志。正如一位母亲所说："一个人
不经受磨难，就不得安宁"。她的儿子因为把杀害他哥哥的凶手杀死而锒铛
入狱。对于格伦迪人来说，母亲这一宝贵的话语一针见血。生命像一段贫
瘠的时光，如同一页白纸，真正具有男子汉气概的诗人必须尽其所能书写引
人入胜的故事。格伦迪人说，时间是"打发"掉的，经历越不同寻常，越能超
凡脱俗，回忆往事时就越发感到美好和愉悦。"打发时间"是青年人外出偷 46

盗的常见理由,在此理念的启迪下,他们学会真正格伦迪男人所具备的诗学品质,本书大部分内容与之有关。

我们不妨对"意义"加以阐述。虽然人类学家关注文化现象中的意义,但对从本土提取意义的兴趣并不大,这是个严肃的问题,因为这种概念很可能是人类学家试图解读的原因和结果。常识不足以作为解读的基础,因为人类学家所需要的,正是从被研究的文化常识数据中分离出来的东西(另见Crick 1976;Douglas 1975;Geertz 1973)。

这是民族志的符号学视角最有力的论证(另见 Herzfeld 1983a)。符号学视角摒弃了象征性话语和客观数据的人为区分,把人类学家的概念与地方报导人的观点融合在一个框架结构内,民族志文本本身就是经验性的。在这个过程中,报导人的预设无论是否属于有意识的表达,都有极其重要的意义。实际上,报导人的表达构成了本土符号,否则民族志学者对意义的探讨就成了无源之水。

我们还应该意识到"语言中心主义"的问题。将意义归于各类非语言的文化现象已经成为一种时尚,然而人类学家讨论该问题的方法,至少是从语言学衍生出来的。相比之下,在识别本土符号时,人类学家会发现语言之外的其他维度也同样重要,甚至更加重要。

这并不是说语言本身不能提供最佳的途径。事实上,也许最好的开端,是并置我们有关意义、相关性、重要性等概念,以及最接近本土的解释。通常,一个对于基本问题莫名其妙的解答,会让问题迎刃而解。当我问几个格伦迪人为什么把偷盗当作一种习惯时,他们经常回答说"交朋友!"甚至当我意识到,为了迫使受害者承认一个人的勇敢和技巧,与受害者建立政治联盟的第一步就是偷袭时,我还很难理解,为什么一个人期望受害者成为他值得信赖的盟友。但是当我把注意力集中在偷盗的风格和天赋而不是单纯的技巧时,才对"交朋友"的意义恍然大悟。当然这是格伦迪人眼中的"意义",即表演性、重要性和社会价值观等观念的总概括。

有效的表演以形式将注意力吸引到一组信息上。当格伦迪人否定某一特定的行为"没有意义"时,通常暗示该行为缺乏表演天赋或独特性。仅仅作为男人并不够,最低等的男人也生来就是男人,一个男人必须善于做男人。

　　这就是"好男人"和"好自信的男人"（*kala'ndras or kala eghoistis*）的特殊语法结构带来的困惑。（为了省略，两种结构都用副词修饰名词，而不用规范的形容词修饰名词）。这种独特用法同时达到双重目的：一是强调个人社会地位的表演方面；二是违反标准希腊语法的方言特征，凸显了克里特人的独特性，其本身就证明了格伦迪人话语的诗学性。

　　它还激发了明确、积极的一面："好男人"不安于现状，要不断获取荣誉，所以表演是必不可少的环节。真正有天赋的表演者仅仅靠勇气就能换来殊荣，比如邀请警察品尝刚刚偷来的肉。在另外的情况下，突然的翻转也能赢得别人的钦佩：盛气凌人的老大（*kozi*，关键人物），仅以低沉的语气不耐烦地责备一下，就能让人无地自容。即兴发挥更是难能可贵，一个优秀的表演者要让观众感受到他的表演完全是即兴发挥，甚至在偷盗的叙事中，也可以即兴表演，大可以吹嘘一番。正是这种以美学方式应对平凡之事，尤其在前景黯淡的事物中抓住机会的能力，才使"西玛西亚"在这些特定环境中产生。本书大部分内容都是对这一原则的延伸说明。

　　格伦迪人平时也谈意义，通常与特定环境或文本有关。当他们以轻蔑的态度评价某件事"什么都没说"时，则反对的意味更多一些。他们相当重视手势、衣着和语言行为的意义，重视打造自己的词汇库，并追溯词汇的来源。比如他们模仿声名更美的邻村村民说话，故意把字母/l/发成卷舌音，听起来非常生硬；穿着克里特岛服装或操着浓重地方口音的政客，尤其是驴唇不对马嘴的"乡村演讲"，他们都很鄙视。有个格伦迪人说，有个政客喜欢穿克里特式高筒靴，不禁让他想起那些低地村庄的鱼贩子，那个政客一会放着雷贝提卡（*rebetika*）唱片，一会播放埃克斯路里斯（*Xylouris*）的歌，在高地村庄之间招摇过市⑱。

　　民族志研究都会讨论这种对符号的敏感性。"西玛西亚"是格伦迪人判断和理顺所有社会经验的概念，深深植根于观察之中。"西玛西亚"很少作为抽象概念，而是用于评价特定的表演。一次失败的行动或一句没有产生效果的玩笑都缺乏"西玛西亚"。格伦迪人认识到民族志学者常常忽略的问题：符号并不代表永恒的真实，而是随着社会环境、利害关系或个人情绪的变化而不断重构的。这一视角对研究符号学的民族志至关重要（引自 Meeker 1979:30)。

　　我之所以选择关注男子汉的诗学,是因为在田野调查中我对男性社会的了解比女性社会更为充分。然而,女性对男性行为的看法,并不总是与男性一致,她们的看法为研究以男权为主的话语提供了必要的对应物。一般情况下,女性反对男性的过分行为是为了避免冲突,但在不伤及儿子、兄弟、丈夫的公众尊严的情况下,她们的态度会有所保留,为男性对"女人的事"的轻蔑提供了一种发人深省的平衡。这种情况还可以在一般女性和老年男性之间进行道德类比:老年男性和女人一样,他们不喝烈性酒,四旬斋节时不吃肉,而且经常参加宗教仪式,据说是害怕因自己的罪恶(*amarties*)在来世得到报应。

　　女人和老年男人一样,在面对外部威胁的时刻,会毫不畏惧地和她们的野蛮男人站在一起。比如,她们帮着藏匿偷来的肉,丈夫进监狱对她们没有好处。在一个案例中,一名警察搜查偷盗的肉时,嫌犯的妹妹在警察就要打开她的嫁妆箱时(肉藏在她的内衣下面),猛地扑向了警察。如果警察打开箱子,她会喊叫,她会杀了他,警察的行为无异于透过她的内衣偷窥她的身体。警察只得作罢。

49　　这样的行为得到了男人的赞赏。他们认为唯我独尊(具有侵略性的自以为是)与其说是男性的特权,不如说是与男性相关的特权。比如,当邻里冲突时,女性承担起帮助丈夫亲属说情的责任,或者以热情洋溢的好客行为给家族增光。因此,男人不会把女性行为视为缺乏"西玛西亚"。然而有些时候,关于做什么事情才能引起人们的关注,女性与丈夫的意见是不同的[⑲]。

　　格伦迪人对"西玛西亚"的迷恋,符合这个社会的状况。他们对官方的规章制度、规定的历史和法律定义等清规戒律统统报以质疑的态度。男人比女人更能体验这个世界,因为在所有官方场合,男性都是村庄的代表。所有格伦迪人,无论男女,都面临两套价值观的内在紧张关系,并将它们转化为塑造和重新塑造自我身份的原材料。

　　格伦迪人具有丰富的素材,尤其适合进行社会交往的诗学研究。在希腊其他村庄,日常行为和举止言行似乎更符合当地和国家习俗[⑳]。格伦迪也有一些男人很少惹是生非,或挑战同村人的情感。然而,平庸无为在别处可以是一种美德,在格伦迪则是无能的表现。从这个意义上讲,格伦迪人对社会生活具有更为积极的诗学期待。在语言艺术中,并非所有文本都具有诗意,未能表达诗意的作品,一般都是糟糕的作品(Jakobson 1980:96 - 97)。这并不一定意味着它们完全缺乏诗学品质,只是诗学品质不占主导地位。社会交往也是如此:格伦迪人从来不墨守成规,他们教会我们在身份表演中从哪里寻找在其他不显眼、不服从的群体中同样可以发现的诗学元素。那些服从并按官方意志行事的群体,肯定过着太平的日子。但是格伦迪人不这样想,他们的独特性为更好理解希腊和其他地方的相互作用之原则指明了道路。

　　在一个以诗学而不是以明确的研究问题为标志的世界里,"意义"是短暂且不确定的。格伦迪人让我认识到,机会来临时必须抓住。有一天,一位村民和蔼地和我开玩笑,让我尝试如何抓住机会"偷取"一个对话的片段。开始时我不会主动使用这种隐喻,但在村子里经常碰到这种隐喻,特别是返乡的移民经常回忆他们如何"偷取"德语的只言片语。请注意,他们不可能掌握这门语言,如同一个偷盗者不可能把整个羊群一次性偷走一样,但是他们能利用片刻机会提取其精粹,展示出他们的技巧和狡黠,显然他们希望我在谈话中也能够做到。在"为了交朋友"而去偷盗的格伦迪,村民让我"偷取"一次谈话也无可厚非,这将使我的经验更具有识别度,也是我被格伦迪人接纳的早期迹象,后来他们明确对我确认了这一点。我早期洞察力的来源,是对社会生活具有强烈探索意识的村民们赋予我的。

50

第二章 竞争序列

独特品质:个体自我和集体自我

初来乍到的游客,无需多时就会对格伦迪村产生异样的感觉,或许最直接的印象是村民非常的好客之情。房东和咖啡馆老板站在门廊下,争先恐后跟游客打招呼,"进来吧,我们请客!",到了冬天则是"请进来暖和一会吧!"过度的慷慨和过多的咖啡馆,是格伦迪男人为之自豪的事情。1981 年,村里的咖啡馆总共有 29 家,在一个人口仅 1400 人的社区,咖啡馆如此之多,反映出激烈的竞争程度和人们参与社会互动的热望①。此外,好像这些供人聚集的场所还不够似的,经常可以看到不少房主懒洋洋地坐在阳台上,手持一杯葡萄酒自酌自饮,到了午餐时间也忘不了招呼路人进来"随便喝点什么",即便路人只是匆匆而过,无暇用餐。私人接待更像是公开的炫耀,在此情景下大量的肉食尤其引人注目。在希腊其他农村地区,肉类作为日常食物是颇为少见的,甚至在牧区也是如此(Campbell 1964:207)。

惊讶之事接踵而来。咖啡馆里的顾客似乎不受年龄限制,父子同饮甚为普遍,这与研究希腊北部地区萨拉卡萨尼群体(Greek Sarakatsani)的报告正好相反(Campbell 1964:160)。和希腊其他地方一样,咖啡馆和街道随时可以变身成为暴力争吵的场所,出现这种情况时,旁观者有可能是劝架者,亦有可是幸灾乐祸者,正如一个格伦迪人所说,"你越劝架,他越来劲。"关系密切的男人吵架,他们说是"打翻了奶酪"。此乃比喻,指一起制作奶酪的亲密伙伴之间起了内讧。对他们来说,最大的侮辱莫过于毁坏制作奶酪的大锅。

所有这些表面上互不搭界的独特性,表现出以男性为中心的强烈的公众意识。正如叙事材料所证明的，肉类绝对是男性食物。女人当然也吃肉，但切割烤制、大块吃肉，则是男人的事儿。据说男人之争皆因女人和家畜，远非男性之间的物品之争，也非突厥人的"妻妾即羊"，与"克莱泊萨"（*klep-sa*，一个包含了偷羊和偷新娘的双重意思的词语）也不能相提并论。咖啡馆是属于男人的领地[②]，公开争斗很快展示了男系亲属的团结，尤其是父子间的相互忠诚，更是天经地义，而不是像萨拉卡萨尼人那样，家庭分裂后父子间则反目成仇。在这方面，咖啡馆的潜规则与危险的牧场类似：近亲只有团结在一起才能更好保护羊群和家人，比如长子和父亲使用相同的羊群耳标以表明身份。

希腊的男性竞争模式并不一定非要依据血缘关系。在塞浦路斯，尤其在萨拉卡萨尼群体中，竞争只与捍卫核心家庭的利益有关（Peristiany 1965：180；Campbell 1964：38）。现有文献模糊地概括了地中海地区"遗存的父系制度"，从未与这种互动模式有过关联（例如，Davis 1977：197，参见 Herzfeld 1983C）。然而，父系纽带关系在格伦迪社会生活中却扮演着非常重要的角色，尽管他们使用的亲属称谓与标准的希腊称谓非常相似[③]。格伦迪人的父系群体有几种称谓，至少有两种曾经被希腊独立前的游击队员使用过，进一步证明了希腊历史的那个时期与格伦迪人目前的经历有相似之处[④]。

但是，甚至这种亲属称谓也在一定程度上掩盖了格伦迪父系关系的重要性。为方便起见，我把"索伊"（*soi*）一词翻译为"父系家族"（patri-group）[⑤]，"索伊"在其他场合表示男女双方都包括在内的亲属关系，而事实上格伦迪人通常用该词表达"大家庭"（*ikoyenia*）的概念，亦可作为"父系家族"的同义词。格伦迪人使用一套不规范的亲属称谓制度，不免自己都感到些许尴尬：这使得他们与其他希腊人不太相同。因为克里特人的家庭价值观和家族间的仇杀相关，人们将他们描述为野蛮的不法之徒。然而用"父系家族"就在一定程度上抵消了这一负面影响。该术语的使用，表明他们与官方认可的亲属关系体系是一致的：家庭成员构成姓氏族系的最小单位，全都隐含了整个姓氏族系的延伸，而且"索伊"一词仅对内部人使用。这或许是诗学原则在亲属关系上的应用实例，既考虑到亲属关系确切范围的细微模糊性，也作为一种特殊的习惯，考虑到内部人和外部人之间永远说不清的界限。当格伦迪人用"大家庭"而不是"父系家族"与我交谈时,是把我当作一个外部人,然而留有余地,让我通过更多了解来弥补差距。两个术语明显的互换性,为格伦迪人提供了一种诗学手段,用以探索和处理与外部关系的不确定性。

在格伦迪,两种亲属关系的意识形态之间的紧张关系,包含着两种相互对立的社会自我的定义。一方面,官方体系强调"欧洲人"和"基督徒"的身份原则,认为双方家庭人人平等。根据这一观点,个人对相互联系的群体负有义务,因此不能参与政治暴力:任何族系都不能对该社会中的任何人怀有敌意。另一方面,格伦迪的男系亲属,与整个父系祖先的血缘关系一脉相承。在这方面,即使与极其好斗的萨拉卡萨尼人相比,格伦迪人都有过之而无不及。但有一点特别值得注意,萨拉卡萨尼人很少吃肉,除非在复活节这样的节日,而格伦迪人认为,而且事实上也一直认为,吃肉是男性自我定义的重要组成部分:肉类和红酒是繁衍英勇男儿所必不可少的。

在这种家族意识形态下,自我意味着任何针对父系家族的侮辱都是对本人的侮辱,甚至个人性格也是通过遗传继承的。一位年迈的克洛罗斯家族村民患有慢性腹泻,却把病根归因于一般父系族系的遗传! 这里有很多疯狂的涵义。迪亚卡吉斯兄弟和克洛罗斯家族发生争吵,一个克洛罗斯家族成员诅骂对方刚刚死于交通事故的人:"这个父系家族一文不值的代表,活该被撞死!"这无异于发出了挑衅的信号,迪亚卡吉斯的兄弟们当即被激怒,他们挥刀砍向对方,而克劳洛斯家族也毫不示弱,针锋相对。

格伦迪人实际上并没有否认母系亲属关系的重要性,尽管他们认为母系亲属关系是一种较弱的纽带关系。"母系关系产生距离"的说法,源于与女性性交即产生玷污的观念,这种男权主义的思想由于男系亲属的内婚倾向性而得到强化,当然前提是不能乱伦⑥。当地亲属称谓的特点之一,是用对等称谓表示嫁出和娶进:人们认为,尽管没有血缘关系,但姻亲属于同一父系族系,地位不应该有高低之分(图表2)。

有趣的是,一个人的"姐夫妹夫"(*kouniadhi*)和堂兄堂弟一样,皆为近亲,女方亦如此。符合这种关系的男性都是最佳的偷盗伙伴。需要注意的是,兄弟和父子反倒不能同时行动,因为牵扯到父系家族的继嗣,父子一旦在激烈对抗中双双丧生,则意味整个父系家族后继无人,剩下女儿寡母任人欺辱。

这种制度对大的父系家族非常有利,同时也暗示男性血缘关系的重要性,尤其在克里特岛西部的高原地带,虽然放牧业逐年萎缩,但依然是人们赖以生存的重要途径,凸显了父系血缘关系的重要性。其他地区的放牧业和集体暴力似乎都在减少,家大业大的观念正在让位于新的理念,人类文明社会不需要像家畜那样繁衍无度,越来越多的格伦迪人接受了这种观点,并 55 逐渐从牧羊业脱身。

图表 2　两代人的姻亲称谓

标准希腊语亲属称谓			
Kouniadhos =	WB 妻子兄弟	*Kouniadha* =	HZ 丈夫姊妹
Ghambros =	ZH,DH 妹夫,女儿丈夫	*nifi* =	BW,SW 弟媳儿媳妇
Badzanakis =	WZH 妻子妹夫	*sinifadha* =	HBW 丈夫兄弟媳妇
格伦迪的亲属称谓			
Kouniadhos =	WB,SW,WZH 妻子兄弟,儿媳,妻子妹夫	*Kouniadha* =	HZ,BW,HBW 丈夫的姐妹,弟媳,丈夫的兄弟媳妇
Ghambros =	DH 女儿丈夫	*nifi* =	SW 儿媳

村民深知畜牧业和家庭规模的关系。大的父系家族欲对偷袭者实施报复,可以集结大批家族和近亲成员:有个村民回忆说,有一次远征讨伐居然有多达 18 人的亲属队伍参与!只要掠夺仍然继续,就有充分理由维持广泛的亲属关系。“孩子多即财富多”的观念在这种背景下具有更大的意义。生养众多儿子的父亲寄希望于羊群在他死后能够继承繁衍,尽管遗产终究要被分割,儿子们继续轮流照管,守望相助,以确保羊群数量保持在令人羡慕和尊重的规模上。经验表明,没有兄弟的牧羊人难以为继,很难做到这个份上(超过一百只)。羊群数量少于五十只则失去经济价值,只能视为失败和耻辱。

近年来,不少牧羊人已经接近甚至低于这个临界水平,然而他们发现弃牧务农更划算,至少不再低人一等,更何况农业的收益要高于 60 年代早期。

有个不幸的牧羊人只有一个兄弟,他的兄弟既不愿意帮助他,能力也有限,他只好独自忍受度日如年的苦楚。他的羊群屡屡被盗,想实施报复却有心无力,孤军作战后方空虚,寥寥无几的羊群随时会被洗劫一空,最后他终于改行当了农民。这样的男人虽然放弃了牧羊生涯,但还是觉得父系亲属比母系亲属更为亲近。很明显,他们那些比较幸运的亲属,为了维持和增加羊群数量,在很大程度上要依靠近亲的团结,并且打算多生儿子让自己的名字得以延续。正是这种对羊群安全的实际考虑,强化了人丁兴旺和羊群数量的象征意义,同时成为集体和个体唯我独尊的源泉。另一方面,一旦成为农民,劳动付出是间歇性的,子孙后代也没有可以无限扩展的地产来继承:在几代人时间内,无差别分割遗产的原则有利于小家庭。

56 　　相似的动机差异也影响着盟友的选择。牧羊人倾向于借助洗礼活动,在村外建立广泛的政治联盟,他们认为与同村人建立结盟毫无意义,因为后者已经承诺尊重他们的财产。只有当牧羊人转而从事农业之后,才可能邀请同村人给他的孩子洗礼。由于土地界线一直是纠纷不断的根源,农民更有兴趣在本村建立这样的关系。

解读村庄空间

　　村庄的实际布局可以反映出父系家族群体的关切和局限性。父系家族的同族婚姻(图表 3a)在理论上是合理的,至少各种家庭的财产可以体现在"索伊"的名下。绝大多数的(有例外)乡村邻里都以父系家族的名字命名,然而并非所有父系家族都是如此表述的,而且这种局面由于一些常见做法而进一步混淆,比如将宅基地出售给倒插门新郎的父亲,他们可以在宅基地上建造新房,这种做法"异化"(*apoksenononde*)了父系家族的土地。

　　下面是 1907 年村庄的局部草图,见证了土地变迁的历史轨迹(图表 3b)。随着宅基地不断出售给母系亲属,这一进程在不断加快速度。每一块土地的出售,都牵扯到父系家族和母系家族利害关系的利弊权衡,所以要尽一切努力避免出现尴尬的局面,因为这被视为把家族财产卖给了完全的外部人(*kseni*)。在道德意义上,土地永远是历史归属的父系家族的财产。

尽管父系家族并不拥有任何实际用途的集体土地,但村民仍然感觉集体身份是出售土地的一个重要因素。

下面的具体案例说明如何衡量这些因素。一个库比思(Koumbis)家族成员从母亲手里继承了一块土地,母亲原来是克洛罗斯家族的人,起初他"更倾向于"[⑦]卖给自己的女婿。女婿来自一个小家族,但他更愿意购买葡萄园;于是那个库比思家族的成员又试图卖土地给同是库比思家族的大堂弟,但后者同样以类似理由谢绝。最终他把土地卖给了一个克洛罗斯家族的人,土地等于重新回到了原来的父系家族(讲述者本人就是克洛罗斯家族的,因而有点沾沾自喜)。正在此时,有个斯格法斯(Skoufas)家族的人提出愿意出价 15 000 德拉克马购买这块土地(卖给克洛罗斯人的价格是 12 000 德拉克马)。为了不让这块土地从克洛罗斯家族"异化",新老买主商定以双方都能接受的 14 000 德拉克马成交,既保留了原来交易的情感色彩,又部分补偿了原买主。

图表 3a　格伦迪村的婚姻模式

57

年份	婚姻		异族结婚	斯格法斯(Skoufas)	波塔米提斯(Potamitis)	克洛罗斯(Khloros)	其他家族
				m/f	m/f	m/f	m/f
1933	5	[0m/0f][a]	1	1−1/1[b]	0−0/0	0−1/1	0−3/3
1934	2	[0m/1f]	0	0−1/0	0−1/0	0−0/0	0−0/2
1935	7	[1m/0f]	1	1−3/3	0−1/0	0−0/2	0−3/2
1936	1	[0m/0f]	1	0−0/0	0−0/0	1−1/1	0−0/0
1937	2	[0m/0f]	1	0−1/0	0−0/0	1−1/1	0−0/1
1938	7	[2m/0f]	3	3−3/4	0−2/0	0−0/1	0−2/2
1939	4	[0m/0f]	0	0−1/2	0−1/0	0−1/1	0−1/1
1940	5	[1m/0f]	1	1−1/1	0−1/1	0−0/1	0−3/2
1941	2	[0m/0f]	1	0−1/0	1−1/1	0−0/0	0−0/1
1942	10	[1m/0f]	0	0−1/3	0−2/0	0−0/3	0−7/4
1943	4	[0m/1f]	0	0−1/1	0−2/0	0−0/1	0−0/4
1944	3	[0m/0f]	0	0−1/1	0−0/1	0−0/1	0−2/1
1945	5	[0m/0f]	1	0−1/1	1−1/3	0−1/0	0−2/1
1946	5	[0m/0f]	1	0−0/2	1−1/2	0−0/1	0−3/1
1947	6	[0m/0f]	2	2−3/3	0−2/0	0−1/0	0−0/3
1948	3	[0m/0f]	0	0−0/0	0−0/1	0−0/1	0−3/1

续表

年份		婚姻	异族结婚	斯格法斯 (Skoufas)	波塔米提斯 (Potamitis)	克洛罗斯 (Khloros)	其他家族
				m/f	m/f	m/f	m/f
1949	10	[0m/1f]	0	0—6/1	0—2/1	0—0/1	0—2/7
1950	8	[0m/0f]	2	0—1/1	1—1/1	0—2/1	1—4/5
1951	6	[1m/1f]ᶜ	2	1—2/2	1—1/2	0—1/0	0—2/2
1952	5	[1m/0f]	1	1—2/1	0—1/1	0—0/1	0—2/2
1953	7	[1m/1f]	0	0—0/1	0—2/0	0—0/1	0—5/5
1954	6	[1m/1f]	0	0—0/1	0—0/1	0—0/1	0—3/4
1955	7	[0m/1f]	3	1—3/3	0—0/1	1—1/1	0—4/2
1956	8	[1m/1f]	1	0—0/1	0—0/1	0—0/1	1—8/5
1957	5	[0m/0f]	2	1—1/3	1—1/1	0—0/1	0—2/0
1958	13	[2m/1f]	2	1—5/1	0—0/1	0—2/1	1—5/10
1959	5	[0m/1f]	1	0—1/2	0—0/0	1—1/1	0—3/2
1960	9	[3m/0f]	2	0—0/2	1—2/3	1—3/1	0—4/3
1961	12	[1m/0f]	3	2—5/2	1—1/4	0—0/2	0—6/4
1962	9	[1m/0f]	3	0—0/2	0—0/2	2—4/2	1—4/3
1963	6	[0m/1f]	2	2—2/2	0—0/1	0—2/0	0—1/2
1964	12	[3m/0f]	5	2—4/3	1—2/3	1—1/1	1—5/5
1965	20	[2m/0f]	5	1—5/4	2—2/4	1—2/2	1—10/8
1966	11	[3m/2f]ᶜ	1	1—1/4	0—0/2	0—2/1	0—8/4
1967	8	[1m/0f]	0	0—4/1	0—1/1	0—0/1	0—3/4
1968	8	[1m/0f]	2	1—2/3	0—0/3	0—1/0	1—5/2
1969	10	[1m/0f]	5	5—6/6	0—0/0	0—0/0	0—4/4
1970	5	[0m/0f]	0	0—1/1	0—2/1	0—0/1	0—2/2
1971	7	[1m/0f]	1	0—1/0	1—3/1	0—0/0	0—3/6
1972	10	[2m/0f]	4	1—2/2	3—4/5	0—0/1	0—4/2
1973	8	[4m/0f]	1	1—2/3	0—2/1	0—0/2	0—4/2
1974	12	[4m/0f]	4	4—5/6	0—1/3	0—0/0	0—6/4

58

表格注释：注意从 1960 年以后，异族通婚和家族内婚的数量都开始增加，表明对外接触增多和父系家族利益增长。斯格法斯和波塔米提斯两大家族的扩大也助长了这种趋势，而且目前仍在继续。

a. 方括号内的数字表示村内的异族通婚，第一个数字代表来本村结婚的男性，第二个数字代表娶进来的女性人数。（m 即 male，指男性；f 为 female，指女性——译者）

b. 每个家族标题下的数字，连接号前是各个家族在不同年份的同族婚姻数量，连接号后的数字代表每个家族当年的结婚男女人数。

c. 近年来这个数字因私奔或绑架案件而有所增加。

图表 3b 1907 年格伦迪村草图（部分）

图中编号的对应家族为：

1. Skoufas   斯格法斯家族

2. Potamitis   波塔米提斯家族

3. Khloros   克洛罗斯家族

4. Diakakis   迪亚卡吉斯家族

5. Zonaras   佐纳拉斯家族

6. Koumbis   库比思家族

7. Arapakis   阿拉帕吉斯家族

8. Kondos   康达思家族

9. Kozalis   科扎利斯家族

10. Peristeris   皮瑞斯特利斯家族

11. Peponis   皮波尼斯家族

12. Florakis   佛罗安吉斯家族

13. Dendrinos   顿特诺斯家族

　　如此案例所示,这类交易在磋商时,经济利益和道德因素均在考虑之内。格伦迪人不反对近亲之间的交易,因为切身利益是每个家庭必须考虑周全的事情。然而在意识上,一个人应该接受一点经济损失,以便亲属以合理的价格购买他的土地,或者以优惠价格出售给自己的母系亲属或姻亲。这样做或许情非得已,或许出于团结需要。然而,把土地卖给自己亲兄弟是"赠与"而不是"出售"。

　　村庄布局与父系家族的经营活动无关。生意各干各的,以家庭为单位,甚至小型水泥厂和螺纹厂也比私人住宅大不了多少,村头的打谷场似乎也属于单一家庭的私有地产。类似咖啡馆的小店铺,顾客通常来自一个以上的家族成员。男人不仅光顾本族亲属的咖啡馆(*kafenia*),也常去姻亲或母系亲属的咖啡馆,咖啡馆和顾客仅为邻里关系。

　　但也正是在咖啡馆,男系亲属的相互忠诚展现得淋漓尽致。仅举一例,一群人聚集在克洛罗斯家族成员开的咖啡店里,议论店老板妹妹的儿子在另一个村庄(图表 4)犯下的谋杀案。虽然凶手和店老板并不属于同一个父系家族,但店老板明显坐立不安,因为案件肯定牵扯到亲家不光彩的事情。值得注意的是,所有和店老板讨论此事的人都来自克洛罗斯家族,坐在旁边的是几个沾亲带故的亲戚,店老板平时是个谨言慎行的人,假如听众当中有非克洛罗斯家族成员,他不太可能如此坦诚。有个非克洛罗斯家族的老人也在场(图表 4 中没有标注,他坐在靠门很近的地方),虽然老人也是亲属,但比较矜持内敛,是可有可无的听众。店主背对着门站着,按说违反了店规礼仪,但是这个举动却表明这个公共场所已经转换为临时的私人空间,正在面对家族内部的问题。

　　当家族之间的竞争升级时,这种转换还会加剧。在地方选举开始的前几周,有些咖啡馆白天营业,晚上则转换为非正式的家族会议室。谁来代表家族统领大局,采取何种策略等严肃话题,都在这里策划。此时咖啡馆的公众性被严格重新界定,以排除所有非家族成员的干预。这一点无可厚非,并没有冒犯他人的意思。其他时间,如果男人之间有私事要谈,比如家畜偷盗或家庭纠纷,也会来到这里,但与家族没有直接关系。经常出现的一幕是,一个男人和同伴走出咖啡店,在外面街道上窃窃私语。到了晚上,咖啡馆的

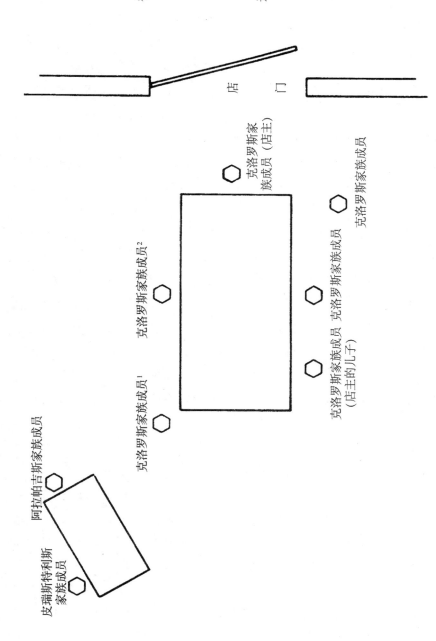

街　　　　　　道

60

图表 4　在咖啡馆讨论克洛罗斯家族的问题。克洛罗斯家成员[1]是克洛罗斯家家族成员[2]的儿子。

61 入口处经常有神情诡秘的男人轻声交谈，但任何直接涉及整个家族的事情，都会对家族成员发出集结号，无关人员都要尽可能回避。

咖啡馆还可以通过其他方式表达男系亲属间的忠诚。尤其当家族成员卷入一场报复时，咖啡馆就成为最显眼的凝聚团结之地。中心大街上有一家咖啡馆，频繁光顾的客人几乎是清一色的斯格法斯家族成员，而且以牧羊人居多。店主因把杀害他兄弟的凶手反杀而进了监狱，家族的骨干分子几乎天天在店里聚集，他们戴着头巾留着络腮胡子，此举不言而喻是为了宣誓忠诚，同时也威慑着那些开车在村子里横行叫嚣的潜在复仇者。在这些常客当中，有一个人曾经杀死街对面另一家咖啡馆老板的岳父，店老板是佐纳拉斯家族的人，两个咖啡馆之间刻意回避了一段时间，但也就这样了：因为佐纳拉斯老板和死者不是同族亲属，不存在后继无人之忧，因此，店老板没有义务像儿子或兄弟一样必须为死者报仇，紧张关系不足以妨碍顾客频繁光顾这两家咖啡馆，这表明了团结的范围和底线。

个人家庭通常不会卷入家族的全面冲突，但群体斗殴事件时有发生，甚至蔓延至街头。有一次，一个迪亚卡吉斯人用手枪朝马路对面的克洛罗斯家族人的房屋开了一枪。当事态再度爆发时，两个家族的成员在大街上集结并发生冲突，幸亏被双方身着黑衣的妇女们隔离分开。迪亚卡吉斯家族主干将的妻子把一条毛巾扔给一个年轻的库比思家族男子，后者把毛巾裹在手上抓住刀刃将刀夺下，这才化险为夷。女人大部分时间在邻里间走动，但本质上归属丈夫的父系家族。因为这场争吵发生在一个开放的空间，所以她们起到中间角色，恰当传递了对冲突双方各自的忠诚，作为第三方，她们在街道上也表现出女人的公众特征。事实上，这并不是一场家庭纠纷，而是涉及家族的内部财产权：迪亚卡吉斯家庭一方（实际上是一群兄弟）拥有街道两边的大部分房子，但在两排房屋的尽头是克洛罗斯家族的一小块地产，双方在其中一块土地上发生纠纷。这是自然形成的既成事实，而且纠纷双方是兄弟关系，所以双方的大多数亲属尽管在口头上说三道四，然而并不希望矛盾激化。克洛罗斯家族一方的主要当事人，其继母的原籍是迪亚

62 吉斯家族，充其量在姓氏上与另一方有关系，或许对冲突起到了遏制作用。她本人坐在离家很近的一块石头上，面对邻居的情绪爆发，她语无伦次，一

会儿诅骂，一会儿恳求。

正如此案所表明，村庄布局可以准确反映一些紧张关系的蛛丝马迹。在希腊，像格伦迪这样由咖啡馆环绕一个开放空间的村庄极为少见，却给人一种抽象的和谐印象，即迫在眉睫的冲突不易发生：主教堂前面有一个小广场，两边分别是村办公室和一个废弃校舍，紧靠中心大街是村庄的战争纪念碑。村里缺少一个传统类型的广场，部分原因可能与公路从村庄中心穿过有关，那些规模较大、政治活跃度较高的咖啡馆都沿公路而建，地理位置非常有利，能带来人气和顾客。但不管出于什么实际原因，主广场是明显的象征空间，可以避免大型家族从"各自的"咖啡馆直接爆发为公开对抗。公共场所发生的争吵，一般局限在家庭和家族界定的空间内；从字面意义上讲，公共广场不是发生潜在灾难性争端的地方。

尽管没有一个传统意义上的中心广场，咖啡馆相互作用的向心力，亦对乡村平面图产生了一定影响。在村庄两条带状卫星居住区的尽头，仅有两个咖啡店：由于相对偏僻孤立，一旦有要事商量，居民更倾向于去村子中心地带，以避开邻居的耳目。两个卫星居住区既有一些断壁残垣的石屋，也有用色调柔和的铁栏杆以及铝合金门框装饰的两层现代建筑。村庄周边的新建小区表明人口正在迅猛增长，只是尚未形成新的社会中心。主要咖啡店沿着主街道中心向两旁延伸，所有窗外之事一目了然，因为来自伊拉克利奥和雷西姆诺的长途车在这停留时间最长。此外，这里也是村里最有权势之人的居住地，住着包括我在田野调查期间的两位村长。有些最新的咖啡店也在该地段开张，表明这里依然是村庄权力的真正中心。

63

社会活动集中于此，显现了教堂广场作为集体身份的象征作用。教堂广场是所有正式庆典活动的场合，比如国家独立日（3 月 25 日）。在这个庄严的日子里，小学生排着整齐的队伍，身穿大陆希腊的服装，缅怀那些独立斗争中的"强盗"英雄，也有不少人穿着克里特岛传统服装，包括如今很少见的宽松裤子（vraka）。教堂广场也是村民举办婚礼的主场地，殡葬仪式亦在此举办，以表达村民面对死亡时的团结一心。婚礼或葬礼在教堂内进行时，除了亲朋好友和亲属，其他所有人都聚集在广场上。在婚礼上，这种团结的氛围，比二战之前还要浓烈。那时只有收到邀请才能来，而如今，不请自到也是贵宾,婚礼队伍中的人都抱有某种潜在意识(图 6)。另外一个变化同样能增强广场的象征意义:每逢肃穆庄严的耶稣受难日游行,村庄里里外外挂满了象征基督灵柩的圣像,有些小巷因为疏忽而没有挂上圣像甚至会引发村民的愤怒。如今,圣像在教堂广场上空飘荡(包括教堂后面的窄小胡同),教堂和广场一并成为更有感召力的微观世界。

人们强调而非强迫一种社会划分,即男女有别(图表 5)。男人和女人只能在围绕乐坛跳舞时,才可以手拉手混合组成圆圈,或是家庭成员穿过广场随意散步时才能在一起。大多数集体参与的活动,教堂外的男性总比教堂内的男性多。即便是婚礼仪式,男人也只在表达祝福或是送红包时才进入教堂稍停片刻(1981 年的红包大约为 500 德拉克马)。如果是葬礼,他们干脆不进去;教堂外的女性往往也比教堂内的多,尽管通常认为这种场合女性应该占多数。

广场平面图与教堂平面图既相合,又相异。在这两处,每当牧师面对人群时,男人都在牧师的右侧,女人在他的左侧。但按照仪式规定,教堂要按照东西轴线布局,这样一来,严禁女性涉足的教堂中心圣所,正对着广场的"女性"一侧。无论出于偶然还是设计,教堂与广场的关系在空间上再现了对仪式价值的尊重和对教会制度不信任的内在矛盾。做礼拜时,牧羊人经常表现出某种紧张感,他们对教堂的集体性厌恶,可能是格伦迪村所有群体中最为明显的:他们只在仪式接近尾声时才解开头巾,并在最后一刻才进入教堂,出来后又匆忙把头巾裹在头上,只见一片头巾在阳光的闪烁下鱼贯而出,穿过出口回到"男性"的世俗空间。

这种空间布局,使得格伦迪社会的男性和女性之间的刻板印象颇具戏剧化效果⑧。广场虽是公共场合,却由男性定义的规则所掌控。当妇女加入婚礼后的舞会时,只能迈着贞洁的舞步,避开年轻男性舞者的自我炫耀。老年妇女安详地走来走去,照看着孩子或围在一起聊天,而其他人,绝大多数是年轻女子,只能站在"女性"一侧观看,绝不与年轻男子发生直接接触。在很大程度上,格伦迪的女性和希腊其他乡村地区的女性一样,被定性为消极、优柔寡断、矜持而忍耐。同样,人们认为她们应该献身宗教事务来超越

图 6　婚礼的队伍是公开的声明

64

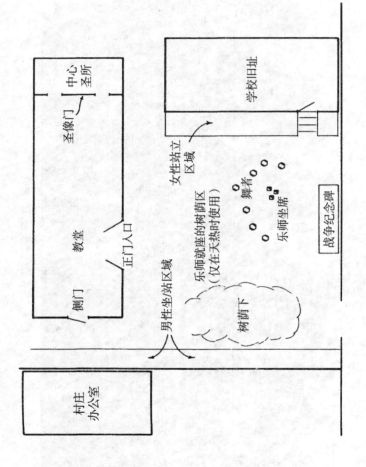

村庄
办公室

教堂

侧门

正门入口

圣像门

中心
圣所

男性坐站区域

乐师就座的树荫区
（仅在天热时使用）

树荫下

女性站立
区域

舞者

乐师坐席

学校旧址

战争纪念碑

街道

图表 5 教堂广场的空间布局

自我。然而这种奉献精神既激发了男人的敬重，也引发了人们的怀疑，即这种虔诚或许是另一种形式的受骗，如果是的话，那么骗子就是牧师。在教堂广场上，她们的举止恰如其分地反映出女性的拘谨和刻板：教堂的圣洁与罪恶、年轻男子绽放的舞步和阳刚之气，皆是近在咫尺的诱惑。在其他不必刻意约束的情况下，女性或许能够一展风采：如果一个女人能成功"完成"通常被视为男性的行为，比如在一次诙谐的文字游戏中击败男人，也会给自己和家庭带来荣耀。当然，即使女性以某种富有诗意的方式打破常规，男性的反应通常也是一种居高临下的首肯，而在教堂广场上，妇女鲜有机会来自我表现，哪怕是代表自己的丈夫和家族，毕竟这里是庄重肃穆的地方。

格伦迪人的空间象征主义，尤其表示运动的习语，可以从语言的各种表述中深刻地感受到。比如"进入"的含义是社会控制或入侵（如家族以外的人购买土地），包括加入亲密朋友圈，或者获得某种尊重（如缔结精神亲戚关系）。这些暗示都影响着日常礼节，比如离开和进入房间或咖啡馆都有一定之规，人际关系也需要根据环境变化而重新调整和定位。因此，进入教堂广场就是一种社区成员身份的象征性认定，包括身份特征的所有方面。

也许是巧合，广场周围的建筑布局也强化了男女角色的规范性。站在"男性"一侧的是所有行政事务中心和社区办公室，是乡村政治上融入国家官僚体制的正式标志，而对面的女性一侧背后，是一所几年前改造为纺织厂的旧校舍，成为未婚女子躲避恶作剧的理想地。然而在选举期间它充当了投票站，站立在外的保安人员随时提醒人们，这个场地已经被"男性"征用，是为国家和地方合作而做出的便利安排。战争纪念碑占据着中心空间，周 67 围是难得一见的花坛，花卉保养良好，位于广场中心位置，正对着马路，鲜艳夺目。对于那些因为战争死亡而人丁惨淡的家族成员，纪念碑上的铭文记载了他们的姓氏昔日的荣光，解释了目前家族人口下降的原因。由于死难者的名字按姓氏记录在碑文上，对当地的家族意识不无裨益。

在教堂广场上，格伦迪人的价值观和官方价值观的对比、紧张和契合都在这里聚焦。气势恢宏的教堂、小而庄严的纪念碑、社区办公室、男性为了表达尊重在进入教堂时解下的头巾，都是官方价值观的体现。然而，冥冥之中飘浮着些许说不出的意味,与现有的象征性秩序若即若离:一串串的姓氏、男人进入教堂时蹉跎的脚步、男性舞步挑衅性的阳刚之气,再有的话,就是偷盗高手的绝技。

五百个子弹壳

我在广场上只目睹过一次明显不和谐的场面。然而,此次事件的参与者只是试图利用广场的和谐寓意达到他们自己的目的。1975 年地方选举,以家族原则为基础的选战一如既往,一些较小家族的成员聚集在广场,讨论是否组建第三方联盟取代两个主要家族群体(斯格法斯家族和波塔米提斯家族)。这些较小家族的成员自称"小巴尔干人"(*ta mikra valkania*),作为集体抵制大家族霸权的口号,以激发村民的情绪,然而有始无终:迪亚卡吉斯家族的领导人,对取得潜在联盟的领导权志在必得,但其他家族意识到,即便他们得逞,也不过是改朝换代,或许更加糟糕。虽然迪亚卡吉斯家族的成员相对较多,但对其宣称的"小巴尔干"地位一直存在公开的争议,其领导人明显是机会主义者,令任何潜在的盟友都对他不抱希望。除此之外,我没有在广场见到过其他的政治集会。1975 年的事件之所以发生,是因为小家族领导者们试图通过合力,打破村庄历来分为斯格法斯家族和波塔米提斯家族两大阵营的状况,但在迪亚卡吉斯家族领袖的夸张言论和教堂广场的象征联系的鲜明对比下,不久之后便草草收场。

家族纠纷在两个层面上与国家意识形态发生冲突。首先,他们挑战了国家作为最终法律仲裁者的作用。其次,他们强调的是家族忠诚,亦不符合选举程序的官方典范,在地方选举中的集体投票就是例证。此外,强烈的宗族偏见与教会认可的双方亲属关系相互矛盾,也违反了民法通则的基本条款(Alivizatos 1949:99 - 100)。鉴于这些原因,家族之间的紧张情绪通常不在教会广场体现,却可以在咖啡馆、街道、甚至村后的荒山野岭中宣泄,这些地方都是合法的竞争区域,相对不受官方干预。

如果说乡村平面图充其量只反映了家族群体的部分面貌,那么格伦迪人可以借乡村空间来表达团结或不和谐。有个迪亚卡吉斯家族男人和一个斯格法斯家族女人订婚快一年,不料陷入两个家族的一场激烈争执。订了婚就不能反悔,变了卦也不能将一个不受欢迎的女人拒之门外。假如新郎此时宣布与新娘断绝关系,那就无异于对斯格法斯家族的侮辱,报复势在必行。因此婚礼还是如期举行,没有直接卷入争端的家族成员也来到教堂广场。然而紧接着,两个家族又分别举办了各自的婚庆活动,正所谓"两场婚礼"(*dhio ghami*)⑨,事实上是两场分道扬镳的婚庆,新娘现在作为迪亚卡吉斯家族一方的人参加了丈夫家族的婚宴。为之庆幸的是,两场婚庆都在各自的居住区举行:斯格法斯家族的举办地点位于村中心,正对着大街,而迪亚卡吉斯家族成员则聚集在老卫星小区的房子里,无形中都远离了乡村的政治权力中心。为了强化这一信息,据说斯格法斯家族人在人声嘈杂之夜向空中发射了五百发子弹,清晨的街道上散落了一地弹壳。

在婚礼和洗礼仪式上鸣枪,揭示了长期不和与抵制法律的密切相关性。希腊内战之后的岁月里,警方对枪支实行严格管制以防不测。人们避免在婚礼上鸣枪,因为那是一种"罪过",把新郎卷入他不知情的事件中,新郎因此要付出代价,却不能背叛真正的罪犯。这种对"罪过"的世俗理解和反正统观念,在格伦迪人的话语中比比皆是。

婚礼和洗礼上的鸣枪射击是格伦迪人的行为之一,即显示了山区的特色,也宣泄了不满的情绪,格伦迪人对此心知肚明。一个牧羊人在谈到节日鸣枪和地方独立的关系时说,突厥人从来没有真正征服过该地区,谁都做不到,很明显他暗示任何形式的政府。同样,斯格法斯家族的喧嚣性示威,旨在表明其集体身份与往昔的英雄形象不无两样。其他家族认为这是典型的狐假虎威,他们认为,自以为道德优越的人应当是骡子是马拉出来遛遛。 ₆₉

格伦迪村藏匿着很多武器,部分是归返移民非法携带入境的,很多是二战遗留下来的,甚至还有英制机关枪,通常用在婚礼正式开始时鸣枪宣示。有个年轻人得到一支崭新手枪之后兴奋不已,在村里折腾了一夜。他和本家族几个岁数不等的小伙伴时不时向空中开枪,并一度来到火爆的利齐提科(*rizitiko*)演奏会现场,利齐提科是一种抵御外国压迫的克里特岛西部音乐,他的到来即象征着对法律的蔑视⑩。据说,有个格伦迪人在机场过安检时把刀藏在袜子里,再也清楚不过地表明对官方机构的不屑态度,因此才以恶作剧方式予以调侃。更有甚者,邻村有个人被重金收买杀人,他想通过政治关系躲避法律制裁,就借着酒劲朝着警局窗户开了一枪以"显示力量"(一个格伦迪人如此描述)。独自在室内那个胆怯的警察吓坏了,急忙打电话征求地区负责人的意见,却被告知除非村民闯入大楼,否则什么也别做。警方的极端克制无疑是出于政治的考虑,却让更多山民感觉到可以无法无天。

任何报复性的暴力行为,乃至任何象征性的武力展示,都是对国家权威的挑战。针对任何家族的威胁,必然也是对官方管控的威胁。然而,格伦迪人却可以瞒天过海,与警方巧妙周旋,以另一种形式为囤积武器狡辩。天知道村里"有多少东西(武器)躺着睡大觉",如果突厥人胆敢来犯,格伦迪人可以随时参战。一言蔽之,村庄凭借自己的力量就是一个"国中之国"(kratidhio),正如村民所言,村庄随时可以为国家而战。官方的克制态度类似某种实用人类学:他们认识到,家族结构的裂分倾向性已经被格伦迪人扩展到了更广泛的层面,这有助于融合地方利益与国家利益,而并非势不两立。尤其是官方已经意识到,更大的政治风险来自于一味压制格伦迪人视为独到之处的行为,不如允许他们在象征独立意义的展现中保有一席之地。只有在发生实际暴力时才能强硬应对:让希腊人流血才是对法治的冒犯,是可忍孰不可忍。

暴力的形成

彼此相处六天后,一名年轻的斯格法斯族人对我说,以前的村民彼此关系相当不错,而另一名皮瑞斯特利斯家族的老人说,过去的暴力倾向要比今天严重得多。在某种程度上,回忆往往是理想化的。一反一正的评价至少说明,格伦迪的社会关系已经走向更大的分化。年轻人的斯格法斯族人通过观察得出如下观点:人们不像以前那么多管闲事,而老人的观点建立在年轻时两大家族暴力冲突的回忆之上。

两种说法共享一个特点,即对父系家族的关切。斯格法斯家族的年轻人以两个亲属的事实为依据,说以前如果一个人威胁另一个人,其他亲属都会赶来平息。注意斯格法斯家族的年轻人把自己的亲属作为例证,可见斯格法斯家族内的刀光剑影在每个人的脑海中记忆犹新,报导人的观点似乎并不完全是巧合。

另一方面,皮瑞斯特利斯家族老人的观点并不代表某个主要的"父系家族"。他追忆不堪回首的过去,与所有人单势薄、政治上不独立的小家族所面临的困境有关,他们必须选择一个大家族并与之站在一起。实际上,他的家族把命运更多地与波塔米提斯家族联系在一起,因为他们与该家族的亲属关系比斯格法斯家族多一些,但没完没了的争斗和不厌其烦的争吵,以及小家族迫于无奈而加入关系家族行列的痛苦回忆,让他对社会关系十分寒心。

在这个村子里,几乎所有暴力都与男系亲属的相互忠诚有关,只有少数几个父系家族的铁哥们儿参与过外部的打斗,但是他们是代表整个村庄的战士。接下来的个案史虽然情形各异,但是其共同的特点是一个指导性的信念,即暴力是针对男人的,因此男人应以家族为纽带凝聚在一起。

71

脾气暴躁的小男孩

十四岁的斯泰里奥斯是个波塔米提斯家族的男孩,曾两次参与打架斗殴,其父母和亲属都受到牵连和威胁。第一次,克洛罗斯咖啡馆老板的儿子约他打牌,未成年人赌博属于违法行为,可能招致店主和警察的无谓争执。斯泰里奥斯输了钱不肯罢休,结果被店主的儿子揍了一顿。次日,男孩儿的母亲来到店里,稍作寒暄后便开始数落昨天的事情。店主帕诺斯·克洛罗斯解释说,是她儿子作弊导致孩子们翻脸。双方都声称不想为此事争吵,但又说这事没完。帕诺斯讽刺她说:"想开战吗"!男孩母亲毫不示弱,说儿子每天都来他的咖啡馆,至少消费了 100 德拉克马。她怒气冲冲地走了,突然又返回店里,撂下了几句狠话。一名克洛罗斯家族的人断言一场"战争"迫在眉睫,敢叫板克洛罗斯家族的人应该有武器,更何况男孩的母亲是个"女汉子"(*athilikarsernikia*),经常闯入男性领地充当男人的角色,为了保卫家庭名誉,她会和男人一样彪悍,但是从来就没得逞。次日,他再次提到这位"女汉子"。这些评论不外乎是讽刺性的挑战,表面议论的是男孩母亲,实则影射男孩的父亲及其亲属。"开战"的说法有点令人费解:莫非一个家庭有

"女汉子"就真的可以肆意妄为？或者是在玩一场"战争游戏"？女性在某些
竞争舞台上可以有上乘表现，尤其是赛歌会①，但毕竟是特例，充其量有助
于女性赢得些许集体荣誉，并让男性对手蒙羞。然而，就和信口雌黄的人一
样，越是故弄玄虚就越是虚张声势。一个想扮演男人角色的已婚女人，不仅
丢自己的脸，也让丈夫和家族的颜面尽失（也见 Campbell 1964:275; Dan-
forth 1983:207 - 209）。

尽管帕诺斯·克洛罗斯说"孩子的（吵架）没有意义"，这恰恰说明格伦
迪人所说的"意义"与社会活动密不可分。孩子吵架也会蔓延至成年人，并
有酿成大祸的危险，这种事情也有先例。面对男孩母亲咄咄逼人的挑衅，店
主不屑一顾，成功拒绝了她的"男子汉"行为，事情也就不了了之了。斯泰
里奥斯确是惹是生非的男孩。有一次打架他头上挨了一拳，为报这一箭
之仇，他竟然用气枪朝斯格法斯家族一个男孩脚上开枪。在一家非本族
人开的咖啡馆里，男孩父亲和伯父与受伤男孩的父亲和叔叔不期而遇，后
者质问斯泰里奥斯父亲是否知道自己的儿子一无是处，一场斗殴随即开
始。波塔米提斯家族的斯泰里奥斯的伯文抓起一根木柴打中斯格法斯家
族男孩的叔叔头部。两个家族的亲属被迫出面干预，双方在"碰杯"声中
握手言和。这是一种正式和解方式，但双方却没有完全恢复关系，日后见
了面也互不理睬。

危险的边界

正是这些看似微不足道却易于传播的争吵，让格伦迪人感到惴惴不安，
并迅速导致干预。主要当事人的亲属通常起调停作用，而不是本能地拿起
武器。需要强调的是，这样做并不违背家族忠诚的原则，反倒保护了家族利
益，因为成功调解不仅能让家族群体免遭进一步伤害，也能避免家族成为别
人的笑柄：成年人没必要为孩子那点事开战。更何况任何内斗都是自取其
辱，会让家族乃至整个村庄蒙羞，调停者顾全大局，符合各方利益。这种差
事其实也难，劝说双方让步，化干戈为玉帛绝非易事，有时甚至岌岌可危：一
个斯格法斯族人回忆说，有一次他制止了库比思家族的人刺向佐纳拉斯族
人的匕首，后者出于自卫向对手投掷石头，却误伤了调停者。他对我说，"有

时,调停人(*kseberdhetis*)受伤更重。"(也参见 Mavrakakis 1983:379)但为了家族和乡村荣誉,受点伤也值得。

家族团结和村庄团结本身存在内在的矛盾。血缘关系密切的人最有可能共享土地和宅基地的边界,因为土地属于平等可分割的遗产(Herzfeld 1980c)。此外,格伦迪村的从夫居制度,意味着近亲更有可能成为邻居,当然这是理论上的,亦有其他条件的约束。1964 年之前,政府实行粮食补贴政策,村民不必在山麓梯田种植小麦和大麦,这才结束了毫无意义的土地耕作。亲属间的土地纠纷十分常见,经常引起争吵,也曾导致严重的后果。

在谈论逝去的旧时光时,村民把这种变化解释为从"野蛮"时代(这是一个与突厥人统治时期有密切关系的词语)走向"文字"时代。如今,村里有了老师,在伊拉克利奥市还有一名格伦迪籍的律师。同时村民还指出,以前不懂种植葡萄的好处,现在每年都能生产三百多吨葡萄干。所有这些变化,均是村民通过昔日"饥饿"和今日"安逸"的象征对比得出的结论:当地大麦只能制作黑面包,而现在的优质面粉来自伊拉克利奥,直接在电气化面包房制成白面包。在食油极端匮乏的年代,家庭主妇用平坦石板当煎锅,用羽毛抹上少许油做饭,这些已成为遥远的记忆,然而说这种话的村民,没有一个是牧羊人。对于格伦迪农民来说,"饥饿"的象征意义已被颠覆,尽管在某些情况下仍然是他们表达意识形态的重要托词。此外,通过饥饿与畜牧经济的联系,以及过去的"野蛮"与新自由的对比,他们终于找到边界纠纷消失的原因,其最重要的标志是农业致富、和平相处、普及教育。只要还存在上述对比,就允许剩余的牧羊人继续用"饥饿"解释自己的立场,格伦迪社会理论中裂分的组织允许农业主义者继续诉诸这种象征性的条件,只要他们想强调格伦迪人的身份。

尽管说法不一,非牧羊人的边界纠纷时有发生。佐纳拉斯家族一个人的山羊啃食了波塔米提斯家族人的橄榄树,主人愤愤不平地对巡更人员说,如果对方不给个说法,他就把自己的羊赶到对方的田里吃庄稼。报复信息是否传递到佐纳拉斯族人的耳朵里不得而知,反正没了下文。还有一个康达思族人的羊群跑到一个波塔米提斯族人的饲料种植地,后者的亲属建议他杀了冒犯者,这显然是威胁之词,口头之快罢了,但却表达了家族的团结。

当我问受害者是否应该找到冒犯者说理时,他说那个家伙肯定不会让步。他一副怒不可遏的样子,但事情还是就此了结。

74　　另一方面,另外两个牧羊人的土地纠纷最终演变为暴力冲突。两人同属一个父系家族,而且是远房表兄弟。矛盾开始与一只被盗的羊有关,后来变得愈加复杂。普西拉村有个牧羊人到格伦迪村找到季米特里斯,要他找艾提克斯帮着打听失踪的羊,艾提克斯知道后暴跳如雷;他是斯格法斯家族的头面人物,几年前曾经和这个普西拉牧羊人的家族发生过激烈争吵,原因是他在一次打猎事故中误杀对方的人。艾提克斯的兄弟(也叫艾提克斯)介入此事,但大艾提克斯的儿子尼库斯指责小艾提克斯的羊跑到他家的橄榄林,把树苗都啃光了,在接下来的肉搏中,小艾提克斯刺伤了尼库斯,后者由于伤势严重在医院住了很久,花了不少钱。

这场争吵给斯格法斯家族带来严重的威胁。不仅家族集体声誉受到嘲讽,也被村里的竞选对手占尽了战术上的优势,至少多了一个早就想为误杀报仇的对手普西拉家族。尤其糟糕的是,被刺伤的尼库斯和行刺的小艾提克斯同是季米特里亚尼家族成员,是从斯格法斯父系家族分裂出来的一个家族分支,争斗至少导致三个社会群体颜面尽失:家族分支、父系家族、村庄本身。正因为此,绝大多数斯格法斯家族的男人,无论地位高低,都试图出面斡旋。

介入调停刻不容缓,因为大艾提克斯在山坡上遇到小艾提克斯,他开了一枪,但故意打偏,这让其他亲属压力倍增。最终,他们说服两个堂兄弟和受伤的尼库斯极不情愿地接受了和解:小艾提克斯为尼库斯的儿子洗礼,两个家庭成为集体牧羊友同盟(*Sindeknia*,通过洗礼形成的仪式性亲戚关系)。这种关系通常用以处理不同村庄没有家族血缘关系的人之间产生的纠纷,也是此案中唯一避免流血的办法。即使在那之后,两个当事人也拒绝彼此说话,并尽可能相互回避,幸亏他们分别住在村庄的两头,通常解释为对各自生活社区的尊重,只要见面就难免再次发生冲突。调停人一个是格里格瑞亚尼家族成员(图表6),他的妹妹和小艾提克斯的兄弟之一是夫妻关系,在宗族谱系上与两个闹翻的家庭是等距离的,这种姻亲关系让他在解决矛盾时起到了较好的作用。事实上,他女儿在紧张状态下嫁到了迪亚卡

吉斯家族，即前面描述过的"两次婚礼"，当时尼库斯的哥哥也参加了斯格法 75
斯家族一方举办的婚礼。这个案件的首要关切是父系家族的团结。尼库斯
的哥哥参加婚礼，也是为了维持当时非常脆弱的家族内部关系。家族团结
是格伦迪社会经验的一部分，但个人仇恨的潜在破坏性也同样包括在内。
再小的家族分支成员，也同样代表整个父系家族，因此妥协可以接受甚至值
得称赞[12]。格伦迪人在这方面很敏感，很在意谁在场谁缺席。

　　现有文献对裂分模式的阐述较为混乱。原因之一是人们普遍认为，这
类社会现象在实际行为中才能观察到。如上述例子所示，出于维护家族团
结的愿望，亲属干预内部的不和，这和家族成员介入外部纠纷的目的一样。
这里有个基本原理，即真正的唯我独尊的最好方式就是克制。下一节讲述
的案例，涉及一个克洛罗斯家族的贫困家庭，村民认为其家长的暴力倾向极
其荒谬。"冒牌唯我独尊者"还不如谦卑一些，妄自尊大纯属欺诈。一个皮
瑞斯特利斯族人带着几分钦佩心情，讲述了一起伤害事件。他的一个亲属
打伤了普西拉村的牧羊人，但受害人的父亲出面阻止了家族亲属的报复行 76
动。因为他是受害者的父亲，说话更有说服力。他阻止了一场潜在的复仇，
理由是那个格伦迪人并没有杀人意图，只是在偷盗过程中怕自己受伤而伤
及了别人。缺乏动机未必是减轻罪责的因素，很大程度上取决于直接有关
方的战略利益和政治技巧。然而在这个案子上，这位父亲显然认为报复不
是明智之举，而是愚蠢甚至是邪恶的行为。如果仅仅因为受伤而杀害对方，
那么每一个牧羊人都应该在被杀之列。

　　因此，出于战略考虑而介入家族的内外纠纷和家族裂分模式的内涵并
不矛盾。正相反，鉴于内部人和外部人的区别，这始终是个需要讨论和协商
的问题，所以他们必须审时度势，着眼于家族的最大利益。这种结局不可避
免，因为在这种情况下，村民既要呈现一个好人的自我形象，还要符合国家
或教会所倡导的公共意识。虽然很难，但必须在两者之间找到平衡。一位
特别虔诚的老妇人在评论复仇现象时说，男人应该以上帝为榜样，上帝告诫
他的儿子要抵制人类为他的耻辱而报仇的诱惑，只有上帝才有惩罚权。这
就提供了一种模式，与那些一心复仇的人所遵循的模式完全相反。话语出

75

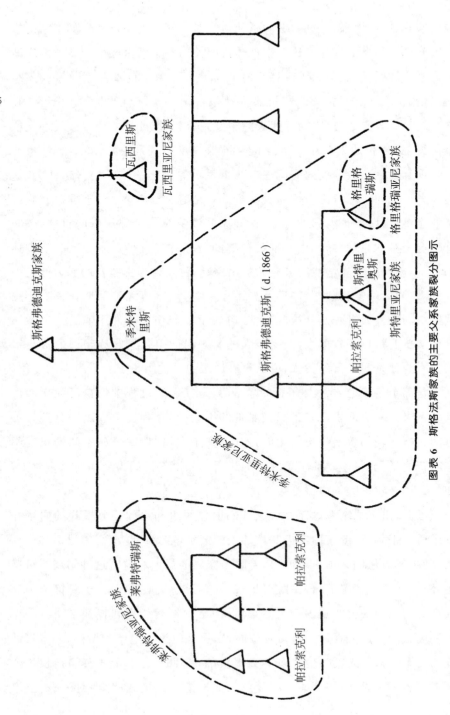

斯格弗德斯克斯家族

瓦西里斯
瓦西里亚尼家族

季米特里斯

斯格弗德迪克斯 (d. 1866)

帕拉索克利

斯特里奥斯
斯特里亚尼家族

斯特里亚尼家族

格里格瑞斯
格里格亚尼家族

季米特里亚尼家族

莱弗特瑞斯
莱弗特亚尼家族

帕拉索克利

帕拉索克利

图表 6 斯格法斯斯家族的主要父系家族裂分图示

自一个老妇人之口,可谓字字珠玑。她的女儿嫁给了一个乡村教师,她本人也和乡村牧师有着姻亲关系,这尤其让她感到自豪。然而,不管这种婚姻关系看似多么矛盾,作为集体优越感的象征,要克制不要暴力,才是最佳选择。虽然这使格伦迪人日常行为的"裂分"模式更加难以"解读",但其并没有因此而失效。我们只需看一个大家族的成员如何冷静面对一个疯狂小瘪三的挑衅,即可意识到克制是神仙,冲动是魔鬼的含义了。

近亲纠纷

相比之下,近亲之间的相互争斗,就意味着背弃了真正的男子气概,与乱伦有着惊人的结构相似性。乱伦包括多种社会互动行为,尤其是发生在近亲之间的不道德行为,它不仅损害了有关家族的声誉,同样玷污了整个村庄的声誉,而且让伤痛无法愈合:有血缘关系的人不能结婚,已经断绝关系的近亲,尤其是兄弟,不可能成为把兄弟。理论上,父亲会杀死乱伦的女儿和儿子,让人联想到乱伦和自相残杀的类比:格伦迪人称复仇是"血债血还",称乱伦则是"血液混杂"。

因为一起土地纠纷,弗朗基斯·克洛罗斯用斧头砍伤了同父异母兄弟迈克哈里斯。次日,迈克哈里斯用匕首捅了弗朗基斯的肚子,公众对此事的反应非常相似。事发的前一天晚上,警察在镇上召集牧羊人开会,讨论偷盗的问题,事发后赶到现场介入调查。迈克哈里斯在刺伤弗朗基斯的第二天晚上,打电话给警察说受到弗朗基斯的威胁。弗朗基斯被捕了,然而迈克哈里斯对弗朗基斯伤害在先的事实却只字没提。人们在咖啡馆谈论此事,对这两个克洛罗斯家族的兄弟及其父亲均予以谴责。兄弟斗殴,父亲有不可推脱的责任,更何况他在村里无恶不作,村民早就厌恶至极,甚至其他克洛罗斯的家族成员也站在这个家庭的对立面,说他们三个人都应该进牢房,警察应该让他们继续相互厮杀,最好让他们同归于尽。这种敌意反映出人们对自相残杀这种暴力行为普遍感到羞耻。

很多人谴责这位父亲。他最初答应把有争议的土地给弗朗基斯(同父异母兄弟中的哥哥),后来又想给迈克哈里斯。一个斯格法斯族人气愤地说,给孩子制造矛盾的人都是"被动同性恋"。注意这是在类比没有社会价值的性关系(Loizos 1975:286)。另一个斯格法斯族人的评论前后矛盾,他先宣称"这事与我们无关",即那是外部人的事,随即又改口说,"这事确实与我们有关",因为"他是一个糟糕的家长。"这里有两层含义:一方面,斯格法斯家族向来自重自爱,没必要参与克洛罗斯家族的纠纷。甚至克洛罗斯家族的族长都对这个父亲非常反感。但另一方面,这个父亲的不良品行让他感到忧心忡忡:事情虽说不是太大,却威胁到了社区的安静与平和,使整个村庄蒙羞。仅凭这些理由,每个人都有责任纠正那个父亲的道德缺陷和可憎立场。其他人可能动机不一,因为迈克哈里斯是他父亲的现任妻子的儿子,因此他的妻子的弟弟也指责这个父亲,却没有批评自己的外甥弗朗基斯,理由是父母起到重要的作用。当然,作为迪亚卡吉斯族人,他还是希望和这个令人头疼的克洛罗斯家族的姐夫保持一定的距离。

克洛罗斯家族的两个长辈都是村里的村官,为了早些平息潜在的爆炸性局势,他们带着迈克哈里斯前往警察总部,协商释放弗朗基斯的事宜。警局副警长如释重负:因为弗朗基斯一旦判刑,刑满释放后出于道德压力一定会杀死迈克哈里斯。当父亲对弗朗基斯说迈克哈里斯要开枪打死他的时候,二人再次大肆争吵,然而并没有真正发生什么。最终,他人终于说服这个家庭重归于好。

恶斗产生了积怨,许多人对该家庭的素质低下嗤之以鼻,尤其是父亲没有为女儿安排美满的婚姻。有人说他在择婿上挑三拣四,这山望着那山高,还有人认为他顽固不化,从不接受别人的善意劝告。我是局外人,村民鼓励我当一次和事佬劝说这位父亲,但他始终一言不发,最后他的情绪突然爆发,说最好让他单独待一会儿,并诅咒道"让我的圣母玛利亚见鬼去吧!"喊叫声暴露了他的极度不安:通常借圣人诅咒别人,都是用"你的",一句不寻常的"我的"表明事情已经到了不可收拾地步,他苦恼至极。

虽然最终达成了妥协,但这对同父异母的兄弟和他们的父亲也让其声名狼藉的家庭更加臭名远扬。这个父亲原配妻子的另一个儿子,早就想撮合这三个令人苦恼的家庭成员"碰杯",但屡遭拒绝。克洛罗斯家族中有脸面的成员也和这个畸形的家庭分道扬镳,只剩下两名家族族长在做最后尝试。这种公开不和让他们极其难堪,因为他们是这个父系家族的成员,其公共身份也不能容忍非法暴力。其他村民也和当事人形同陌路。当然，如果他们与普西拉村的牧羊人发生纠纷，那就另当别论了。大家称那个父亲为"臭鬼"，有强烈的、负面的性暗示（更确切地说是指女性的性暗示）。格伦迪人的社会意识中虽然存在暴力，但那是指捍卫正当权益。相比之下，近亲之间的暴力与男子气概毫不相干。

有情可原的复仇

为说明另一种极端现象，让我们再看一起与"异族通婚"有关的杀人案例。通过建立婚姻联盟而避免仇杀，是格伦迪人在这个案例中所想到的唯一解决方案，但绝不是巧合。一名斯格法斯家族的当事人银铛入狱，让整个村庄陷入了四十天的悲哀之中。然而，他做了正确的事。

二战之前，有个普西拉村牧羊人来到格伦迪，与一个斯格法斯族人就一起盗羊的纠纷讨价还价，斯格法斯族人不接受讨价还价的条件，却在伊拉克利奥和前者不期而遇，然后开枪打伤了对方。那个普西拉人伺机而动，终于找到机会杀死了那个斯格法斯族人。死者的弟弟斯塔马蒂斯当时还是个孩子。多年后，斯塔马蒂斯因一起官司来到地区法院，碰巧那个普西拉人同日出现在法庭上。当有人告诉斯塔马蒂斯那就是杀害他哥哥的凶手时，他顿时愤怒至极，扑向对方，抽出匕首割断了他的喉咙，在法庭上当众杀人，就像杀一只羊一样。

虽然斯塔马蒂斯进了监狱，死者的亲属却没有就此罢休。格伦迪人这次很不幸，因为对方是个庞大的家族，外村还有不少家族分支。在通往普西拉村的路上和山上，格伦迪人多次遭遇伏击。斯格法斯家族的一位长辈，被认为是向斯塔马蒂斯指认杀他哥哥的凶手之人，还有一个斯格法斯家族的人是斯塔马蒂斯的表兄，两个人都危在旦夕。但还有一个科扎利斯家族的成员，被误认为是开车送斯塔马蒂斯去法庭之人，也遭到了袭击。他本人痛苦不堪地说，他的家族"几乎与斯格法斯家族一样有罪"。

最后这句话表明，不愿意卷入这场纠纷的外围人认为，这是家族与家族的矛盾，而不是村庄与村庄的事。另一方面，处在旋涡中心的人认为，这是更广泛层面上的交锋。波塔米提斯家族与普西拉家族之间发生过一次纠

纷,有个擅长押韵两行诗的村民如是说:

> 普西拉人和格伦迪人打架;
> 无人受到伤害也无人被杀。

在本案中,血已经流了,斯塔马蒂斯的表兄或是下一个暗杀目标,这给斯格法斯家族亮起了红灯,他们并没有摆脱危险,斯格法斯家族以外的人都不想因为此事而与主要的父系家族有什么牵扯。别人嫉恨科扎利斯是有原因的,他拥有该区域最大的面包房,而且经常去普西拉村放电影。他的对手是普西拉村的面包师,后者恨不得将其除掉,从而减少一个竞争对手。因此,竞争对手属于哪一个裂分的层面,取决于每个人的切身利益。再次强调,裂分模式与其说是对社会现实的正确或不正确的表述,不如说是一种比喻,表达了在可能的对立层面中做出适当选择的可能性和困难性。

  当我们观察两个村庄的目前关系时,这一点就变得尤为清晰。格伦迪人或许认为,普西拉村没有人能够容忍格伦迪人去他们的村子:"普西拉人会说,'你是格伦迪人吗?那么请滚开!'"而在格伦迪村,除了那些与普西拉村有过节的人,其他人经常去那里。包括大多数斯格法斯族人在内的很多人都与普西拉人有仪式性亲属关系,在寻找被盗羊群或做其他生意路过时,都要顺路拜访。达米亚诺斯·斯格法斯解释说,如果他进入一家普西拉人的咖啡馆,而且正好有死者亲属在场,他们就会马上摆出好战的架势,追问他想干什么,否则其他村民就要嘲笑他们胆小怕事。这种姿态迫使斯科法斯族人迎面以对,争吵结果自然是斯科法斯族人被强行驱逐。然而,在没有外人挑剔眼光的注视下,死者家族的某些人反而经常和斯格法斯牧羊人来到山上,一起分享食物和酒水,关系亲切而融洽,显示了友好的互惠关系,那些最直接的当事人争斗不关他们的事。

  达米亚诺斯·斯格法斯的观察强调,从观众角度看待每一次对抗是重要的。在某种意义上,每一场战斗都是不同角色的表演;在裂分模式的哪个层面来定义这些角色,不仅取决于主要角色之间的结构性距离,而且也取决于他们如何看待自己与旁观者的关系。因此,尽管人们对他们在这种情形中的表现抱有一定的期望,但每个角色必须评估每个行为可能产生的社会后果。斯格法斯成员和敌人能愉悦地坐在山麓小丘上,远离任何观众,无人说三道四,这和他们在各自村庄里做同样的事情是迥然不同的。

暴力不仅仅来自同族亲属的激发。像刚才说到的咖啡馆的状况,由于外部人在场才激发了挑衅行为,以免落下软弱无能的名声。外部人既可挑拨事端也可遏制冲突。有意挑起事端是因为有观众在场,家族声望攥在他们手中。他们也能阻止暴力发生,通常通过肢体动作,要么将"侵犯者"驱离咖啡馆,要么拉住愤怒的本村村民。有一次,面包师科扎利斯和"有罪的"斯格法斯长辈开车穿过普西拉时,遇到一支正朝墓地行进的送葬队伍,人的情绪此时极易爆发,果不其然,死者的兄弟对他们发起了攻击,幸好被其他普西拉人拦住,并勒令格伦迪人立即离开。他们不仅表现了节制,也表明了家族的团结以及对格伦迪人的厌恶。

观众反应或许也是杀戮的一个重要因素。此时,我们不能把观众仅仅视为聚集在一个特定场所的群体(地区法院当然也起这种作用),而应该看作是同村村民的支持者或牧羊人的小伙伴。惨案发生时,有人曾提醒那个普西拉牧羊人,说斯塔马蒂斯也在法庭现场,但他没把对方放在眼里,表现出轻蔑和挑战,而斯塔马蒂斯只能将村民的感受和后果置于脑后,他不能让外人嘲笑,继而做出了极端行为。很明显有人曾对斯塔马蒂斯说过,他是所有兄弟中唯一有资格讨还血债的人,他膝下无子,不必担心遗产问题。这里有一个隐含的逻辑:如果不能通过多生儿子来证明自己的男子气概,那么复仇就可以证明。饮红酒是男子汉的象征,因为红酒可以造血,而血可以造人。通过复仇来"血债血还"是一种结构性的类比。

在这些因素的驱使下,也或许真的为没有生育后代而感到羞愧,他义无反顾,抓住了难得和戏剧性的机会,展示了自己的男子汉气概;在地区首府的法庭上,他挺身一刺,保卫了自己、兄弟姐妹、家族和村庄。

杀戮余波仍然笼罩着格伦迪村。人们普遍担心普西拉人要报仇雪恨,更何况斯塔马蒂斯已经出狱。当然也有其他猜测。其实从一开始,就有人试图在两个当事家族当中建立一种家庭包办婚姻,通常这是结束一个复仇周期的唯一有效方式,因为从复仇的角度上说,它等同于建立仪式性亲属关

系(洗礼),只是这种类比更进了一步。在一次偷盗周期中,对财产的侵犯可
82　以转化为友谊关系,甚至敌人都可以变成赖以信任的盟友。那么同样,复仇
杀戮的目的也是为了获取一种平等的感受。在此案例中,双方各有一人被
杀,结束相互杀戮可能相对容易一些。和平解决或反其道而行之,如果满足
同村村民支持者的意愿而血战到底,最后的结局无人知晓。整个事件变得
扑朔迷离,无人能读懂行为者的真正情感以及可能采取的行动。村民谙熟
仇杀的结构性原则。但他们也认识到,这些原则需要行为者来协商,适可而
止还是变本加厉,全凭行为者自己定夺。

　　所有这些案例各有不同,但都说明一个道理,即克制和暴力都是代表社
会群体的政治行为。克制有多种表现形式,从口头警告到强行阻止或是解
除武装,再到寻求和解。

　　至少在短期内,最有效的和解形式是"萨莫斯"(*sasmos*)[13]。这是一种
正式的友好活动,由第三方把主要当事人聚集一起"碰杯"以示友好。他们
理应在此场合相互敬酒,口中念念有词,在"水和盐"(意味着敌意像盐一样
溶解在水中)的话语声中一笑泯恩仇,然后一起大块吃肉。尽管他们心里明
白,受到伤害的自尊很难在短期内平复,彼此之间也不会轻易交谈。有些较
为严重的事件,第三方还会尽力安排一场洗礼活动,让两个敌对方进入牧羊
友同盟关系模式,从理论上说,洗礼可以排除进一步的相互敌意,也是牧羊
友同盟在一般意义上所能带来的最大好处。

　　能够成功安排"萨莫斯"的人为自己赢得了声望。鉴于此,任何认为有
机会从中受益的人都乐于尝试,这些人通常具备亲戚、牧羊盟友、姻亲等多
个身份。如果有"外部人"介入,则事半功倍,因为他们都是一些德高望重之
人,当事者必须给面子,接受他们维持和平的"恩惠"。

　　有一次,有个科扎利斯族人偷了科斯塔斯·斯格法斯的山羊,违反了永
远不偷同村人的规矩。当斯格法斯确认偷盗后,双方展开了激烈的口水仗,
然后就动手了,斯格法斯用棍子把偷盗者打倒在地。经过一段时间的相互
83　敌视,他们言归于好;他们的共同朋友、一个普西拉人要给斯格法斯的女儿

洗礼，并建议斯格法斯邀请他的敌人也参加。作为第三方的盟友，普西拉人还建议自己的一个牧羊盟友也到场作为诚信见证人。两个当事人要么遏制怒火，要么得罪共同的朋友，所以都接受了调解。

还有一次，艾提克斯·迪亚卡吉斯和科斯塔斯·波塔米提斯的羊群混在一起，好容易才分开，但还有一只羊混在后者的羊群里。后者把羊从栅栏上扔了出去，差点没摔死。迪亚卡吉斯发现后十分生气。然而科斯塔斯·波塔米提斯的兄弟约里斯"像个男人"似的，答应把自己的一只羊送给迪亚卡吉斯作为补偿（兄弟俩共同饲养羊群）。尽管如此，当他们遇到科斯塔斯时，艾提克斯·迪亚卡吉斯还是失去控制，用勾状棍子打了对方。幸好当时正是剪羊毛的季节，许多牧羊人都在场，他们劝阻了两人，把艾提克斯劝走。到了晚上和解就达成了，这归功于几个人的调停，包括一名资深的斯格法斯家族成员——他也是艾提克斯的叔叔，还有艾提克斯的岳父和至少两个亲戚。这样的争执范围小，可以迅速得到解决。然而他们都一样焦虑，急于在事情恶化之前就尽快解决它。在更严重的情形下，他们会邀请相对遥远的外部人前来调停，寄希望于外部人的和解方案能得到当事人的尊重。例如，当艾提克斯·斯格法斯的匕首对准他的表兄尼库斯时，参与调停的成员中包括后者父亲的仪式性亲属，他们来自遥远西南方的斯法吉亚（Sfakia）地区。

我只参加过一次"萨莫斯"活动。起因是一个斯格法斯族人收集废品，我们对此非常感兴趣并拍了一些照片，不料却惹恼了他，他声称这么多废品会影响村庄的形象[19]。当天晚上，他的弟兄和其他亲属安排了一次"萨莫斯"。我诚恳和解的态度，终于让他心平气消，并称我为教父（Koumbara，"通过婚姻仪式缔结的亲属"）。如此顺利的萨莫斯并不多见，多数人关注严重的争吵，希望最好能在第一时间达成临时协议，然后再通过婚姻或洗礼加以巩固。很多村民对我这个小小例子感到高兴，觉得毕竟让我看到了暴力的另一面，即为了和平而斡旋的愿望。的确，尽管人类学家写了很多关于社会不和谐和暴力的文章，但格伦迪人似乎更欢迎为创造和平而竞争的机会。

谁之过

上述事件表明，裂分模式本身非常明确，其选择性的解释可以引导每个行为者做出选择，从而影响结果。一个村民可以在暴力和克制、口头和肢体、公开抨击和私人外交等方面做出选择。他可以把一次伤害视为蓄意，也可以视为事故，甚至把蓄意视为与责任无关。裂分模式没有提供一种预测的方法。相反，它是用于自我保护的一种概念性修辞手段，看似牢不可破的道德准则，实际上为了个人目的是可以协商和操控的（参见 Meeker 1979：39；Herzfeld 1983b）。

我们现在要讲述的事件，是通过责备的话语，表明了一个忠诚度的协商过程。为了有效"解读"这一事件，必须留意"命运"为个人责任提供的一种可协商的平衡。宇宙学可以解释一切政治问题。

先介绍一点背景情况。瓦西里斯·斯格法斯年轻时，曾经和迈克哈里斯·迪亚卡吉斯追求过同一个女孩子，但他输了，从此两人就成为了政敌。然而，瓦西里斯·斯格法斯不久之后占了上风。作为成功的家畜偷盗者，他对山麓的角角落落了如指掌，并在第二次世界大战中成为抵抗运动的领袖而声名鹊起，在与乡村牧师的密切合作中，他扮演了重要的角色。战争结束后，他建立起当地最受欢迎的英美援助渠道，并把女儿嫁到了当地极具影响力的牧师家庭。作为最大父系家族中最有声望的一员，他连续 28 年担任了数届村长职务。相比之下，他的老对手迈克哈里斯·迪亚卡吉斯，尽管家境不算贫穷，却从未享受类似的成功和荣誉。迈克哈里斯·迪亚卡吉斯 1975 年试图发起"小巴尔干半岛人"的起义，但终归失败。瓦西里斯继承了战后韦尼泽洛斯主义（Venizelist）的传统，坚定不移地支持温和派政党，而迈克哈里斯则第一个站出来支持极右势力，随着时间的推移，越来越多的迪亚卡吉斯家族成员都站到了他这一边。

1976 年，灾难不幸降临。一天晚上，迈克哈里斯的远房表弟萨纳西斯·迪亚卡吉斯回到家，据说他偷了不少羊，兴奋得睡不着觉，和另一个表

兄弟沉浸在喜悦中。黎明时分，他刚刚准备入睡，瓦西里斯·斯格法斯来到 85
他家：他的车坏了，想叫外甥用新买的拖拉机把车拖到伊拉克利奥修理。萨
纳西斯是瓦西里斯姐姐的孩子，他显然不愿意去，说太累了，再说还没有拿
到驾照。这种托词在格伦迪人眼里根本算不上事，瓦西里斯在任何情况下
都有"搞定"官方的非凡本事。最后，萨纳西斯让步，他们随即出发。萨纳
西斯驾驶着拖拉机，由于一夜无眠疲惫不堪，他居然睡着了，拖拉机突然
偏离道路，从陡峭的河岸上一头栽下去，他本人当即死亡。瓦西里斯坐在
自己的卡车上——幸亏翻车时拖绳断裂，瓦西里斯死里逃生。

　　瓦西里斯不是懦夫，但经过审慎考虑，还是决定在公众反应明朗之前避
开村庄。事实证明他的怀疑没错，有些人巴不得把责任推到他的身上。然
而，他的两个儿子参加了死者的葬礼，借机观察迪亚卡吉斯家族的情绪和反
应。死者萨纳西斯也是一个高超的家畜偷盗者，所以"朋友"很多，他们也都
参加了葬礼，葬礼也是验证死者众多兄弟态度的场合。萨纳西斯的兄弟们
接受瓦西里斯·斯格法斯两个儿子的吊唁，回家后他们向父亲建议可以安
全回家，于是他悄悄地回到村里。

　　最初，萨纳西斯的兄弟们对向其舅瓦西里斯开战并没有兴趣，毕竟后者
比他们强大得多，特别是甥舅一直相处的很好。瓦西里斯帮他们信用担保
获得贷款，用以支付冬季牧场的费用，而且就在几天前，萨纳西斯在舅舅的
安排下从监狱释放，这个外甥曾经因为用手枪威胁他人而被判短期徒刑。
萨纳西斯的兄弟们最初不想公开闹事，但他们已经开始怨恨娘家舅舅了。
当然，他们也不急于和他说话，萨纳西斯在伊拉克利奥医院被宣布死亡时，
他们就没和舅舅搭腔。这一点当然很重要。再次证明瓦西里斯的暂时躲避
可有缓冲的余地，否则什么事都可能发生。

　　迈克哈里斯是父系家族里堂兄弟中的老大，所以必须把握动向。对他
来说，尽管失去堂弟让他痛心，但这不失为一次扳倒老对手的黄金机会。他
最直接的目标，是把萨纳西斯的弟弟们从瓦西里斯·斯格法斯的经济和政 86
治赞助中分离出来并置于自己麾下。此外，他显然希望利用整个事件为自
己谋取政治利益，让瓦西里斯·斯格法斯身败名裂。

他的最大优势在于与死者的家族关系。在事故发生后的几周里，人们听到亲属中两种不同的声音。支持瓦西里斯·斯格法斯的亲属强调说，他有理由比任何人都难过，对发生的事情感到"内疚"，他不可能希望萨纳西斯失去生命，毕竟他是死者的"巴巴斯"（barbas，大叔）。使用这个称谓的意义非常重大：当一个人谈到叔叔（barbadhes）时，尤其强调在报复或盗窃方面的指导者的角色时，通常指男系家族的亲属（主要指父亲的兄弟）。由于格伦迪人使用一套双边混用的亲属称谓，"巴巴斯"也可以用于指母系家族的舅舅；鉴于瓦西里斯·斯格法斯与死者的关系，强调他是萨纳西斯的巴巴斯，就可以证明他已经经受了足够的痛苦。

相比之下，迈克哈里斯·迪亚卡吉斯的优势在于强调萨纳西斯兄弟的家族团结。越强调这个事实，萨纳西斯的兄弟与瓦西里斯的和解难度就越大。本来村里就有不少挑剔的观众，加上迈克哈里斯·迪亚卡吉斯的自我独尊和凶残名声，以及熟练操纵宗教忠诚的能力，这使萨纳西斯的兄弟们不可能让事情就此了结。有一次，他们持枪带棒冲入瓦西里斯的咖啡馆寻衅滋事；瓦西里斯本人很幸运，那天正好不在咖啡馆，他的妻子从后门逃走，只剩下两个未成年的孙子：成年男人永远不攻击孩子。事实上，幸亏没有造成实际流血事件。这样，既可表明对家族团结和兄弟姐妹团结的尊重，也避免了杀害一个被所有村民都视为恩人的亲属。

谁该为萨纳西斯的死亡负责显然不是一个简单问题。在各种各样的指责中，村民根据各自与当事人的关系，就偿还血债整个认知体系进行了重新协商。例如，杀人意图未必对意外死亡负有道德责任，对死者的哀悼也未必一定是减轻罪责的理由。站在瓦西里斯一边的人坚持认为，作为死者的巴巴斯，瓦西里斯一定深感懊悔，他不可能希望自己的外甥丧生。另一方面，迈克哈里斯·迪亚卡吉斯明确将所有责任推到瓦西里斯身上，甚至声称是由于瓦西里斯的突然刹车而导致了萨纳西斯翻车的。然而，当警察正式宣布瓦西里斯不负任何法律责任时，他不得不放弃这个具体的指控。和大多数村民不同，迈克哈里斯不能愚弄警察，他必须符合自己遵守"法律和秩序"的政治形象，因此他鼓励自己的一个儿子参与诽谤的人群。迈克哈里斯的招数劳而无功,并未对事件起到推波助澜作用。萨纳西斯的兄弟们在几次小规模闹事之后,表面上偃旗息鼓了,但这件事当然不会从他们的记忆中消失。

此事引起了诸多变化,寡妇的态度也明显是前后矛盾的。丈夫去世之前,她对瓦西里斯充满感激之情。她的丈夫萨纳西斯恃强凌弱,多次惹祸都是瓦西里斯救了他。事故发生后,她对瓦西里斯的最初反应是激烈并充满怨恨的,她顺从已故丈夫家族的公开观点,认为瓦西里斯不应该要求一个疲惫不堪的人去冒险,同时她完全服从于丈夫兄弟们的权威,把事故看作一场家族之战,好几次她在公共场合扑向瓦西里斯,像要杀死他似的,其中一次发生在地区首府。事后谈起此事时,她称当时阻止她攻击的男人是"斯格法斯人",表明她仍然认为这场争斗是家族之间的仇恨。

然而,瓦西里斯的支持者也以自己的方式做出了解释。命运之书只能通过回顾来诠释(Herzfeld 1982b:649)。正是这种宇宙观框架的理念,让命运变得如此易于协商并有多种解读。认为瓦西里斯不应该为死者负责的人,把他的死里逃生和萨纳西斯的不幸罹难进行比对后,认为这位舅舅"有命数"(继续活着),而外甥没有命数。寡妇断然拒绝这个观点。她抱怨说"让我告诉你什么是命数,当有人晚上找你帮忙,你应该说'等等吧,我先忙完自己的事情!'"每当去墓地或从墓地回来的路上,她的即兴哀歌(*miroloyo*)让村民心如刀割,村民担心她的悲伤和愤恨会在年幼孩子心里埋下复仇的种子。

众人的关心逐渐软化了年轻寡妇的立场。半年之后,每当说起瓦西里斯,她开始直接称他为"我的叔叔"(*o thios mou*),这是一个比巴巴斯更正式的称谓。也许因为对这段关系感到不安,她认为那不是瓦西里斯个人责任。她承认,只要她看到瓦西里斯,心里就不免燃起一股无法抑制的怒火,但她似乎没有杀人的冲动了。提到杀死瓦西里斯,她的孩子都像听玩笑似的咯咯笑。杀人在任何情况下都绝对不是女人的行为。她的愤怒转向了,她声称不再相信上帝。瓦西里斯为幸免于难而建的神龛,就立在她丈夫遇难的地点,却没能挽救她的丈夫。她肝肠寸断,万念俱灰,不禁感叹:

> 我的挚爱！
>
> 我的心肝！

她现在只责备上帝，她哭喊着，"上帝犯下了所有罪恶！"甚至说她已经准备好去捣毁教堂。

借助熟悉的措辞，她把所有怨恨转嫁给遥远的超自然的力量，以避免指责她合法称呼"她身边的自己人"。当再次接受瓦西里斯是自己的叔叔时，她寄希望于寻找更抽象的东西作为宣泄情绪的出口。在这一点上，她还要屈服于公众舆论压力，包括外界对她的指责和观察，毕竟瓦西里斯是已故者的舅舅。其他因素也促使她沿着这条道路走下去。当地一名重要政客送钱给她，被她的妹夫阻止了，那人刚好也是瓦西里斯·斯格法斯的赞助人。相比之下，迪亚卡吉斯的赞助人居然连句安慰的话语都没有⑮，这种冷漠让她感慨万分。其他压力主要来自身边的人，尤其是她的弟弟娶了瓦西里斯·斯格法斯弟弟的女儿。随着愤怒逐渐平息，这些相互矛盾着的关系，尽管与父系家族无关，但也是必须要关注和尊重的。

此外，瓦西里斯的举动也对危机起到了化解作用。他蓄起胡子，偶尔出现在公众场合时，缓慢僵硬的步伐表达出深切的哀悼。当然也发生过几次危险时刻。瓦西里斯在事发地点建的神龛，是为了感恩自己的救赎，但迪亚卡吉斯家族人却将其视为严重的侮辱。在为期四十天的哀悼期间，瓦西里斯的妻子在哀悼队伍经过咖啡馆时没有关门，被认为是不尊重死者，引发了一阵骚乱。迪亚卡吉斯家族人的过激行为遭到普遍非议。几周之后，瓦西里斯才小心翼翼地打开电视，并把音量调到了最小，因为音乐是快乐的象征。久而久之，进一步的暴力和恐惧终于销声匿迹。

89   需要注意的是，家族团结与危机始终休戚相关。随着危机消退，其他关系变得愈加重要，迫使每个行为者采取更加符合官方法律和秩序的立场。还要注意，家族团结是贯穿始终的，尤其当萨纳西斯的诸多兄弟全副武装出现在瓦西里斯·斯格法斯的咖啡馆时。斯格法斯家族在"两次准婚庆"上可怕的对空射击和散落一地的空弹壳，可以解读为对迪亚卡吉斯家族重启敌对的集体示威。另一场婚庆虽然没有枪声，但是因为那天斯格法斯家族成员并不多。火力展示很难说清楚目的，因为没有直接威胁到谁。相反，枪声是象征集体男子气概的宣言：手枪通常隐喻阴茎，而枪声则是克里特岛格伦迪男子汉的标志。开枪无疑是咄咄逼人的动作，在技术上是非法的，但与实际流血相比，其危害性则微不足道。携带武器的斯格法斯家族的男人，在数量上就让迪亚卡吉斯家族处于下风。通过这种和平威胁，斯格法斯家族的人在这场争端中保持了优势，而迪亚卡吉斯家族人的威胁则没有得到同情和尊重。

在表现男子气概的竞争上，迪亚卡吉斯家族的底牌莫过于寡妇本人。事故发生后，她全身黑衣素裹，包头蒙面，仅露出眼睛，表明她的性别特征已被其兄弟们掌控。她已有孕在身，他们及时向外界传出了这个信息。有人告诉我，如果此事别人知道过晚，缺乏同情心的村民们可能会质疑孩子父亲的身份。孩子出生后，沿用其祖父的昵称作为洗礼名；因为另一个大点的男孩也使用祖父的洗礼名，这个不寻常的做法证明了父系家族对寡妇的控制，以及父系家族对后代的"所有权"。

随着危机消退，寡妇的举止不再那么拘谨，尽管还是一身黑衣素裹。从某种意义上看，她已经恢复了自己的公众形象：从鲜明的女性的黯然神伤，或者说发自内心的肝肠寸断，到现在笑逐颜开，也开始规划孩子的未来。当初"非理性"地命令孩子杀死"凶手"，而现在话语沉稳，让原来的想法越发显得荒谬，甚至孩子们都感到可笑。这样，男性的复仇意识就变成了寡妇通过逐步扬弃而平复的"女性的非理性"意识。

整个过程为理解格伦迪的男性和女性的属性提供了有趣的线索。概括地说，和先前讨论的一样，它同样遵循希腊其他方面生活的模式：男人把自己描绘成理性的、自制的、坚强的形象，与之形成对比的是女性感情用事、意志薄弱、容易受骗、缺乏自制力[16]。然而真正的区别，是社会交往的主动性和协商性。我们曾经描述过一个笨拙模仿男人行为的女人，她只引起咖啡馆客人的嘲笑。然而，不能表现身体和精神力量的男人，理所应当被嘲笑为娘娘腔。农民与牧羊人相比，最多算"宅男"，老年男人随着体力和脑力的衰退，也越来越像女人，尤其在他们开始参加宗教仪式等"缺乏男子气概"的活动后。与蔬菜豆类相比，肉类绝对是男性食物，事实上男女都吃肉，只有在高度仪式化的事件中,或在叙事的戏剧性时刻,食物消费才会清晰再现其意识形态⑰。问题的症结在于:在危机时刻,男性和女性属性的严格划分变得清晰可见,然而随着危机的消退,家族群体的集体性男子气概会屈从于女性的家庭逻辑。冲突和威胁来袭时,女人助一臂之力,帮着藏匿偷来的肉,当危险过后,女人亦有可能鄙视男人在整个事件中的表现。同理,上述的那个寡妇没有在性生活方面跨过雷池一步,而是表现出更加务实的自控力,没有给父系家族关系带来进一步的紧张,并且拒绝复仇,没有将复仇心理传给下一代男性。

这种男女属性之间的象征性平衡是可以协商的,这种协商亦可在两种亲属关系模式的转换中得到再现。最初我们感到奇怪,如此看重血缘关系的格伦迪人,在使用一套双边关系的称谓时,却没有一个家族性的集体称谓。但是,如果我们不把格伦迪亲属关系体系看作一种抽象概念,而是社会过程中的一套结构,这个矛盾就会迎刃而解。在危机时刻,男人以集体为单位采取行动,即父系家族群体。这时的群体只有一个单一的名称即父系家族(*soi*,*fara* 等),这一名称在他们的喊叫声和诅咒声中起到重要作用,喊叫声和诅咒声可以替代也可以预示暴力。愤怒的格伦迪人在诅咒敌人时,会针对对方的父系家族而不是某一个人。然而,随着平静的恢复,人们开始重新想起"我的叔叔"或"你的公公",为了和平而重新竖起个人忠诚的旗帜。因此,对于格伦迪人,父系亲属关系是群体范畴,而亲属关系是个人范畴,后者没有自主的政治和社会的存在。因此我们说,格伦迪的亲属关系术语缺乏明确的个体范畴。如果单独使用一套特定的同族亲属的范畴,将违反教会和国家的意识形态,无助于增强父系家族团结的集体属性。在家庭和亲属价值观层面,格伦迪人的宗族关系在官方意识形态中没有地位,因此只能"销声匿迹"⑱。但在地方冲突层面上,它是公开表达的,本身与官方意识形态公开冲突,这体现了克里特民族精神的独特性,同时也表达了特定宗族群体唯我独尊的意识。

两个体系之间存在着紧张关系,并在日常经验中融合为一体,在选举中得到了最充分的体现。选举是国家大事,格伦迪人却把选举变成应对危机的竞技场。在希腊其他社区,亲属关系无疑在决定投票模式方面起到一定作用(进一步研究参见 Loizos 1975)。但在格伦迪,一定要选举亲属的倾向性非常强烈,以至于候选人和女婿之间都会爆发激烈的争吵,女婿拒绝投票给该候选人,是因为他们来自不同的父系家族。在格伦迪村,一直存在直接与官方意识形态相矛盾的紧张局面,而官僚化的选举形式已经变成了掩盖这种紧张局面的面具。这是一种相辅相成的局面,格伦迪人生性好斗,而选举恰好给格伦迪人提供了角斗的场所。

第三章 意识形态的运用

身份之辩:政客与政党

从表面看,地方市政选举关系到乡村的关切,而国家议会选举关系到国家事务,但两者都受到两种深层次身份认同的根本影响。其中,父系家族在更大程度上决定着地方市政选举的投票模式,而政党平台实际上是以父系家族关系为基础的联盟。选举中起决定性作用的另一种身份是"克里特人"。这个因素在地方市政选举的竞争中几乎察觉不到,除非在某种意义上,某些候选人因为不符合克里特人固有的正派和刚毅而遭到耻笑。相比之下,在议会选举的过程中,克里特人身份的本质,就像不同候选人五花八门的主张一样,只能通过激烈的协商才能得以厘清。

鉴于此,格伦迪的选举活动提供了一个重要背景,可以观察到与村民有关的各阶层集体身份的复杂关系。无论候选人还是选民,从所处的立场即可分辨出格伦迪人与克里特人的区别,以及克里特人与希腊人的区别。一方面,在建立一个没有偷盗和暴力的理想之所的形象上,候选人和选民的分歧不大,尽管存在微妙区别;另一方面则是务实的愿景,比如如何落实各种形式的政治保护。

地方政治亦能反映国家在政治演变中的一些主要问题。村民认为克里特岛一直被系统性地排斥在政治权力之外。他们期待像埃莱夫塞里奥斯·韦尼泽洛斯(Eleftherios Venizelos)那样的克里特岛出身的职业政治家出现。 他在 1910 年首次成为希腊总理,从那时起克里特岛才有了应有的地位,但仅仅两年之后,韦尼泽洛斯因民族统一政策的流产而黯然落选,村民认为那是大国阴谋导致的结果。在 1922 年发生的大灾难中,突厥军队迫害从君士坦丁堡到小亚细亚一带的希腊人。灾难给韦尼泽洛斯主义者带来耻辱,但并没有严重损坏他本人在克里特岛的声望。如果说有什么变化,那无非是克里特岛屈从于希腊大陆,处于从属地位,而整个希腊国家则蒙受了来自邪恶大国的更大侮辱。然而,克里特岛始终是反君主制的坚强堡垒,这为韦尼泽洛斯(1928—1932)重返政坛奠定了坚实基础。同样的地方情绪也支持乔治·帕潘德里欧(George Papandreou)领导的自由派中心联盟党(The Center Union Party)于 1963 年击败了保守派的康斯坦丁·卡拉曼利斯(Constantine Karamanlis)。然而,当时的地方保守派政客,亦通过本地亲属关系和雅典的政治联盟,成功赢得了选民的支持。后来国王康斯坦丁二世(King Constantine II)和乔治·帕潘德里欧爆发激烈争吵,因为后者欲任命自己的儿子安德利亚斯(Andreas)为国防大臣,这最终导致了雅典政府垮台。保守派和自由派政客充分利用由此产生的混乱局面,竞相争夺选民日益困惑的忠诚。1967 年,军方发动了臭名昭著的政变,随着一些人事变动和君主制的废除,军政府一直掌权到 1974 年。那一年,土耳其入侵塞浦路斯,国内动荡日益加剧,军政府在挑起事端上负有不可推卸的责任,却对土耳其入侵束手无策。军政府倒台之后,卡拉曼利斯结束了在巴黎的自我流放生活,回国试图让国家回归民主。在赢得 1974 年和 1977 年两轮全国选举后,经过全民投票正式废除了君主制,康斯坦丁·卡拉曼利斯接受了希腊共和国总统的职位。然而到了 1981 年,他眼睁睁看着自己的政党一路下滑,最后败在昔日对手的儿子安德利亚斯·帕潘德里欧手下,其领导的泛希腊社会运动党发展迅猛,年轻有为的帕潘德里欧打着父亲和韦尼泽洛斯主义的旗号,不惜牺牲中立派候选人,成功巩固了自己的地位,并说服几个自由派别加入了他的保守派大本营。

在选举中,克里特人为迅速推翻已确立的政治秩序做出了重大贡献。在废除君主制的公民投票中,克里特人以压倒性多数投了赞同票,他们不会忘记韦尼泽洛斯为推翻国王康斯坦丁一世(King Constantine I)而进行的长期斗争。此外,许多克里特人在维利·勃兰特(Willy Brandt)和赫尔穆特·施密特(Helmut Schmidt)当政时期的西德工作过(*Gastarbeiter*),深信社会主义的优越性,他们原以为希腊特有的地方赞助模式是先进的,但在西方国家制度的对照之下相形见绌。然而,他们毕竟看到了社会主义运动在希腊兴起,这很可能是一次真正的机会,可以夺回与该岛动荡和反叛历史相一致的政治主导地位。对这些人来说,作为一个泛希腊社会运动党支持者,就是要在政治上实现克里特人的文化身份。

因此,政治辩论为观察社会互动的诗学提供了绝佳机会。然而这些辩论并不是简单的对与错之争,而是对于乡村、对于克里特岛,或对于国家的大是大非问题的争论。此外,辩论中的各色语言表述,与其说是一种措辞,不如说是一种选择,政治决定也带有乡村价值观的色彩。例如,在 1977 年的国会选举中,新自由党人(New Liberals)凭借其极具地方色彩的诉求和基础,充分利用了格伦迪具有强大家族背景的候选人,这比社会运动党人做同样的事更为适当。新自由党人的竞选基于含糊其词的暗示,即克里特人不需要讨论实际问题,其传统和意识形态将引导他们走上正确的道路。而社会运动党人有效吸引了选民对于政治意识形态的注意力,以至于依赖家族的传统忠诚和赞助的行为只能适得其反。

国家议会选举是格伦迪利益和民族个性的重要契合点。比如在希腊议会中,很多议员来自普西拉村,代表着雷西姆尼州(*Rethimni nomos*),这个事实本身就使格伦迪人的左右为难:是因为这些议员来自普西拉村而反对他们,还是因为普西拉人代表着利萨地区(*riza*)而支持他们?(利萨的字面意义是"根",即丘陵地带,包括格伦迪村、普西拉村和其他三四个自然村)。

这还不是格伦迪选民面临的唯一难题,更让他们头痛的是对强大的政治赞助人承诺的义务。有的村民甚至有好几个政治赞助人,道德约束与政治意识形态承诺的新义务之间矛盾重重,给格伦迪人造成巨大的不安和紧张。他们理应对保守派政客的恩惠心存感激,但现在却想改旗易帜,转而支持泛希腊社会运动党。该党断然拒绝任何形式的政治赞助,但乡村社区中现存赞助关系的道德力量又和新的思想体系格格不入。所有这些冲突都体现在克里特人的身份上,每种立场的支持者,都在暗示自己的立场才是克里特价值观的真正体现,当地历史和民间传说也成为人们辩论和重新定义的根据。

克里特人看似不变的身份,是如何通过修辞予以修正的,让我们从一个与选举不相干的例子讲起。1976 年,克里特岛爆发了一场农民反对政府干预葡萄干价格的示威活动,并封锁了通往伊拉克利奥的主要道路。当时有不少格伦迪人已经开始从事葡萄干的商业活动,定价政策同样会影响他们的未来经济收入。村民聚集在咖啡馆,讨论应该在多大程度上参与此事。艾提克斯和季米特里斯·库比思兄弟俩都是牧羊人,正期待拥有自己的葡萄园。对于是否支持示威活动,艾提克斯明确表示,克里特人都是些"出色的男人",所以应该通过游行示威来展示他们的自豪感,而他的兄弟季米特里斯推断说,封锁道路将使"城镇"居民缺水断粮,人们会饿死。说到"死"时,他用了一个通常用于表示家畜死亡的动词($psofao$),凸显了山区村民长期以来对都市居民的蔑视。

通过这种表现方式,他们的态度将克里特人的身份转化为现代政治术语,其主要作用是突出讲话者作为克里特人的男子汉精神。另一位年长牧羊人的反应,尽管在意识形态上与这兄弟迥然不同,但在表现形式上与兄弟两人如出一辙——他为自己坚持纯洁的放牧生活而自豪。在他看来,示威游行是一种政治腐败,因为示威与牧羊人赖以生存的政治赞助制度,以及对赞助人的忠诚毫无关系。与两兄弟不同的是,他公开吹嘘自己的偷盗业绩,对他来说,展示男子汉气概的唯一场合是山脉和丘陵,那里的人和空气都很纯净,他并不认可游行示威,认为那不是克里特人的分内之事。然而要注意,两组人的态度中都不乏抵制权威的味道,这是所有克里特岛男子汉的标志,意见虽有分歧,但分歧点并不涉及克里特岛的独特性和独立性原则,而在于这些原则应该采取的形式。

如果克里特人身份的内容是可协商的,那么特定意识形态的内容亦是如此。一个格伦迪村民愤愤不平地说,那个拒绝给他看病的医生来自土耳其边境,肯定是个地下共产主义者,"他不是共产主义者就是独裁者!"这个特殊的村民来一个小家族,是泛希腊社会运动党的支持者,他认为共产主义者和独裁者都意味着"反民主"。医生虽然受过教育,却代表着城市的邪恶,以及令人怀疑的边缘的希腊民族性。所谓边缘的希腊民族性,暗示这个医生与共产主义者有某种联系,在官方措辞中往往被冠以"外国教条"的标签,更强化了这种联想。该村民在当地政治上非常高调(曾经成功获得村委会席位),但他患有严重的忧郁症,加上他对医生的评论,其政治信念一目了

96

然。他强调自己和其他村民都属于受压迫的人，无法得到来自城市医生的体面服务[①]。在村里他没有政治地位，和其他克里特人一样都属于弱势群体，其命运攥在其他希腊人手中。这样他就含蓄地将所有非克里特人一并抹黑，并把他们的行为视为任何克里特人都不应该赞同的政治态度。作为一种巧妙的修辞表现，它明显与格伦迪人自我表现的诗学相匹配，同时也和"传统主义者"所使用的相同手段形成对比。社会主义者和共产主义者都对家畜偷盗怀有敌意，或许在某种程度上刺激了这些传统主义者，所以他们对所有政治左派的政党都表示厌恶。

无论出于何种目的，埃莱夫塞里奥斯·韦尼泽洛斯作为历史人物，是克里特人身份的试金石。他把国内的自由主义和反君主主义与国外的民族统一主义相融合，理应符合克里特人对自我形象的诉求。但韦尼泽洛斯出生在该岛，他在岛上的早期政治生涯才是他在所有村庄甚至地区竞选对抗中获得支持的实质性保障。直到韦尼泽洛斯去世之前，所有符合投票条件的格伦迪人都把票投给自由党，然而当这位魅力超凡的领导人去世后不久，有个克洛罗斯家族成员选择支持保守派大众党（Popular Party）。当时的秘密投票显然是透明的，当他的行径败露后，村民对这个倒霉的家伙痛下狠手，认为他的倒戈是对村庄和克里特岛的背叛。然而几年之后，很大程度上由于他和瓦西里斯·斯格法斯的长期不和，迈克哈里斯·迪亚卡吉斯又把赌注压在康斯坦丁·卡拉曼利斯领导的保守党身上。这回他没有重蹈覆辙，因为迪亚卡吉斯的投票实际上代表着一个整体的行为，并逐渐吸引一些加盟父系家族*、家族近亲，以及一些母系亲属的选票。虽然范围扩大了，但投给保守党的选票被长期认为是属于迪亚卡吉斯的个人投票。乔治·帕潘德里欧领导的中心联盟党，被村民视为老自由党（old Liberal Party）的延续，而帕潘德里欧本人则被视为已故韦尼泽洛斯的荣誉之子。

希腊的议会历史上曾出现过一个"变节"期，对格伦迪的地方政治产生过深远影响。事情发生在从 1963 年中心联盟党竞选获得胜利，到 1967 年军政府上台这段时间当中，主要标志是皇室和国外势力干预国家政治，导致

---

* Client agnates：一些依靠大家族而生存的小家族，故称加盟父系家族。——译者

机会主义的议会代表趋炎附势,不断变换党派,让格伦迪人的政治忠诚受到了严峻考验。投票义务与政治赞助人的犬儒主义发生冲突。格伦迪人忧心忡忡,而议会民主制的崩溃,起初被某些村民视为摆脱雅典闹剧的一桩幸事。然而这是要付出代价的,格伦迪人逐渐对新的政权不满。因为正是新政权欲根除所有对温和保守派的支持,同时将自己的权威作为法律和秩序的唯一标准,因此对家畜偷盗实施了特别严厉的制裁。而事实上,迈塔克瑟(Metaxas)独裁政权在二战之前就是这样干的。

随着 1974 年塞浦路斯的崩溃和民主的恢复,许多老政客名誉扫地,所有那些让军政府轻易获得权力的机会主义分子都被认为罪不可赦。当时有不少格伦迪人已经从西德返回家乡,他们深受西德社会民主党的影响,地方社会主义的大门似乎已经敞开,特别是泛希腊社会运动党领导人安德利亚斯·帕潘德里欧,即便不在意识形态上,也在严格的家族意义上代表着该政党,成为他更为中立的父亲的继任者。有效的政治表现,关键在于能否在家族背景这个主题上做足文章。正如我们所看到的,家族背景在技术上并不适合泛希腊社会运动党的意识形态目标,但它还是利用了这个条件。然而,为稳妥起见,旧的主题需要被换成一个新的主题,这个选择就落脚了“意识形态”上,这并不奇怪,也绝不会让人贬低他们选择的动机,只能说明他们为了让格伦迪人普遍接受这种选择,找到了行之有效的办法。

1977 年举行了后军政府时代的第二轮全国选举,泛希腊社会运动党在格伦迪并没有获得多数票。究其原因,我们必须回顾格伦迪从 1975 年地方市政选举到 1977 年国会选举之间所发生的事件,即斯格法斯和迪亚卡吉斯之间的宿怨,这一点我们之前已经谈到过。泛希腊社会运动党一直与根深蒂固的忠诚观念作斗争,其效果终于开始显现。在政客们的成功操作下,地方话语开始产生效果,并在 1977 年成为大选中一支不容小觑的力量。

话语之战表明,在某种程度上,成功的选举取决于该党派是否代表一个新的意识形态,而且为大众所接受。因此,泛希腊社会运动党的支持者祭起帕潘德里欧父亲的大旗和韦尼泽洛斯主义的衣钵,不厌其烦地进行宣传,家族忠诚或许也扮演了意外的柔韧的象征。在保守派政客大打仪式性亲属牌之时——据说在一次竞选活动中就搞了上千次洗礼仪式——泛希腊社会运动党的追捧者则对这种传统的诱人招数予以还击,称他们已经受到"一种意识形态的洗礼",因而不可改变。这种重提古老义务的说法,可谓万变不离其宗,颇具讽刺意味。如今,抛弃新的信仰是对克里特人自豪感的侮辱,尤其是放弃克里特人持之以恒的"诺言"。

"义务"意味着始终如一的道德保证。但格伦迪人的投票方式,显然随着个人的亲身经验和历史境遇的变化而变化。对义务的道德承诺看似不可动摇,实则却可以灵活选择并自圆其说。尽管泛希腊社会运动党严禁候选人利用或扩大仪式性亲戚的关系来拉选票,却无法阻止其当地追随者从中渔利。就我所知,有两名泛希腊社会运动党的狂热分子写信给在雅典的朋友,敦促他们回到格伦迪行使投票权,信的抬头写着"牧羊盟友们(仪式性亲属们)!"在如此小的社区,每多一张选票都意味着变数,村民的选举行为只有通过"义务"的棱镜才能得以诠释,这种看似不可改变的道德经,是每一种意识形态和每个党派诉诸合法性的护法宝典。不管采取什么形式,每个村民的投票选择,都代表着个人或集体那唯我独尊的一份力量,几乎没有一张选票属于无的放矢,至少男性村民都是这样。

对于那些继续选择走赞助老路的人,其优势同样显而易见,而且非常实用。政客给某个孩子洗礼之后,就成为孩子的教父(*sandolos*)②,日后有望帮助孩子在政府部门找到第一份工作,或者安排到离家较近的地方服兵役。此外,据说有的政治赞助人神通广大,居然有能力把定罪的盗贼从监狱中捞出来,其速度之快,没等逮捕偷盗者的警察回到办公室,偷盗者就已经回到家了。对于没那么幸运的牧羊人,这一直是他们的原始痛点,因此成为1981年大选中一个重要的政治议题。牧羊人通过洗礼活动而缔结的纽带关系与家畜偷盗息息相关,因为成为仪式性亲属之后,牧羊友之间就可以相互帮助,在彼此的村庄里寻找被盗羊只的下落。这种纽带关系更是相互的,包括相互款待和信息共享,比如在哪里可以买到最便宜的放牧权等。相比之下,与政客缔结的仪式性亲属关系,往往徒有虚名,至少村民并不对此抱以厚望:期待中的恩惠并不总是可以实现。久而久之,不满情绪积少成多,增加了泛希腊社会运动党人反对政治赞助制的筹码。

在所有这些论战中,埃莱夫塞里奥斯·韦尼泽洛斯作为高度理想化的形象,是合法性的终极象征。几乎每个咖啡馆都挂有他的肖像,无论店主的政治立场如何。自由党人称其为党的创始人,而社会主义者则把韦尼泽洛斯和帕潘德里欧相提并论,温和派和保守派极右分子亦用本质上属于民粹主义的话语,称韦尼泽洛斯是他们的导师,至少他们也是克里特岛的儿子。无论地方市政选举还是国家议会选举,韦尼泽洛斯满脸胡须戴着眼镜的肖像无处不在,它随时提醒候选人和选民,不高举起民主和克里特岛自由这两面大旗,任何政党都难以为继。韦尼泽洛斯的精神深入整个社区的每个人心中,但根据每次事件的迫切情势,也会受到家族的社会分化和政党派别的制约而被裂分。不难想象,从韦尼泽洛斯的形象中,人们看到了与圣女圣像相对应的世俗化身,它既是内部独立的象征,也是社区和地区团结的象征。

裂分政治:地方市政选举(1975 年)

格伦迪的选举活动,使村庄和官僚政府之间的关系一目了然。格伦迪人显然逾越了官方的法定程序,把选举变成符合其社会内在需求的形式。这时的社会条件得以放大,各种各样的话语应运而生,需要我们加以关注,尤其是它有助于解释一个人的小范围活动或说话方式,如何在同一时间内暗示多个层次的社会身份。任何有关格伦迪男子汉精神的诗学论述,都必 100 须关注村民的社会和文化差异在几个等级层次上的变化,即内部人和外部人之间区别的多变性。关于格伦迪人身份的话语不是凭空产生的,而是源于丰富的集体经验,许多可区别的因素都在地方市政选举和国家议会选举中显现无余。

1974 年 7 月,军政府倒台,人们为之欢呼,普遍认为希腊的民主生活即将恢复。不久之后,国家议会选举也开始了,康斯坦丁·卡拉曼利斯领导的温和保守派新民主党(New Democracy Party)轻松领先。当时,格伦迪大多数人把票投给了反对派的乔治·马弗罗斯(George Mavros)所领导的中心联盟党,延续了对自由派领导人承诺义务的传统,而对安德利亚斯·帕潘德里欧所领导的新兴的泛希腊社会运动党,他们将信将疑。虽然各地的选举按照党派路线如火如荼进行着,格伦迪人仍然以家族团结为基础,沿袭了历史悠久的投票制度。从表面上看,这种制度意味着他们并没有受到军政府垮台后主流意识形态的影响。从实践角度看,它提供了一种以本土方式重铸国家经验的方法,然而并未放弃考虑格伦迪和国家之间的特殊关系。如果选举的焦点是候选人的人格和对亲属的忠诚度,那就再次证实了村民的态度,即政治是一种由男性操控和主导的活动,他们在探索何种程度上能够按照自己的意愿参与到更大的政治体系中。

在预选阶段,当地的结果似乎没有悬念。瓦西里斯·斯格法斯作为家族的领袖,是毋庸置疑的关键人物,而且他在伊拉克利奥和雅典都有自己的政治掮客,在较小的父系家族中也有大批追随者。这一点很重要,是选举制度本身所要求的。每个当地"政党"都必须推举一名村长候选人和至少六名村委会候选人。以格伦迪村为例,村长候选人通常由较大的父系家族群体的领导人担任(斯格法斯家族或波塔米提斯家族),较小的父系家族则各自选出一名村委会候选人作为代表,以获得尽可能多的家族选票。每个有资格的选民只有一次投票机会,获胜的联盟统揽票数,而村长候选人无需获得
101 直接投票即可胜出。村委会由获胜联盟中的 6 个主要竞争者组成,再加上一个反对派联盟中获得多数票的人作为平衡。

这种机制很适应家族群体的要求。在实践中,除了两个最大的父系家族,当选村长的几率几乎为零。由于瓦西里斯·斯格法斯和村里第三有影响力的克洛罗斯家族有很多亲属关系,因此优势地位几乎坚不可摧。此外他和波塔米提斯家族也有不少姻亲关系,在军政府之前的几次选举中,至少有一次他居然是以全票当选的。

然而事与愿违。有人告诉我,斯格法斯家族在一次咖啡馆的正式"会议"上火药味十足,有人批评瓦西里斯专横傲慢,建议允许另一名家族候选人参选。瓦西里斯异常镇定,沉思许久后说,没有什么比这更让他高兴了,在位多年他感到累了,愿意就此退出。尽管他表现出无所谓的样子,但是内心却对家族成员的忘恩负义感到痛苦不堪。被提名的新候选人是他的近亲,名叫"大约里斯",在相当长的一段时间里,瓦西里斯对他不理不睬。"大约里斯"当时并不在会议现场,但他似乎感觉到形势很有利。

瓦西里斯·斯格法斯的地位陡降,让其他计划也变得磕磕绊绊。他原

想把波塔米提斯家族的领导人托马斯纳入他的联盟,甚至已经准备好了一纸协议,允许托马斯在两年后担任村长(在他任期一半时),但这个计划可能永远束之高阁了。波塔米提斯家族的政治活跃分子米特索斯对这种联盟的适用性提出质疑,理由是波塔米提斯家族绝不允许斯格法斯家族骑在他们背上掌权!他威胁说,如果波塔米提斯家族领导人接受这种可耻安排,他宁愿背弃家族把票投给其他家族候选人。

　　威胁的确咄咄逼人。格伦迪人曾信誓旦旦地对我说,20 年前,如果不是同族亲属,一个男人甚至不会投票给他的岳父。当这种极端严格的限制第一次被打破时,曾爆发过一场大规模的恶斗,米特索斯再一次挑战了格伦迪人政治道德的根基。他含蓄地自我辩解,声称不管怎样,即使不投票给本家族候选人也未必不是更好的选择,因为他可以自由地在所有候选人当中选择最好的,而无需考虑任何亲情因素。不摒弃乡村意识形态就不利于"进步"的观点,在泛希腊社会运动党的年轻积极分子中非常盛行,米特索斯就是其中的佼佼者。另一个村民把米特索斯对斯格法斯家族的敌意归因于家族的唯我独尊,米特索斯愤怒地回应:"你对我的评价也太差了(kakos)!"用这种语言的纯粹形式来强调道德③,他的意思是说,尽管他本人在瓦西里斯任职期间受益匪浅,但"改变"(allayi)总会带来好处,尤其是一个人坐在村庄的头把交椅上已达 28 年之久。"改变"是泛希腊社会运动党的战斗口号,他的态度无异于把旧式家族之间的敌意,有效地转换为现代意识形态的话语。他坚持候选人应该根据能力获得选票而不是亲属义务的观点,则进一步强化了这一点。尽管如此,至少有一个对他心怀不满的斯格法斯成员说,米特索斯的家族"扮演了牧师的角色",这个常见的比喻意味着背弃初衷,为了选举而另起炉灶,建立一个单独的联盟。

　　大约里斯的阵营也持类似态度。他们拒绝与波塔米提斯家族合作,认为那种做法有失身份,因为波塔米提斯家族可控制的选票比任何一个家族都多。大约里斯的兄弟马诺斯指出,村庄把命运系在一个人身上是危险的。他发问,如果瓦西里斯死了,格伦迪人难道要去国外请一个村长?同时他还指出大约里斯值得一试。然而为了委婉表达对瓦西里斯的不满,也是为了强调家族团结,尽管存在重大分歧,马诺斯转而用了一个能引起共鸣的隐喻

102

说法:伟大的韦尼泽洛斯也曾因为对手的嫉妒而被流放。因为竞争性的嫉妒(*zilla*)也是一种"唯我独尊"表现,因此总的来说是积极有益的,而不是破坏性的。这种借鉴历史的方法,为政治上分裂的家族注入了道德上的正能量。

随着选举临近,斯格法斯家族越发焦灼不安,不祥之兆从一开始就出现了。瓦西里斯失势的消息刚刚传开,原有的加盟父系家族即开始了遗弃行动,这很大程度上是人们认为大约里斯不具备瓦西里斯那样的"影响力"(*kozi*,有影响力的人)。结果,大约里斯阵营完全由清一色的斯格法斯成员组成。克洛罗斯家族则分裂成两派,由瓦西里斯·斯格法斯的姻亲领导亲斯格法斯一派,咖啡店店主帕诺斯领导家族内的反对派。事实上,帕诺斯成为了村委会席位的候选人之一。

斯格法斯家族如坐针毡。形势表明他们将以相当大的差距落败,但他们像是深陷重围:尽管结局不可避免,但唯一体面的回应就是一路反击。甚至当谣言开始流传,大概意思是说瓦西里斯·斯格法斯本人也打算投反对派的票,并劝说朋友也这样做时,斯格法斯家族成员表面上依然十分强硬,直到他们认为胜利无望时,才对渺茫前景感到忧心忡忡。他们并没有指望赢,即使真的赢了,新一届村委会也像一场精心策划的骗局,况且主要候选人还是未来村长的侄子(FBS,父亲兄弟的儿子)。他们已经为失败做好了心理准备,但有个事实让他们并没有感到十分尴尬——毕竟还是本家族的成员统治这个村庄,村委会显然是对民主原则的歪曲。

这个局面的形成,揭示了家族的裂分模式对官方选举的适应性。斯格法斯家族很明显得不到其他家族的支持,即便有也是微不足道的零星散票,而不是家族的集体行为。因此斯格法斯家族兵分几路,通过姻亲关系、同父异母关系、仪式性亲属等关系,尽可能地多争取了一些选票。但这样一来,又陷入另一种两难境地:一方面,其他家族极有可能谴责他们搞家族霸权;另一方面,一旦失败则更加无地自容。然而他们还是选择了抱团取暖,这正是为了继续承诺对整个家族的义务,而且有可能损失最小。这种评估是合理的,他们输掉选举是事实,但没过几年就会重新夺回村委会的控制权,同时也把外界的嘲笑保持在合理范围内。

村委会候选人是如何挑选出来的,尚不十分清楚,只知道斯格法斯家族的四个主要父系家族分支都派出了代表,包括考利萨利迪家族(*kollisarid-he*)。这个家族最早由"加盟"(*kollise*)于斯格法斯家族的某人后裔组成。加盟无疑出于策略的考虑,显然适合弱小家族。鉴于斯格法斯家族的通婚率相对较高,这种策略可以减少选票的流失:有人本不想投票给自己家族的候选人,但却要应付姻亲关系对他的期待。考利萨利迪家族的代表知道本家族得不到多少选票,但根据选举法的要求,他必须全力以赴完全发挥本族候选人的作用。而斯格法斯家族的其他候选人,只能和本家族分支的其他代表争夺选票,这样就会导致已经支离破碎的家族内部的紧张状态加剧。一旦加盟家族放弃选举,斯格法斯家族形成完全属于本家族的候选人名单就成为当务之急,考利萨利迪家族像通常那样,甚至没有举行一次集会来选出自己的代表。相反,斯格法斯家族在一次紧急会议上提出了候选人的名单,提案被欣然接受,因为这个方案最不可能引起内部纠纷。

在正式选举即将开始之际,斯格法斯家族竭尽全力避免地位的进一步削弱。并非所有村民都遵守了家族忠诚的原则。确实,一些较小家族的成员发现强调其他义务也是一种权宜之计。有个选民决定投票给他的姐夫,而不是同族亲属,理由是如果每个人都投给自己的亲属,那么他宁愿选择和他关系更密切的人,而不是家族提出的候选人。在此情况下,我们可以清楚地看到姐夫关系在加强家族团结上的道德分量,在实行内婚制的大家族中可以加强团结,而在小家族中的作用则正相反。必须抵制大家族的霸凌,这是泛希腊社会运动党支持者的宗旨,在随后的国家议会选举中被证明非常有效。因此小家族成员虽然嘴上喊着"传统"家族的团结原则,却把票投给自己的姐夫,这证明它不失为抵抗宗族压制性意识的一种手段。波塔米提斯家族就这样获得了几个较小家族的支持,甚至还增加了一名库比思家族候选人,这种策略给了他们极大的帮助。

即便是姻亲关系,也必须谨慎权衡利弊。户主无一例外控制着家庭的选票,因此不仅需要决定如何投票,还要考虑混合分配是否得当。有一名斯格法斯家族的候选人对他的"叔叔"大为不满,叔叔是迪亚卡吉斯族人,却把全家四张选票统统投给对立面的皮瑞斯特利斯家族的候选人,而没有给他保留一票。当然,他并没有指望这四张选票都投给他,因为那位反对派候选人是他叔叔小舅子的儿子,而这位失望的斯格法斯家族候选人只是他小舅子女儿的丈夫,所以这个迪亚卡吉斯族人并非他叫着长大的亲"叔叔"。他甚至对叔叔说过,那三张选票可以投给皮瑞斯特利斯候选人,理由是他们两人的关系比他和任何人都好,他本以为叔叔哪怕有一点义务感,也理应留给他一票。

其他人的做法也受到家族价值观的支配,只是以迂回的方式。皮瑞斯特利斯家族有个人决定投票给斯格法斯家族的候选人,因为他哥哥的女婿正在为斯格法斯家族的候选人拉选票,而他自己和候选人的几个兄弟都是在婚礼等场合演奏音乐的伙伴。科扎利斯家族的候选人把他拉到一边,对他的做法表示难以置信:他当然不需要这个皮瑞斯特利斯的族人投票给自己,但总该投给自己本家族皮瑞斯特利斯的候选人! 他多少有点内疚,经过一番考虑,终于同意把票投给同族人。要知道,科扎利斯家族的候选人和皮瑞斯特利斯家族的候选人,都是波塔米提斯家族全族候选人的同盟。

既然是无记名投票,为什么守不住秘密呢? 在某种程度上,答案是它并非像当地专家预测的那么准。虽然保密并不完全出于政治道德的因素,但有利于社会和谐和个人利益。一位乡村企业主告诉我,他要把"他的"选票平分给两个硬茬,然而不打算透露更多细节,因为有可能激怒同村人,没准就把自己的老客户拱手让给了生意上的竞争对手。甚至那些公开表明立场的人,实际上也可能是瞎咋呼(tapa,"虚张声势,欺骗",字面意思上即宣传之意)。然而总的来看,村民能够揣测到彼此的意图,并做出精准评估,毕竟选民的情绪很容易"表演"出投票倾向。竞争表现在公开表演的层面上,然而最终结果取决于无记名投票。投票给一个或另一个候选人的原因,虽然不像家族意识形态所暗示的那样明确,但却是公开协商的,而且落脚点都与"义务"有关。让成功的候选人知道谁投了他一票或许是一种策略。然而,无论投票人多么精于保密,事实上个人最多也只可以控制七八张选票,这个事实本身就意味着集体曝光的风险也相应较高:至少从一组人的动向上就可见一斑。

斯格法斯家族充其量可以争取到 150 张选票,波塔米提斯家族不到 80

张选票，但有可能从其他来源扩大到 200 余张，最终的数字非常接近这个估算。因此，即使选民必须在不同的亲属关系之间做出痛苦的抉择，也不会对结果产生太大影响。斯格法斯家族恢复了常态，他们高兴地看到选举的尴尬局面已经结束。双方积极分子都开始为国家议会选举提前谋划，因为地方市政选举的结果，很可能影响到"零散"选票的去向。泛希腊社会运动党的支持者感到沮丧，他们没有及时建立自己竞选候选人名单，否则很有可能打破家族防线的桎梏，免于整个村庄因斯格法斯家族的分裂而让无能之人管理村庄。斯格法斯家族候选人的保守寓意是"繁荣"，这很难让家族中的左派选民感到欣慰，尤其是获胜的政党称自己为"进步劳动党"。既然不能完全摆脱家族意识形态的束缚，他们当然需要适应新的"意识形态"的迫切要求。但在全国选举开始之前，村里发生了一系列不测事件，尤其因一起拖拉机车祸造成的死亡，让瓦西里斯·斯格法斯与迪亚卡吉斯家族陷入冲突之中。该事件凸显了家族团结的纽带关系，并迟滞了向更符合国家要求的政治方向转变。

106

饱受诟病的赞助人

早在 1977 年国家议会选举之前，政治赞助制就在整个希腊农村地区受到了严厉的批评。然而政客们置若罔闻，继续热衷于洗礼活动和许愿，以笼络人心的方式拉选票。而普通人如果不通过赞助人，那么住院都一床难求——任何官办事务都离不开关系，依靠高层关系才能平步青云，这些现象在广大农村早已为人所不齿。但在克里特岛的西部山区，有些大的父系家族的牧羊人却对赞助制情有独钟，政治赞助成为当地选举中的热门议题，也加强了泛希腊社会运动党候选人及其支持者的实力。

军政府执政之前，格伦迪很少有人质疑赞助制的正当性，村民似乎充分享受了制度带来的好处。所谓政治恩惠（rousfet[h]ia），本质上是一种政治取向和外向型取向的活动，专门由男性村民实施。1964 年，一群格伦迪人向一名议会代表提交申请，要求尽快审批他们移民德国的文件。该议员是申请人中两名克洛罗斯族人的赞助人，关系一直很密切，所以包括护照在内的所有文件"在同一天"就办妥。当这群人去劳工部办理出国手续时,负责审理的官员瞠目结舌:有人等护照已达两年之久,而他们居然当天拿到!多年之后,这些人已经从德国返回格伦迪,军政府统治已经不再,有个克洛罗斯族人知道整个过程后深恶痛绝。我们之前曾提到过此人,就是他写信给雅典的仪式性亲属,要求他们回到格伦迪,把票投给强烈反对政治赞助制的泛希腊社会运动党。

甚至那些仍然期待从政治赞助中捞得好处的人,也对赞助人的唯利是图感到啼笑皆非,这种赞助关系的实质不言而喻:

107

> 你知道有个说法叫"恐惧制止野蛮行为"吗? 比如说,如果我害怕,如果现在去偷东西被他们抓住,我就会进监狱,永远出不来。再也不去(偷)了。但是因为我知道有一两个人会支持我,或其他之类的,我还会去,因为……小偷……比方说,当他有一个克里特议员(撑腰),他的胆子就更大了。

或许偷盗者可能从赞助制度中获益,然而他们对政客的唯利是图并不认可。下面是一个广为人知的案例,其评论似乎没那么尖锐,并没引起人们的关注。格伦迪邻村的一个的牧羊人被判偷盗罪,他找到一位认识的政府高官求助。

> 他对他说,"部长大人,"他如此这般说了一番(一些常用表达法,表示听者理解所说内容)。他听后对他说,大概意思是说……"好吧,明天我们安排一下,我会帮你……"我亲耳听见的! 他说会帮忙。现在,甚至不到十天,连十天也没有! 他去了帕拉马(Perama,地区首府召开的抵制家畜偷盗的公开大会),高调反对家畜偷盗及其类似的事。然而,在……洗礼仪式时,他对他说,"放心吧……我们会帮你。"

讲述者本人就是屡屡受到赞助制保护的人,所以他的讲述可信,尽管如

此,他还是不无讽刺地评价道:

> 真是个笑话!……看吧,一位部长大人和牧羊人,和一群盗贼在一起!

这些有关政治腐败的老套评论与对牧师的评论基本相似。一个村民说,牧师应该坚守宗教使命,避免参与政治或商业活动。如果政府高官和牧羊人一样行事,特别是和屡教不改的人同流合污,那无异于贬低自己的身份。这些所谓赞助人实际上能做的,至多是向证人或原告施加压力,要求他们撤回证据,同时做出保证说由于他的干预,偷盗者已经承诺不再行窃。也许他们真的希望借此来减少家畜偷盗,但人们并不认为其动机出于无私。选民们十分清楚,任何政客只要直截了当地宣称:"我不要(在我的阵营中有一张山羊盗贼的选票!"那他一定是在说谎)。 108

当然,政客自己保持平衡也绝非易事。1977 年的竞选期间,一位右翼政客发现,强调自己也是这些地区长大的"牧童"不失为权宜之计。这样,或许会博得些许同情,但又只能意会不可言传,终非明智之举。他是出身于普西拉村的几名政客之一,因而伤害了格伦迪人的自豪感。然而最糟糕的是,1977 年格伦迪人与普西拉人的关系正处在紧张阶段。另一方面,他的所谓理解和同情亦是模棱两可:他声称对村民生活的实际困难了如指掌,同时也暗示村民需要更多有效的政治赞助。

牧羊人几乎完全信任赞助制度,据称该制度可以保护他们不受法律约束,作为回报,他们对赞助人就有投票的义务。向农业的转变削弱了政治恩惠的吸引力,年轻人和受过良好教育的村民都急于摆脱政治赞助的桎梏。在这个群体中,泛希腊社会运动党的反政治赞助的口号最受青睐,然而在如下现实面前也有所调和:部分人转入农业之后,仍然觉得有义务给原有的赞助人投票,以确保孩子的工作和其他好处。

有个前牧羊人试图利用他的政治关系提携一下两个儿子,其中一个受过教师培训,另一个则获得了大学文凭,然而两人都对父亲表示说,如果他这样做,他们将放弃"学问",靠自食其力来实现自己的职业目标,而绝不依靠任何赞助。另一个受过良好教育的年轻人就没那么乐观,他学的是农业科学,当发现找不到和所学专业对口的政府职位时,他陷入绝望,并且准确预测到了最终的结局:为了能在职业阶梯的最底层有立足之地,他被迫接受了当地一名有权势的政客的赞助。

政治恩惠也给个别格伦迪人提供了操控村庄事务的绝佳机会。比如有限的道路建设资金,最后只用于铺设离大街不远的一小段道路,这就很好地诠释了地方权力的运作过程。然而,获取这样的好处,久而久之,显赫的地方官员便开始堕落。多年来,主导的迪亚卡吉斯家族一直控制着村里的唯一一部电话,但经常拒绝通知其政治对手接听长途。然而,因为受到政治赞助制度的保护,他可以免受任何诉讼,谁也告不倒,否则他们自己就失去了与外界通讯的主渠道。当迈克哈里斯借瓦西里斯翻车事故兴风作浪时,后者的儿子想要打电话也不得不跑到邻村去。颇具讽刺的是,那部电话主人也是迪亚卡吉斯族人,原籍在格伦迪村,后来成为迪亚卡吉斯家族的一个分支,他认为所有迪亚卡吉斯族人和考利萨利迪族人一样,都是"加盟家族"。然而为强大的瓦西里斯·斯格法斯家族出力可以获益,总比站在好战的迪亚卡吉斯家族一边要强得多。

许多赞助关系是在牧羊人早期生涯中需要保护时建立的:牧场使用权、银行和政府部门等繁杂手续,以及法律保护等,都离不开赞助人。但是当牧羊人从牧业转向农业后,这种关系并没有结束,许多格伦迪人都是这种情况。有些村民为了孩子的缘故希望能恢复以前的赞助关系,或是出于同样原因而建立新的关系。曾有人问我和军队高官"有没有"什么关系,因为他想让当时正在服兵役的侄子从北部边境地区调到伊拉克利奥。

至少直到最近,住院治疗仍然高度依赖于关系。一名斯格法斯家族的成员住院时,外科医生直截了当问他在议会"有"什么关系为他办事,最后他威胁要对医生动粗才得到了医治。当我问他为什么不威胁采用法律手段时,他说那个外科医生会打上致命针剂让他一命呜呼,然后称病人突发心脏病死亡。对这些受过高等教育且拥有权势之人的道德悲观情绪,以及村民对法律程序的极度不信任,迫使当地选民面临两个选择,要么站在保守势力一边,继续接受现状,要么投票给左翼政党,寄希望于社会主义的胜利能彻底根除赞助制度。由于保守派政客在当地的支持主要来自那些视诉诸法律为"背叛"行为的人,所以在保守派内部几乎没有变革的动力。

在军政府时期,家族的共同利益与其成员对族长的政治忠诚密切相关,这一点也有利于赞助制度。大家族的族长自然要为投票人提供更多的服务,但小家族的人强烈谴责赞助制度则是因为他们只有输的份。有个小家族选民赌了一把,他脚踩两条船,把保守党和自由党的主要政客均作为仪式性亲属,甚至在1977年选举时当众宣布他亦有可能投奔共产主义者。当然,即使有人真的相信,也没有几个人当回事。"他的"的选票少之又少,加上他一贯反对赞助制,使他在村里的权力阶梯上一直垫底。有一次,他甚至拒绝去村秘书办公室签署一份合法的免费医疗文件,理由是他不愿意和乱七八糟的人打交道,并将此事也视为一种赞助制度。有个斯格法斯族人劝他别犯傻,但他无动于衷。这种原则立场对他并没有什么好处:拒绝与人交往是政治无能的表现,却反映出了小家族的地位和现状。那些反对赞助制的人,也必须拿出实际好处以证明他们拒之有理:只有在那时,他们的姿态才会在产生政治效应的同时也富有诗性。

到了1977年,家族之间和政党之间的纽带关系已经开始分崩离析。即便如此,依然存诸多制约因素。比如,普西拉村有一个家族和格伦迪村的斯格法斯家族一直保持着长期的同盟关系,两个家族都信奉韦尼泽洛斯主义,但是两村之间的争斗,以及两个家族中的个人恩怨,开始不断地削弱这种关系,政治幻灭也加速了这个进程,曾经超越家族界限的仪式性亲属的道义,不再将两个家族的政治统一性捆绑在一起。斯格法斯家族的忠实成员约里斯,于1975年代表家族参加竞选,他和普西拉村的一个家族有仪式性亲属关系,曾邀请该家族的一个成员给自己的孩子洗礼。约里斯现在正在认真考虑从保守派新民主党的阵营中脱身,他认为帕潘德里欧肯定要投靠美国,而新自由党的领导人代表着腐败,作为一个可怜的牧羊人,屡禁不止的家畜偷盗使他几近赤贫,且得不到家族的有效保护,尽管家族本身势力很大,但他开始感到厌倦。后来情况发生了变化,他的同族人科斯塔斯决定作为新自由党的候选人参选,使家族和村庄本身的良好名声岌岌可危。约里斯解释说,一个人要永远支持本村村民,因为村庄就像一个"小国家"(*mik-*

110

111 *rokratidhio*）。这个比喻一针见血，恰恰说明了格伦迪人是如何将国家概念融入裂分团结意识形态中的。在进一步解释他最终会投票给科斯塔斯时，他说："我的良心得到了安息。"

在格伦迪人的话语中，"良心"和"习俗"实际上无法区分④。习俗要求一个人必须遵守对家族和赞助人的道德义务。然而村民抱怨说，除了选举期间，作为赞助人的政客们对乡村事务漠不关心，约里斯就是这些人中怨恨最多的一个。如果把政治忠诚作为纯粹理论问题来讨论，村民的态度或许是一个颇有分量的论点。毕竟每个人都知道，"有人前来投票，有人坐等吃喝。"1977 年选举之后，约里斯甚至有可能破釜沉舟弃牧从农，只有在那时，他才能从家族的政治旋涡中脱身，麻烦事才会更少，但是现在良心和习俗都不允许他那样做。对 1977 年选举的进一步观察，则显示出习俗如何以及为何能得以持续，而且比许多村民预测的时间更长。

裂分政治的延伸：国家议会选举（1977 年）

格伦迪人常说，地方市政选举应当关注候选人的能力，而不是基于亲属关系，他们坚持认为这同样是国家议会选举的指导原则。这些主张无疑是善意的，但是到了 1977 年，格伦迪人却不得不面对另一种挑战——他们必须在当地人（格伦迪人）和其他候选人之间做出选择，特定家族与特定政党之间的纽带关系既不绝对稳定，也没有完全胜算的把握。

因此，家族亲属的集体性投票不再秘而不宣，也不像地方市政选举时表现得那么抢眼。每个家族都对投票的进展感到自豪，几乎所有格伦迪人都试图证明，自己的选择代表着对韦尼泽洛斯的信仰和缅怀，这个事实本身就意味着意识形态的纯洁性已经成为投票的先行条件。在选择哪一个政党真正代表韦尼泽洛斯主义时，家族忠诚的作用被相应淡化。尽管如此，格伦迪选民做出的选择中的裂分之影响从未完全消失。到了 1977 年，他们不得不
112 在两名当地候选人中做出选择，而仅仅一年前，两个候选人的父亲就曾陷入一场苦斗。在人们的记忆中，政治选择的性质比记忆中的任何时候都更为

清晰。

这两个候选人不是别人,正是瓦西里斯·斯格法斯的儿子和迈克哈里斯·迪亚卡吉斯的儿子。后者的儿子斯泰利奥斯·迪亚卡吉斯第一个宣布参选,人们普遍相信他受到极端保守派民族侧翼党的巨额金钱的诱惑。迪亚卡吉斯家族对该右翼政党的支持由来已久,在格伦迪的所有家族中,他们是唯一在警察局中有人供职的家族,警察代表着国家的终极权威。同时迪亚卡吉斯家族也是第一个改弦易辙,从忠实韦尼泽洛斯的中心联盟党转向其他政党的家族。在竞选过程中,这个家族的坚定分子遇到不少尴尬之事,因为民族侧翼党内多数为亲君主派,人们普遍怀疑他们对不久前下台的军政府怀有同情心,其立场也与格伦迪人的价值观格格不入,只是他们强烈的反共产主义的情绪,才让其当地候选人的主张有一星半点的韦尼泽洛斯主义味道。有个迪亚卡吉斯族人,巧妙利用格伦迪人欣赏的模棱两可的幽默感挽救其个人立场,他四处呼喊"帕帕多普洛斯万岁!"⑤借此对 1967 年军事政变的缔造者表达了支持。利用玩笑方式掩饰其家族声名狼藉的政治倾向性,让他最终免遭竞选联盟的问罪,且允许他在投票日和同族亲属一起投票。

如果说他们对极端右派的青睐,只是让一些迪亚卡吉斯家族成员感到尴尬的话,那么就激怒了所有格伦迪人,这等于格伦迪人作为自觉的地方主义者,公开放弃了对韦尼泽洛斯主义的历史性承诺,同时也让大多数选民陷入了痛苦的两难境地。如果不投票给斯泰利奥斯·迪亚卡吉斯,其他村庄就将嘲笑他们貌合神离,像一盘散沙。然而投了他的票,便如同被贴上了集体右翼的标签。

此时,斯格法斯家族的候选人科斯塔斯·斯格法斯挺身而出,但他同样面临着艰难的选择。他对军政府怀有刻骨铭心的憎恨,也不信任保守派和自由派,他怀疑这些人为军政府攫取权力创造了条件。人们普遍相信他同情泛希腊社会运动党,无论他是否真的向该党伸出了橄榄枝(许多人认为是),但其最主要的关系还是自由党。他的父亲是老中心联盟党的坚定支持者,一直和该党分裂后组成的新自由党保持着密切来往。在宣布参选前他

113 经受了巨大压力，谨言慎行。但眼看着格伦迪人在集体忠诚的驱使下，将把手中的票投给一个极端保守派候选人时，他终于破釜沉舟，在参选截止时间几小时前发表声明，表示他将作为帕夫洛斯·瓦迪诺亚尼斯（Pavlos Vardi-noyannis）的竞争伙伴。此人是当地一位杰出的政治家，曾在军政府之前担任过政府部长，现在是新自由党的第二领导人。然而，并非所有斯格法斯家族成员都对他的决定感到满意，就像讽刺迪亚卡吉斯钟情右派一样，一个斯格法斯家族的成员冷嘲热讽地说，在他们的家族中，有人从泛希腊社会运动主义者变成了自由主义者！然而，和迪亚卡吉斯一样，他宣布参选可以有效保护与家族一起投票的权利，同时对他个人而言，也可让自己从令人反感的集体承诺的家族意识形态中摆脱出来。

　　竞选活动最显著的特点之一是两位当地候选人彬彬有礼的表现。对于政治分歧各抒己见，但在人格上相互尊重，所有努力都是为了避免一年前父系家族内曾爆发的敌对情绪。两个候选人代表着相互怀疑的群体，本来很容易产生紧张关系，但由于他们端庄得体，至少在表面上发生了变化。在和颜悦色的氛围中，竞选变成集团与集团之间的选择。尽管两位候选人都对各自政党的投票理由发表了无关痛痒的阐述，但与其说是意识形态的交锋，不如说是个人观点的陈述。所有被涉及的人都意识到，在意识形态实的质问题上进行任何实际对抗，都很容易转化为家庭或家族之间新的不和，对于整个村庄来说将是灾难性的。两位候选人表现出良好的自我克制，并展现了微妙暗示和表述技巧。最大的分歧在哪里？当然并不清楚，也不允许讲清楚。但在其他场合，凌厉尖刻的口吻被另一种微妙异样的诗性风格所取代。这里好有一比：两人都是参赛选手，其中一个就读于大学，另一个是政府官员。这确实是一个模范实例，双方诗意的自我呈现均通过相互作用来表现不同程度的对立，绝不允许任何一方独占鳌头，而是依靠尊重或回避的礼貌方式为自己说话。如果任何一方选择激进的方式，就几乎肯定要出丑，因为另一方的克制会让他看起来像一个轻率的麻烦制造者。

114　　如果没有对手，斯泰利奥斯·迪亚卡吉斯能否获得大量选票是有争议的。一名斯格法斯的支持者甚至宣称，斯泰利奥斯的选票，实际上是由于斯格法斯的参选而获得的。既然斯格法斯宣布参选，那么迪亚卡吉斯家族的人就不可能不投票给斯泰利奥斯,其他选民则众说纷纭。我们已经看到,裂分模式下的团结未必能带来大规模的支持,多数格伦迪人觉得投票给其他候选人,更能体现村庄的集体形象,这完全有可能。当然选择的理由有很多,而且全都有理有据,都可用以表明格伦迪人是个道德高尚的群体,其中包括恪守现有义务,顺应发展趋势,把意识形态和候选人的素质置于首位,绝不和任何形式的右翼极端主义同流合污。斯格法斯的参选一举化解了这些问题。虽然一些村民对他所"选择"的政党感到不满,还有一些人认为他为了政党利益而牺牲了自己,但谁也不能否认他和其所属政党的尊严和体面,尤其是与斯泰利奥斯所属的政党相比。此时此刻,任何决定投票给斯格法斯的格伦迪人都无须宣称任何正当理由,只需说一声要把票投给"我们的同村人"就可以了。外人则永远没必要问他把票投给了哪一个人。

　　两名当地候选人不仅在公开谈论对方时极其谨慎,也极少在村里公开露面。战斗从未消停过,只是在悄无声息地进行。斯泰利奥斯没有全力争取本村选票,他认为那样做有失"尊严"。事实上他一定意识到,所有迪亚卡吉斯家族的票都会投给他,除了有一个家庭需要恪守对另一个新民主党候选人的承诺。除此之外,他几乎不指望来自其他家族的选票。斯泰利奥斯和他的父亲不遗余力地参与村外的竞选活动,呼吁各种各样的牧羊盟友支持他们的事业。斯格法斯家族的举动则更为有效:家族的宣传车队每天晚上都鸣着喇叭前往附近村庄进行声势浩大的巡回宣传,通过广泛的牧羊盟友网络,以争取尽可能多的选举资本。其实从斯格法斯宣布竞选那一刻起,迪亚卡吉斯家族就知道本村可争取的选票寥寥无几,外村也不会多,但是他们没有诉诸暴力,相反,双方都避免了采取任何有损家乡声誉的行动。

　　两个候选人没有必要在格伦迪村展开选战。科斯塔斯·斯格法斯只在 115 竞选活动的最后一天进行了演说,因为那天他的主要竞选搭档也来到了村庄,然而演讲也是泛泛而谈,主要是为了唤起同乡的忠诚和情感,对政治敏感问题则缄口不提。

　　他的对手斯泰利奥斯手里攥着一张王牌。在他所代表的政党候选人名单上,没有一个是普西拉人,因此他是格伦迪村的唯一候选人。在选举即将开始的时候,两个村子的敌对情绪一直居高不下,更糟糕的是在普西拉村外发现了一具格伦迪牧童的尸体,这让局面雪上加霜,最后才搞清是自杀。有些人甚至认为,普西拉候选人的政敌可能故意安排了这次谋杀,利用格伦迪人的愤怒来达到目的。当然,谣言没有起到任何作用,我提及这件事,主要是为了表明相互怀疑会导致村庄的分裂,无疑会对竞选的进程产生影响。

斯泰利奥斯也肯定从中受益。虽然他自己没有公开露面,但他受过更好教育的弟弟在格伦迪做了迪亚卡吉斯竞选团队的唯一一次演讲。这次暗示性的演讲,没有像斯格法斯那样在大庭广众之下慷慨陈词,而是通过扩音器播放,内容也是一贯的主题:

> 我亲爱的村民们!我们村开辟了一条与普西拉村平行的道路。和他们一样,走上这条道路是我们的责任和荣誉。我们感到荣幸的是,在雷西姆诺地区乃至更远的地方,都能听到格伦迪这个名字。道路是敞开的,我们有了两位候选人。一位代表民族侧翼党,另一位代表新自由党。他们是为了提升我们村的荣誉而彼此竞争,我们应该沿着这条道路走下去。总而言之,我们知道选票是(每张票投给)一个人的,仅代表他自己和他的人格。因此每一张票都是神圣的,是每个人的意志所在。鉴于此,亲爱的(朋友们),请分别投票吧,不要放弃,不要迟疑,带着希望,明天我们将看到我们村庄的进一步提升。

这段话是演说的主要部分,展示了格伦迪人的真诚愿望,即不惜一切代价也要避免一场不体面的对抗。村民认为如果演讲起了作用,那也只是增加了斯泰利奥斯的优势,给人造成他视社区利益高于一切的印象。在强化这一信息的同时,含蓄地谴责另一个阵营,是他们的一贯做派,格伦迪人认为这是斯泰利奥斯在竞选中展现自我的机会,证明他们和普西拉人一样有能力。他们应该从自己人当中选一个,还有什么比选举一个没有普西拉竞选伙伴的格伦迪人更好呢,而且无须给其竞选伙伴当陪衬。演讲的措辞也迎合了地方和官方均认可的价值观,尤其是荣誉和义务的观念。在语言形式上,一句"总而言之"与泛希腊社会运动党人僵化刻板的口吻,以及老自由党和新民主党候选人矫揉造作的演说形成了鲜明的对比。通过这种方式,斯泰利奥斯的弟弟试图表明,迪亚卡吉斯家族的事业代表着民族的事业,正如其政党名字所表明的,他们的视野已经成功超越了村庄政治和地区政治的暂时关切。这无疑是特别有效的策略,因为新自由党的民众基础几乎完全在克里特岛内,其竞选宣言只能体现相应的地方色彩。

在选举期间的闲暇之时,人们喜欢集聚在一起谈论政治话题,从地区问题到国家大事无所不议。根据裂分理论的观点,把世界分为地方和国家两个层面或许会引起误解。佐纳拉斯(Zonaras)家族的一名成员批评说,普西拉候选人的比例过大,不得不让人担忧。在谈到两个村庄之间发生的几次争斗时,他把由此产生的敌意与土耳其人和希腊人之间的敌意进行了比较。

处在中间层次的村民,同样把土耳其人视为象征性的敌人。一些左派和自由派选民,从时任总理卡拉曼利斯的名字中,看到了他没有希腊血统的证据⑥,同时他们还说"美国人是土耳其人的堂兄弟"。因此一个人的投票,既代表对地方利益的保护,也代表对"敌人"利益的排斥。此外,因为美国政府是亲土耳其的,所以每一张选票也是反对美国利益的投票。那些把票投给泛希腊社会运动党或共产党的人,对这种观点更加直言不讳,因为从1963年到1967年间,曾经出现过政党更迭大潮,致使许多保守派-自由派政客受到怀疑,人们普遍认为是因美国资金的输入而推动的蓄意破坏。对于那些出于家族忠诚而打算投票给新自由党的人,也出现了选择的多变性。1974年,有个人曾把票投给泛希腊社会运动党,现在却称帕潘德里欧的目标是收集整个左翼的选票,以便把整个国家移交给美国人,为表达他的强烈不满,他决定投票给新民主党。另一个斯格法斯家族的成员,曾对美国的外交政策予以猛烈抨击,现在却坚持认为泛希腊社会运动党实际上得到了美国人的支持,因为它反对希腊加入欧洲经济共同体。然而,另一个斯格法斯家族的成员,虽然对自己放弃泛希腊社会运动党感到不安,却安慰自己说,不管怎么说,在帕潘德里欧的领导下,该党已不再是社会主义政党,更多的是个人崇拜。

有些斯格法斯家族成员,以前也对泛希腊社会运动党表示忠诚,如今却不太愿意受到家族忠诚的束缚。至少有一个人选择了类似分散投票的策略,他自己迫于道德压力而投票给新自由党,仅仅因为当地候选人是他的家族亲属,然而他劝说另一名佐纳拉斯家族的泛希腊社会运动党的支持者要继续忠于该党:他的父系家族必须作为一个集团投票,但村里的其他人未必一定效仿。

忠于斯格法斯家族的人,在行为上也有很大差异。佐纳拉斯家族那个泛希腊社会运动党分子,碰巧是帕诺斯·斯格法斯的近亲。帕诺斯对他说,无论隶属于那个党派,他都应该把票投给科斯塔斯·斯格法斯,毕竟那个佐纳拉斯族人有个儿子在雅典,如果科斯塔斯当选,可以想象对儿子多有利!他阴郁地预测说,那些不投票给本村候选人的人,事后一定会感到非常尴尬。

由于科斯塔斯在最后一刻才宣布参选,因此他处于相当不利的地位。党派色彩浓厚的帕诺斯·斯格法斯和几个亲戚前往另一个村庄,那里有不少仪式性亲属,政治上隶属新自由党阵营。在那里他被告知,其朋友将投票给那位资深的新自由党候选人,并承诺在下一轮选举中再投票给科斯塔斯·斯格法斯,但现在没有足够时间了解他。失望很正常,也在情理之中。他们并没有阻止帕诺斯和许多其他狂热者对摇摆不定者施加巨大压力。帕诺斯的连襟(WZH,妻子妹妹的丈夫)西非思·佐纳拉斯就是一个可争取的对象:帕诺斯和西非思曾经都是泛希腊社会运动党的积极分子,帕诺斯个人觉得两人中只要有一个改变忠诚,另一个也可以。此外,西非思和科斯塔斯·斯格法斯也相互认识,只是来往不多罢了。一天晚上,科斯塔斯的弟弟也加入了说服队伍,他和帕诺斯一起找到西非思和另一个克洛罗斯家族成员谈话,此人也是一个泛希腊社会运动党积极分子,他们一起试图劝说他们一起投科斯塔斯的票。在压力面前,西非思表达了一些不满情绪,尽管他承认非血缘近亲关系的重要性,但他觉得科斯塔斯宣布参选太晚,更何况之前科斯塔斯有太多支持泛希腊社会运动党的迹象,让别人无法及时调整他们的忠诚。他补充说,一旦一个人被某种意识形态“洗礼”,就很难再次改变。

克洛罗斯族人提出的问题更棘手。他和科斯塔斯的内兄弟(WB,妻子的兄弟)共同经营一个小企业,帕诺斯认为这种情况是可以说服的。因为姐夫本人不想卷入任何可能导致两人不和的事情,因此帕诺斯建议克洛罗斯族人动员他另一个兄弟从雅典专程赶来,代表克洛罗斯族人施加压力。我不知道他们是否真的这样做了,但有一点可以肯定,这个克洛罗斯族人在投票当天立场是坚定的,于是和科斯塔斯·斯格法斯的关系也就进一步疏远了。他确信新自由党干的是亏本生意,因为该党的整个权力基础都集中在克里特岛西部,而且还认为新自由党的两个领导人都是政治变节的缔造者,他们纵容了军事政权上台执政。他发问,除了能把几个小偷从监狱里放出来,朝格伦迪那个方向投票有什么好处?他声称,如果他代表的是三个主要政党中的任意一个(新民主党、中心联盟党,或泛希腊社会运动党),他会把自己一票投给科斯塔斯·斯格法斯,但在目前情况下,他没有理由放弃最初选择。

最终的拒绝对科斯塔斯阵营是个打击,或许这就是尴尬的村民不投票给科斯塔斯的合情合理的理由,但也反映了对新自由党结构过于本地化的关切。新自由党原本试图将这一特点转化为优势,所以打出了"克里特之神与我们同在!"的竞选口号。然而这个神并非格伦迪人为之骄傲并出生在当地的"宙斯"神,而是一个与大陆压迫之神相对立的"裂分"之神。在信奉东正教的希腊,这种话语或许令人感到惊讶,然而却能在愤怒的岛民中引起共鸣⑦。帕诺斯·斯格法斯竭尽全力怂恿同族亲属登上新自由党的舞台,并将其领导人誉为最终使克里特岛摆脱"孤儿"地位的政党,不再是一块没有自己领袖的土地。然而这种地方主义论调并未起到作用,那些投票给新自由党的人,大多数把票投给了自己父系家族的竞争伙伴,或投给了同村村民科斯塔斯·斯格法斯。还有一些人承诺了对帕夫洛斯·瓦迪诺亚尼斯的长期义务。除了斯格法斯家族,几乎没有泛希腊社会运动党分子支持斯格法斯的选举资格。

然而斯格法斯家族内部的总体走向还算不错。帕诺斯的预测基本接近事实,尽管大量姻亲关系态度不一,但最终还是把票投给了科斯塔斯,原因很简单,因为他们都是斯格法斯家族的成员。甚至那个公开站在保守党一边的斯格法斯家族的成员(甚至表达了保皇情绪),或许因为与迪亚卡吉斯家族有姻亲关系,对科斯塔斯一方也产生了相当大的影响。他和别人一样,经常跑到地区的其他村庄积极参与竞选活动。还有一个斯格法斯家族成员,本人是左翼派别的积极分子(图6),其父亲的咖啡馆亦是左翼分子的大本营,他站在那半开玩笑地宣布说,哪个左翼分子也不敢把选票投给除了斯格法斯家族的候选人之外的任何其他人。

有几个非格伦迪籍候选人也来到格伦迪村造势。第一次集会是泛希腊社会运动党团队召集的,三个候选人分别阐述了一些热门的政治话题。新民主党的主要代表人物是颇有名气的亚尼斯·克法劳亚尼斯(Yannis Kefaloyannis),时任国家政府的副部长,他召集集会的地方是在一个咖啡店,店老板是泛希腊社会运动党的积极分子,所以感觉颇不自在(然而却不能将其拒之门外,否则会让人产生该村粗俗的印象)。亚尼斯·克法劳亚尼斯还分别去了其他几家咖啡馆,选民向他提的问题多数与当地事务有关,比如为什么在过去十年间,格伦迪总是地区第一个暴发肝炎的村庄,而且至今没有修建下水系统?有没有可能建立一所村幼儿园?政府开发村庄旅游资源的计划有何进展?这位政府官员以自信而文雅的态度回答了所有问题,与泛希腊社会运动党候选人的激进风格形成了鲜明的对照,尽管村民们和以前一样,对现任政府官员的承诺持怀疑态度。

借用"敌人"的咖啡馆举办政治集会,揭示了格伦迪人政治活动的一个重要特点。人们有种强烈感觉,即咖啡馆是公共场所,是供男性进行象征性表演的舞台。然而服务业有自己的行规,咖啡馆店主不可能拒绝来访的政治家借用他的空间公开聚会。即使不考虑这个因素,咖啡馆本身的无党派特征和店主的政治倾向性,也和其他希腊乡村社区的报道形成鲜明对比。人们似乎强烈感觉到,政治排他性和咖啡馆作为智慧竞技场的角色相矛盾。在这种背景下,表演比特定的政治忠诚更重要。有个斯格法斯家族的忠实成员公开宣称,作为泛希腊社会运动党的支持者,他对积极参与各种活动感到高兴,理由是只有通过"给予和索取"(*andidhrasis*,"反作用")才能发现正确的道路。科斯塔斯·斯格法斯的表弟(MFBS,姥爷兄弟的儿子)或许是最活跃的泛希腊社会运动党分子,他从科斯塔斯父亲的咖啡馆走出来,抱着一堆竞选海报。他想表现什么?当候选人站在阳台上发表演讲时,科斯塔斯的母亲欣喜若狂,因为那个阳台是她娘家家族一个成员的家,却让她的娘家人大为不满。有个斯格法斯家族成员,在他的咖啡馆里张贴新自由党和中心联盟党的竞选海报,他解释说,毕竟咖啡馆是公共场所,他的侄子(BS,兄弟的儿子)接着补充说,"而且是民主的",借以强调所有格伦迪人都希望显示道德高尚的集体形象。正如两位当地候选人为了一场和谐演出而尽可能巧妙暗示分歧而避免冲突一样,咖啡馆业主同样把自己的店铺视为公共场所,不和谐的声音需要委婉表达。

大选最后一天上演了最为精彩的一幕,新自由党召集了这次盛大的集会。村庄的候选人和资深候选人同台亮相,尽管人们心存疑虑,还是对这位有着多年政治生涯的前政府部长表示了应有的礼貌和尊重。在四名新自由党候选人到来之前,人们聚集在科斯塔斯父亲的咖啡馆前,情绪越发高涨。科斯塔斯的舅舅正好是村里的电工,他特地安装了数个灯泡,让灯光照亮街道的夜色。与此同时,为了表现团结和相互尊重,候选人先来到迈克哈里斯·迪亚卡吉斯的咖啡馆稍作停留。当候选人的车辆最终开到科斯塔斯父亲的咖啡馆时,在其近亲的乡村牧师的安排下,敲响了教堂钟声。人群向前挤去,献上一束束鲜花,经过多次握手,主要候选人走进教堂举行正式的欢迎仪式。不久,他们走出教堂并来到对面咖啡馆的阳台上,面对人群发表了儒雅的演说。我们可以有把握地说,对此时的人群,包括已经改变了信仰的人,以及带着讥讽和好奇的人而言,竞选实际上已经决出结果。若不能与村民打成一片以表示尊重,就会对选民的情绪产生影响。演讲本身已经不重要,至多算是一种正式的礼仪。当候选人准备再次离开时,一位斯格法斯家族的古稀老人送上他的怀旧式送别,他曾担任过地方官员:

　　　去吧,我的朋友,为了美好时光,
　　　愿你的道路上充满五彩缤纷的玫瑰!

这首表示友好和善意的公式化诗句,为所有克里特人所熟悉,也是对政客声称其政党代表这个岛屿利益的回应⑧。

第二天,格伦迪村挤满了前所未见的人群,大多数是在其他地方居住但仍在格伦迪投票站登记的选民。国家的法律禁止在选举日出售酒水,以防暴力出现,但人们的欢乐气氛依然高涨,担心是多余的,没有出现任何意外,统计结果也符合基本预期:

科斯塔斯・斯格法斯　　225 票

资深新自由党候选人　　21 票

新自由党(总计)　　　　246 票

泛希腊社会运动党　　　93 票

新民主党(多数投给资深候选人)　　65 票

斯泰里奥斯・迪亚卡吉斯(民族侧翼党唯一候选人)　　51 票

中心联盟党　　　　　　22 票

共产党　　　　　　　　4 票

　　虽然这个结果似乎给人造成科斯塔斯・斯格法斯领先的印象,然而它仅仅代表格伦迪的本身模式。投票结果还显示了泛希腊社会运动党的巨大吸引力,它顶住了所谓村庄团结的陈词滥调,并在 1981 年的选举中成为一股不可抗拒的力量。微不足道的共产党的选票,至少有一票是非格伦迪居民投的。中心联盟党表现不佳,这个改组后的政党,证明已经被更符合韦尼泽洛斯主义标准的新自由党所替代,但最终还是泛希腊社会运动党以更有效的方式取得胜利。

　　格伦迪人关心自己在国家政治中的未来地位,选举是他们自由表达的窗口。由于选举在当地进行,他们不得不有所收敛,至少在一定程度上,他们知道选举结果更多与选民的道德承诺有关,而不是具体地方问题的谈判。的确,由于资深政治人物在村里露面,村民可以发泄对官方的不满,因为官方没有提供物质帮助,尤其是排污问题。然而不管私下如何议论,他们还是对受过教育的权力人物表示尊重,同时也限制了开展实质性辩论的可能性。罗伯特・帕斯利(Robert Pashley)曾于 1834 年对克里特岛做过广泛的实地考察,并记录了当时岛上居民令人印象深刻的礼貌和礼节(1837:82 - 83)。很明显,在希腊这一地区摆出一副"官方面孔"也不稀奇。

　　但事实上,即使在 1977 年的国家议会选举中,地方市政选举还是以与国家模式相冲突的意识形态模式进行的。无论格伦迪人多么急于避免这种印象,选举很大程度上依然取决于家族忠诚,其结局不言而喻。当地经验丰富的两党领导人都成功推举了格伦迪籍候选人。他们意识到,只有这样才能有效遏制帕潘德里欧分子鼓吹社会主义及其在村内的吸引力的发展,事实上他们也成功抵制了泛希腊社会运动党 1977 年的挑战。然而到了 1981 年,小家族群体终于形成合力,他们对大家族联盟和保守派-自由派政客已经彻底厌倦,这足以促使令人信服的泛希腊社会运动党在格伦迪和整个雷西姆尼选区取得胜利^⑩。

这一点部分解释了如何看待像格伦迪这样的社区的希腊代表性,以及在何种意义上看待。国家级别的政治人物都如此重视格伦迪的选举投票,可见格伦迪的社会制度在整个国家政治生活中留下的印记,尽管它是沉默的。随着民族志的描述转向竞争话语形式,我们将进入一个似乎与民族文化所认可的形象愈加不相干的世界,而且没有什么比家畜偷盗更令人叹为观止了。但正是这种竞争性话语的交织,赋予了格伦迪选举这种独特的形式。参加选举的男人,无论候选人还是选民,都按照一种独特的诗学准则履行他们的职责。在格伦迪,选举是把政治愿景付诸实施的活动;在这一愿景中,格伦迪人的独特性展现为自身权利中的终极福祉。

第四章　竞争的术语

男性话语的领域

作为一个社区,格伦迪有其特性,作为一个岛屿,克里特也有其特性,然而,这些特性均通过个体的唯我独尊得以再现。虽然选举活动是他们在国家层面彰显和协商集体特性的平台,但日常生活更是男性在亲密场合自我展示的舞台。选举是男性行为,具备以下几个特征:男性对家庭成员投票的控制权;妻子、母亲以及女儿的选举被动性;实际投票中对家族忠诚的关注,以及对政党等有关事宜的公开辩论。

通过辩论可以识别克里特人或格伦迪人各自的特征,因为他们彼此知根知底。仅举一例,斯格法斯由于持不同政见而把命运寄托在保守党身上,按一般理解,这本身就是一种唯我独尊的形式。他自己辩解说喜欢站在不被看好的政党一边,于是就把迄今为止占主导地位的右翼党派作为格伦迪人的合法事业了,尽管以前很少有人看好右翼,但最近已经为不少村民所追随,至少在某种程度上,右翼远不是一支弱旅。通过将保皇党与格伦迪以及克里特岛受压迫的状况相提并论,存有问题的斯格法斯就能避开因选择保守党而不可避免产生的敌意。让自己的身份性质变得空泛而含糊,则相对不会受到致命抨击。简而言之,此乃诗学原则为了政治目的的有效运用。

但是在格伦迪,参与选举只是男性自我表现原则的一个方面。在本节中,我观察了他们日常生活的更多方面,以便对格伦迪男性的自我概念有大致的了解,并在此基础上锁定对他们的政治态度和行为的描述。这些概念表现在日常经验的许多领域,用格伦迪人的话说,一个"擅长做男人"的人必须懂得如何使用刀具,必须用杂技般的步伐领舞(*brostaris*)(图5),必须学会以优雅谐和的诗句应对歌手的嘲弄,必须在任何吃肉场合虎咽狼吞,必须在守口如瓶的同时还要受益,必须勇敢面对任何胆敢侮辱他的人;他必须保护家人免遭性侵犯和口头威胁,使自己的家庭处在与"家长"(*nikokiris*)相匹配的位置上;他必须随时表现慷慨大方,在用酒肉招待客人的同时,还要说款待不周;他必须随时展示风趣和幽默,通过所有竞争领域中的一举一动来证明他的男子汉精神。对他们来说,一次不能展示自我优秀的失败表演,如同谚语里所说的"树叶落在空旷的森林里"。

以饮酒为例。在每一场婚礼上,都可以看到年轻男子拿着酒壶四处走动(图7),只要看见两位客人便会依次递上一对酒杯,以便与他们共饮。祝酒词多为客套话,除了身体健康之类的寒暄,并没有任何威胁之意,但有的敬酒词明显带有竞争味道。

> *Skoutelovarikhno sou*! / *Č′egho andistenome sou*!①
> 敬你一马克杯! 有来无往非礼也!

即便不那么咄咄逼人,也需要一种公式化的搭配以表明权力均衡的重要性。

> *Stin afedhia sou*! / *Kalo′na orisis t′onoma sou*!
> 敬阁下! / 愿你名声常在(愿你名声显赫)!

这些堂而皇之且下意识的克里特式的敬酒词,像是从喉咙深处发出的低音炮,尤其是结尾音/a/,是即刻识别克里特人的符号。

这些语音技巧在日常会话中也很常见。一句低沉的"是的!"(*ne*!),往往起到不怒自威作用,让那些无名之辈不寒而栗。明显的卷舌音,尤其用于强调短语时,如 *kala ′ndras*,是典型的普西拉人的语音特征。虽然格伦迪人不喜欢普西拉人,但至少承认在所有能够展示男子汉精神的领域,普西拉人都有象征性的优势,比如出口成章、能歌善舞、吹拉弹唱、偷盗羊群,甚至"文字"能力——这是为说明普西拉人在当地政治活动中不可否认的突出表现的一种说法而已。但我们应该注意到,普西拉人的身材比格伦迪人略显 126

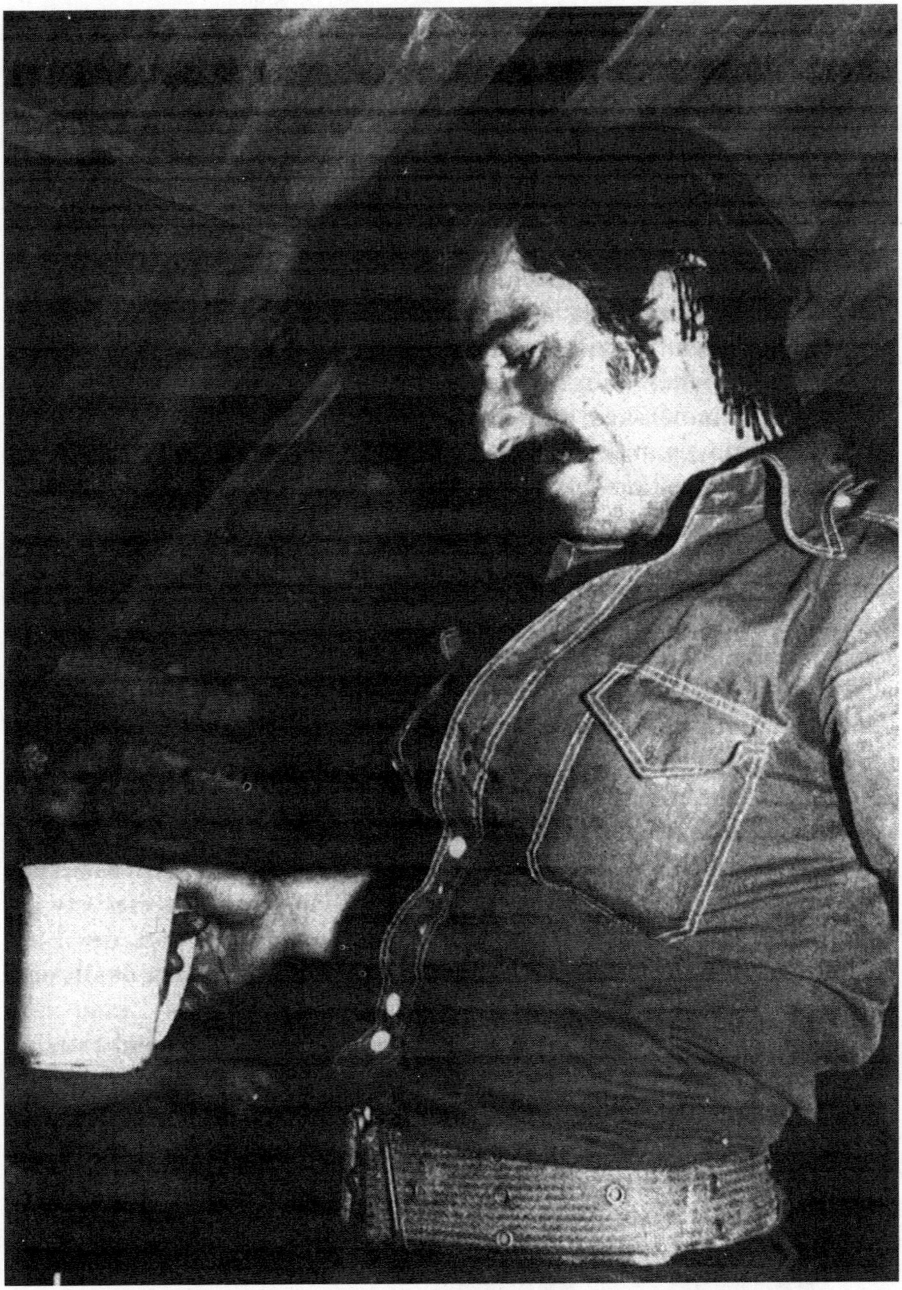

图 7　婚礼的快乐

高大,在当地的象征意义中,这也算是一种含蓄的道德优越感。

饮酒也涉及男性阳刚,以及性与死亡。下面这句干杯词就很明确:

Stsi khare'mas!　　/　　*0 Theos na kami to zare mas!*
祝大家快乐!　　/　　　　愿上帝保佑我们!

这句敬酒词通常是已婚男人之间的寒暄,看似平常,而实际上是以完美的形式再现了社会紧张面上的平衡对立。"快乐"常用来形容"婚姻",但在已婚男人之间传递时,如果说话者居心不良,双方就都明白了它代指的是婚姻和葬礼之间的常见类比,两种结构相似的仪式都是希腊乡村意象中的永恒主题②。如果这还不够清楚,那么对此的回应会更加明了。

在这种交流中,若干信息互为补充。首先,男人之间彼此对抗,如同面对死亡,然而没必要为了表现对死亡的蔑视而诉诸致命的武器,开个玩笑足矣,况且还能避免社会破坏性。当穿着黑色丧服的妇女们端着装有"库里瓦"(一种追悼仪式上用的食物)的盘子,在咖啡馆之间穿行时,一个男人对他的朋友吼道"这也是送给你的!"这种通常在婚礼上说给未婚年轻人听的传统公式的讽刺反话,不仅巧妙应用了死亡和婚姻之间常见类比,更是对听者的冒犯和挑战,听者要么以睿智的妙语应对,要么以积极的幽默感接受它的暗示。说者诗意般将人们的注意力吸引到他视死如生的形象上,即无论面对死亡还是伙伴,或是两者都包括在内,他都不愧是一个真正的男人。

饮酒既是死亡和婚姻的纽带,也是对男子汉精神的肯定。我们已经看到,红酒象征着家族血统,也象征着青春和婚姻。有个年轻人没到结婚年龄就被死神带走了,葬礼上的村民用一种无色的"齐库迪"酒代替红葡萄酒,怀念逝者并希望他得到上帝的宽恕。在男性之间的争端得到调解,或是敌意转化为潜在联盟的和解仪式上,都离不开红酒和肉类。但即便在这个场合,挑衅性的祝酒词也往往伴随着男性力量的展示,只见酒杯在桌面上砰砰作响,然后高高举起以示敬意,咆哮声四起之后大家再次碰杯,接着再次将酒杯重重落在桌面上,最后把酒一饮而尽。最后这个动作 127

与希腊标准的饮酒方式不同。男人通常不是小口抿酒,而是在碰杯后一干而尽。

如今的咖啡馆已不再出售红酒,最常见的酒精饮料是齐库迪,这种烈性的格拉帕酒适合男性的所有场合。测试酒精度的方法,是把少量酒液泼在蒸馏罐下面的火焰上(图8),能爆炸就保留,否则就倒在茴香堆上酿成饭后酒,但酒精度会低很多。外村客人来了通常就用这种酒招待,客人表示感谢后,还需要接受在场所有人的依次敬酒,每个人必须表现出豁达和慷慨的样子。在炎热多尘的夏季,几块西瓜或黄瓜就可以当酒肴。春天来临时,没准哪个农民带着一些野生洋蓟路过,也要被迫卖给狂饮的人群,而且生着吃,最多加点盐和柠檬汁。酒后人们口中又干又黑,不得不继续喝更多的酒。邻居盖房时,每家都要出男劳力,女人则负责把齐库迪酒和食物分别送到大家手里(图9)。咖啡馆的老顾客经常聚在一起玩纸牌,赌注是一公斤肉,在此情况下,无需片刻空气中就会弥漫起油炸的味道,玩家们为了买肉钱吵得不可开交。在其他时间里,奶酪、花生、葡萄干或菜豆都是下酒菜。与酒相比,有没有主食无所谓。总之,一幕幕情景揭示了男人对生活艰辛的不屑一顾:

> *O Theos na mas ta vghali!*
> 愿上帝带走所有的麻烦!

此时总有人问:"什么麻烦?"答复也总是一成不变:

> *Ta strava mas ta eksodha!*
> 所有意想不到的花费!

没有人真的期待上帝帮助,否则玩笑就没有幽默可言。相反,通过淡化生活的沉重,淡化必须度过的岁月,如果生活尚可以忍受的话——男人表达了他们的共性,并或隐或现地证明他们能够忍受凄苦的光阴,也能够彼此面对。

图 8　制作齐库迪酒：女人劳作，男人享用

129

图 9　合作盖房：睦邻友好

　　格伦迪男性在社会互动中的关系结构,以相互对立的模式反复交替呈现,尽管常常表现为友好③。婚礼宴会上的酒杯,就充分证实了这种模式,油脂麻花的脸庞足以提醒人们,男人的大吃大喝表达的是竞争与友谊、对立与联盟。酒和肉是化敌为友的最佳媒介,因为这是典型的男性物质。当一个男人以"男子汉风度"向你承认他偷了你的东西,或是做了伤害你的事情,你就要明白他值得你尊敬和交往。总之,你们值得在一起山吃海喝。

　　食物消费也标志着类似的竞争。如果只有少量肉招待客人,主人会感到很难堪,因为缺肉的宴请根本不算一餐。在婚礼和洗礼仪式上,通常要消费海量的水煮羊肉、烤羊肉和烤猪肉,有时也有鸡肉和其他肉类。外村来的女人吃饭时端庄礼貌,本村女人通常忙于准备食物。相比之下,男人们大展身手,从骨头上剔下一条条的肉块,接着就是狂饮暴食,并对肉的质量品头论足,再不然就是吹嘘一些危言耸听的大餐,比如两个牧羊人因恶劣天气被困在山上,七天之内吃掉了七只羊!用"吃"表示"偷"而产生的模糊性,强调了肉类消费与男性阳刚之间的关系。

　　肉(*kreas*,*kriyas*,*mavrilidhi*)作为一个类别,只包括散养家畜的肉。虽然也吃鸡,但鸡肉不在肉之列:鸡属于家禽类,味道鲜美但不值钱。一名从德国返乡的移民回忆在国外时学会吃鸡,但回到格伦迪后,他再也不觉得鸡肉有什么味道了。他出身于一个小家族,从未养过羊,现在是一个小企业主,和两个兄弟一起经营建筑生意,但格伦迪人的美食观,深受田园生活价值观的影响,显然足以改变这位移民的口味。

　　肉类消费反映了格伦迪的生态特性,也反映了格伦迪的象征特性。城镇和低地村庄的人们把格伦迪视为贫穷、愚昧、落后社会的代名词,并将格伦迪现象归咎于畜牧主义,认为季节性迁移的生活是一种游牧主义方式,与拥有自己土地的理想生活不可同日而语。其实格伦迪人也很矛盾,一方面,他们知道定居化能带来很多便利,至少可以避免三天两头的长途跋涉,还可以减少繁重的车辆运输和经济花销,但克里特岛中部或东部沿海平原的冬季牧场是他们必须去的地方。另一方面,他们又觉得游牧的牧羊人是那片土地上的"国王"。越来越多的牧羊人从地主手中买断以前租用的冬季牧场,

图 10　肉是男子汉的象征

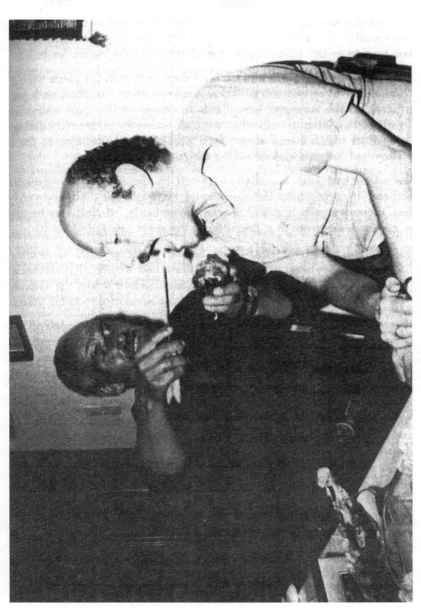

图 11 款待民族志学者

从而享受既是大地主又是大羊群主的双重名声。

虽然最近发生了这些变化，但肉的重要性是永恒不变的。大多数希腊人、甚至牧民都把肉视为奢侈品（特别见 Campbell 1964：140），即使在克里特岛，农村人口的营养不良通常也和肉类的摄入不足有关（见 Allbaugh 1953：18），但在格伦迪显然不存在这个问题，即使最可怕的饥荒年代，也绝不意味着没有肉吃。在德国占领期间和突厥人统治末期发生的故事表明，在村民的各类食物中，肉类从来没有完全匮乏过。格伦迪周边的贫瘠土地不利于谷物或橄榄生长，面包和食油可能偶尔缺少，但似乎总有足够的羊可供宰杀，当然羊未必属于个人的，牧羊人可以从低地村庄偷，或者从入侵者扣押的羊群中盗取。

因此，格伦迪人不像希腊其他地方的人那样将肉视为奢侈品，但也并不等于说他们不稀罕肉类，正相反，他们为自己过着简朴艰苦的牧羊生活而感到自豪，尤其是在没有其他食物的情况下，肉是他们生活的象征。正是这种艰难困苦的高贵联想，才使得肉产生了男子汉的味道，而不像希腊人普遍认为的那样，只把肉当成一种奢侈品。野性十足的年轻牧羊人更接近大自然，一直在"外部"（山上）最"自然"因而也是最"严酷"的状态下吃肉（生吃）。尽管有时也煮着吃，但只代表一个中间环节，因为羊是偷的，煮着吃更少产生烟雾。肉就是这样成为与格伦迪男子汉精神相关的价值媒介。多变的处理方式，则象征着与原始状态的距离和程度。格伦迪人通过更多自然的而不是文化的形式，提升了自己的道德优越感，他们象征主义的言行把食物所象征的共同主题（例如：Lévi-Strauss 1968：395 – 411）与不法分子的特殊需要联系在了一起。对于那些有偷盗本事的格伦迪牧羊人，这是大自然要求他们具备的性本清净，与真正的男性卓越相得益彰。

把纯粹的肉食和严峻的牧羊生活相联系，无论这种男性的自我形象多么值得赞扬，它都给家庭带来了舒适惬意的深刻感受。一个中年男子回忆他儿时当"羊圈人"（上山送食物给牧羊人的少年）的时光：

> 十一点到十二点，我赶到羊群那个地方。一到那儿，所有看守公羊群的牧羊人都凑了过来……，他们坐在那里，贪婪地吃着我送去的食物，

油做的食物(*ladhomeno fai*)。他们已经吃腻了偷来的肉!

所谓油做的食物,实际上就是牧羊人的妻子和母亲在厨房里烹饪的饭菜,从概念上和烧烤的食物(*ofta*)不同,烧烤食物是男人的事。吃肉过度的牧羊人特别钟爱豆类。

> ……青豆,绿豆,干豆,什么豆都行。但最爱吃的还是绿色青豆……新鲜的!到了季节,绿色青豆是他们最美味的食物。

油烹的蔬菜代表平原地区的奢侈品。克里特岛的橄榄产量,尽管在二战之前就在爱琴海地区和亚德里亚海地区数一数二,为农业经济奠定了基础(见Allbaugh 1953:17),但在二战之前一直是格伦迪的短缺品种。在他们眼里,能吃上油和蔬菜即意味着舒适的生活,然而这种生活却"属于"那些相对"女性化"的男人,也就是在肥沃的低地土地上耕种的农民(*spitaridhes*,即"宅男")。通过这种类比和转喻的延伸,格伦迪男性同样表达了如下观点:女性工作有女性的特点,而男性的工作是处于主导地位的。

牧羊人那时的主要营养来自于肉。因为肉通常是偷的,牧羊人的紧张在所难免,他们担心孩子和赃物一并被抓:

> 所以,一个人拿出一块(肉)给我吃,然后另一个人也拿出一块,然后下一个。他们还塞满另一个袋子,就在那儿,可以说。我整晚坐着不睡觉,啥也不干,除了吃肉还是吃肉,吃了一晚上。不管第二天早上剩多少,还要再吃一整天,一直到了晚上,差不多这个时候吧,他们对我说:"走吧,现在就走!"他们这样是因为我还是个孩子,怕万一有人抓住我让我交代他们偷肉的事情,所以他们才给我肉吃。这下你明白了吧? 他们要保密。换句话说,这是牧羊人的秘密。他们会对自己说"他是个孩子,有可能出卖我们。就是这个原因,他们不让我走,直到我把肉全吃完。"

这是个未成年的少年，还没有到自己偷羊和煮肉的年龄，因此只能游走在女人的烹饪世界和男人的偷盗世界之间，然而距离他成年不会太久，用偷来的肉填饱肚子是他在两个世界之间过渡的标志。"羊圈人"指还没有成为男子汉的少年。然而要注意，普西拉人视所有格伦迪人为低等的牧羊人，只配为真正的男子汉牵马坠镫。因此，以肉的形式款待客人的行为，在更普遍的意义上，也可以说是一种唯我独尊：客人象征性地依赖于主人，正像羊圈人从山上真正的牧羊人那里得到肉吃一样，少年也同时分享了他们的男子汉气概。

在村民家中，女人一般用大锅（*tsikali*）煮肉，然而准备工作是从男人开始的，他们用随身携带的刀具把羊肉切成大块。大锅煮肉给大家庭提供了便利，特别是那些需要招待不速之客的家庭。

每当家里来了意料之外的客人，而恰好手头没有肉时，就可能发生危机。如今村里有七个兼职屠夫，吃肉已经不是问题。即使在山上，牧羊人也乐意杀羊招待客人。即使无法很快找到大量的肉，主人也可能会以另一种方式强调他的慷慨，尤其是他的男子汉气概。他可以为缺少吃的表示道歉，但希望客人对"主人尽其所有"表示满足。这个短语引申出一个重要原则：随机应变和就地取材的能力是一个真正的男子汉的标志。对于格伦迪人来说，拒绝招待额外的客人是不可思议的事情，相反，他应该尽其所有尽地主之谊，并称："够你们所有人吃的！"注意这句话里的竞争意识，正是他好客之道的精神胜利法。这种心理素质和巧为无米之炊的能力形成完美结合，也证明他对家庭女性成员的控制权，而事实上一直是女人在准备聚餐。即兴能力、支配权和竞争，都属于男性自我诗学的范畴，或许最能概括这种诗学的术语叫"胡伊"（*khoui*），一种审视格伦迪男性的视角，格伦迪男性坚持极端的与众不同，就是为了保持格伦迪身份的基本一致性。

即兴表演和机会

一个好主人"尽其所有"招待客人，是更大原则的一个缩影。在任何情况下都能随机应变和应对自如,是界定男子汉的关键要素。每一次成功地展示唯我独尊,尤其在错综复杂的条件下,都能既达到表演者的目的,又让客人感到惬意,这就意味着无限可能性。诚然,没有哪种可能性是确定的,但正是这种对不确定性的暗示,蕴藏着格伦迪男性自我的诗学品质。

女性应对突发事件的能力同样值得称道,尽管在男人眼里只是偶尔为之的特例。社会美德(*jilotimo*)④的终极例子体现在一个可怜的寡妇对不速之客的反应。她所能做到的,只是递上一杯水和一把橄榄果,但这依然被誉为乐善好施的举动。家里没有肉时,往往是妻子催促丈夫出去买,自己则留在家里忙活饭菜。女性的辛勤劳作给家庭带来生活的舒适感,这些从大街上甚至在咖啡馆里(特别是如果"她的"男人中有一个是咖啡店主)都能看到(见图12—14)。但是,她此时的行为只能被视为她的丈夫作为东道主的唯我独尊的转喻或延伸,就像她为了保卫家庭和姻亲家族而与外人据理力争一样。

甚至在绝对属于男性的家畜偷盗的领域,女性亦有机会展示天赋,然而仍然只与保护家庭本身有关。女人偷盗无疑逾越了合法的界限,充其量是企图表现女人的阳刚之气,比如那个妄图破坏咖啡馆规矩的"女汉子"。女人原则上反对偷盗,并强调她们不是男人,另一方面,满脸无辜的样子却可以帮助她们把赃物藏匿得天衣无缝。在警察到达之前,一个女人已经把偷的肉切成几块放进水罐里,然后若无其事地带到井边扔掉;另一个女人把肉塞进了下水道,从而消失得无影无踪。 139

女人藏匿东西的本事,源于女性的隐私天性。例如,年轻女人为了捍卫贞洁,可以把偷来的肉藏在内衣下。相比之下,男人反倒需要在大庭广众面前公开展示表演技巧。这样的场合很多,跳舞、诗歌赛、喝酒、吃饭和打牌等。虽然绑架新娘和家畜偷盗需要更加隐蔽,但一俟过了敏感期或已经风平浪静,这类事件亦成为村民茶余饭后的谈资。此外,男人在讲述偷盗故事时,可以在两个层面同时展示他们的技能。一方面,在叙事层面再现了事件本身,另一方面,据说偷盗者也必然在故事中添油加醋,就像偷来的肉更美味一样。

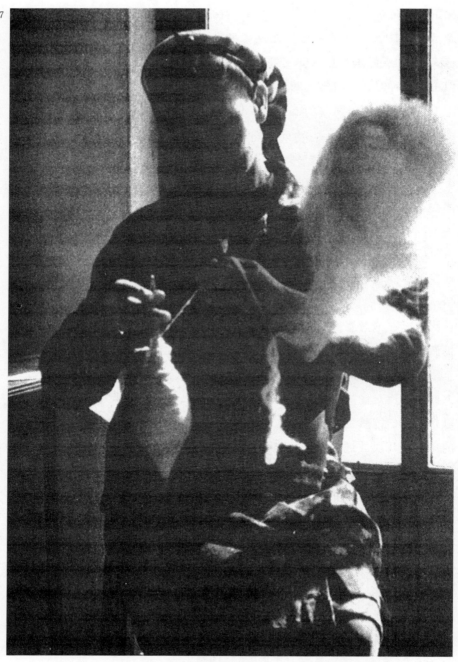

图 12　男性领域里的罕见一刻：在丈夫的咖啡馆里纺线

图 13　制作面鱼(*ploumista*)

图 14　展示面鱼

140　　　格伦迪人似乎非常赞同布尔迪厄(见 Bourdieu 1977:8)"必要的即兴表
演意味着优秀"的说法。无论在舞会还是在诗赛中,他们都鄙视平庸之辈。
他们欣赏的是即兴发挥能力,这种能力最显著的特点是话语或行为与背景
浑然一体,而且主体随时可能改变原有态度,同时试图暗示他的对手缺乏挑
战传统所需的人格力量。在格伦迪这样一个视自尊为积极意义的社会里,
平庸之辈只能自取其辱。唯我独尊的社会性格,尤其是被称为"胡伊"的极
端与众不同,在一个接受特质表现行为的社会中就不足为奇了。

　　在格伦迪人的社会审美中,有几个反复出现的关键词,其核心概念是西
玛西亚,可以大概解释为"意义"。如果事件之间没有某种程度的明显关联
性(*sinekhia*),就不可能有意义。这种关联性在诗歌竞赛的你应我答中表
现得最为明显。当然只有关联性还不够,事件本身还必须"适合"彼此所处

的背景,表演者绝不可以看似迟疑不决,相反,他应该像"碰巧"遇见了羊群而顺手牵走那样,碰巧脑海中蹦出诗句,碰巧有了招待不速之客的食物。一首突发灵感的戏谑打油诗,必须是"信手拈来的",否则对手可能也用简单的模仿句回应并予以嘲笑。

这种与生俱来的天赋,让每一次遭遇都成为一次冒险。生命无常,转瞬即逝:世界充满欺骗。在希腊的象征主义中,死神就是一个天才偷盗者⑤,格伦迪人对此心照不宣。他们当然有相应的回答:"我们要偷取死神的艰难时刻!"(死神反而希望偷走我们的生命中的艰难时刻,*tha klepsoume mia ora tou Kharou kaci*!)。格伦迪人对死神的嘲弄,并非对死神不敬。相反,被赋予人性的死神是一个真正有价值的对手。

格伦迪人如此关注"意义",表明一种潜在意识的诗学品质存在于他们的所有话语中,存在于他们的行为中。如果话语是一种行为,那么行为也是话语。格伦迪人对此十分明确,比如当他们否认某些行为的价值或重要性时,经常把"什么也没说"挂在嘴上。这就是意义的基本成分,没有意义则生命本身毫无价值。美好生活是偷来的美好瞬间,每一个瞬间都是独一无二的。

这并不等于说格伦迪人的话语中缺少重复。事实上,我们常常感叹村民从没完没了的重复中找到乐趣,比如他们一再邀请我讲丘吉尔的政治机敏和奇闻逸事,但这正是要点:故事中的敏捷思维,正是格伦迪人识别事物的方式,如同他们百听不厌的偷羊故事一样,故事所讲述的内容也正是他们自己做事的方式:他们对故事里主人公的即兴技巧心悦诚服。

在讲述成功的偷袭故事时,为保持与众不同和神秘分寸,口头叙述会显得煞有介事。然而在舞会等公众的表演中,任何故事都索然无味。杂耍般的新颖舞步(*fighoura*)会被多人模仿,没过多会儿就从人们的一个接着一个,人们应接不暇。一个年轻舞者以优美舞姿弯腰拾起一支香烟,不经意间展现了一个高难度的动作,接着人们便轻而易举地模仿多次。相比之下,一句睿智的妙语,比如把偷的羊肉送给警官品尝,或是将不逊之词优雅地融入诗句中来刺激他人,都有特定主人公的影子。反复重复的故事总是蕴含着大量的未知细节。故事本身就是公认的智慧宝库。

在这些情形下,往往有意料不到的新词短语纳入了格伦迪人的习语库。二战期间,德军杀害了几个格伦迪人,灾难发生几天后,人们带着齐库迪酒来到罹难地点,哀悼遇难者并祈祷上帝宽恕他们。突然有个酩酊大醉的格伦迪人喊道,"永远如此!"此时此刻他没有任何言外之意,一句普通的干杯词而已,然而村民都被震惊并为之愤恨,谁能料想醉汉居然开了一个绝妙玩笑,如今的格伦迪人在开始狂饮之前都要叫喊着"永远如此",然后还要四下张望,以确认每个在场的人都心领神会。就这样,一句曾经造成伤害的话语,经过不长的时间跨度,融入到了格伦迪人对抗死亡的幽默中。

无论以口述形式还是其他形式,只要某些事件被频繁提及,就都应该存在意义。尤其是押韵两行诗,更是格伦迪人情有独钟的诗歌或诗句形式,至于哪些文本具有重要的意义,最好的证据要看它被人们铭记的程度。

诗句的来源并不仅仅基于文本,恰当使用小说语境中熟悉的诗句也可以视为原创,同样可以被人铭记。此外,除了一些为人熟知的谚语和对联,格伦迪人认为,如果不对表演环境进行一定的描述,那么不管朗诵什么诗句都味同嚼蜡,其闪光点是歌手的"脱口而出"[⑥](*etimoloyia*)。注意:这里强调的是语言层面。虽然音乐形式可以给表演带来一定的兴奋感,然而曲调的细微变化,以及精心排列的声音结构(在此声音结构中,歌手可以进行操控),则似乎更多是为了突出歌手的语言天赋而设计的。在严格的形式和大胆的内容之间可以形成强烈对比的其他手段,包括短语的重复、句型的模仿,以及韵律和排比,都可用以强调语义的不对称。每首备受好评的诗歌,都以"图解法"的方式将人们的注意力集中在其形式上,形式本身就是表演的重要元素(见 Jakobson 1960),因为它既考虑到了纯粹的文本内容,也顾及了表演的语境,这就是"意义"的本土概念所要求的。对仗工整或者符合语境的诗句,被格伦迪人称为"搭配",该术语有性爱和浪漫的含义,有时也表示"具有亲属关系"。总之,音乐结构和高度约定俗成的修饰性短语,都可用以强调这些文本和语境特征。然而人们并没有特意关注这些东西,它也完全没有必要成为一次优秀表演的必要条件。事实上,一首令人印象深刻的两行诗,或许就是一个人的普通声音所演绎的。

　　下面这个例子，很好说明了押韵两行诗应该遵循的大部分原则。有个格伦迪年轻人来到低地村庄沃里萨（Voriza），他们历来瞧不起这个务农的小村庄，来这里偷盗都不必担心招致报复。当地人开始挑逗他，说他应该来这里找个女人结婚。年轻人被激怒：

> *Kallia 'kho na me thapsoune stsi asfendias ti riza*
> 情愿把我埋葬在水仙花根下
> *para na paro kopelia na' ne 'pou ti Voriza*！
> 也不娶一个女孩儿来自沃里萨

不远处有个一个来自沃里萨的老妇人听到后接上说：

> *Kallia 'kho na me thapsoune se mia khiroskatoula*
> 情愿把我埋葬在一堆猪粪下
> *para na paris kopelia na' ne Vorizopoula*！
> 也不娶一个女孩儿她来自沃里萨

　　多年之后，每当格伦迪人回忆此事，依然感到回味无穷，它证明一次绝 143 佳表演虽然会让一个村民短时蒙羞，却可以被认可并牢记。它妙在什么地方呢？

　　首先，老妇人对年轻人的实际表演予以讽刺，她借鉴小伙子的浪漫格式，把"水仙花根"这一经常出现在爱情诗歌中的主题，变成更为滑稽的东西，而且和年轻人的诗句结构相仿。讽刺对手墨守成规是一种有效手段，格伦迪人常说要"从自己的肚子（口袋）里"掏出新诗句。在诗句中连续使用相同的韵文是允许的，然而用"一个女孩儿她来自沃里萨（a girl who is a Voriza girl）"代替"一个女孩儿来自沃里萨（a girl who is from Voriza）"，则进一步突出了老妇人的语言技巧。格伦迪人通过这种虚拟再现，赋予诗句完全不同的意义，这是格伦迪人诗学技巧的标志。

两个表演者——一个年轻男子和一位老妇人之间的社会关系在其结构上是完全对立的,因此强化了诗歌形式的表演:一对矛盾产生了另一对矛盾。正是因为这种大胆的对诗通常属于男性(但也不完全是),因此女人的成功则更加不同凡响。老妇人的表演呈现了一种极端方式,和那个用所剩无几的一点东西招待客人的寡妇一样:男人被女人公开挫败是非常丢脸的事,然而沃里萨老妇人的年龄给了她说话的勇气,换个年轻女人或许另当别论了。在个人特殊性和社会接受度的天平上,把握分寸才是成功的关键。

一首睿智巧妙的诗可以遏制肢体暴力,拳脚相加甚至大动干戈只能贬低攻击者的身份,意味着他没有反唇相讥的能力。下面这个例子是一个热恋中的年轻人发出的感叹:

> *Akhi ke na iksera ekini pou mou meli*
> 啊!谁是我的未来人,假如我认识你,
> *na tin daizo zakhari ,karidhia me to meli..*
> 我会把糖果送给你,还有核桃和蜂蜜。

年轻人的感叹当即招来无情的讥讽:

> *Ma to Theo kateho tine ,ekini pou sou meli*
> 我认识你的未来人,上帝会告诉你,
> *stou Skoufadhonikou tin avli tin ekhoune dhemeni*!
> 她就绑在思科法多尼克的院子里!

凡是格伦迪人都了然于心,年轻人想象中的新娘是一头驴!如果说得太露骨,暴力自然不可避免:把人称作驴是严重的侮辱,因为驴是没有任何社会价值的象征。然而这种巧妙诗句却让年轻人无以应对,只能保持沉默。暗示的效果就在这里,它既不得罪人,又能明哲保身。它不仅在个人层面上打击了对手的人格,而且通过对年轻人的公式化措辞"我会把糖果送给你,还有核桃和蜂蜜"加以嘲讽,让人对年轻人的男子气度产生怀疑。在一个需要不断展示表演技巧和男人阳刚的社区,巧妙的两行诗可以象征性地减少对手在其他领域做出回应的机会。

有些两行诗的侮辱性非常直白。我记录的一些两行诗中就直接称对手为"驴",甚至跨越了性别界限,这需要极大的勇气。女人偶尔也用这种方式与男人交锋,而且如果把握得当也会赢得男人的赞赏。西非思·斯格法斯曾于 1960 年遇见一个女孩,据他说那个女孩"唯我独尊",居然敢与男人比拼两行诗。他傲慢地告诉女孩自己来自迈诺普塔姆斯(Mylopotamos)地区,女子不甘示弱,同样高傲地回答说她来自伊拉克利奥。随即,两人开始了博弈。

Ame more sto dhiaolo, sardhella vromesmeni
见鬼去吧,可怜的人,发臭的鳀鱼就是你
ki apopata tou vareliou, pios dhiaolos se theli?
桶里的渣滓肮脏的人,哪个鬼会稀罕你?

男人回应:

Etoutana t' apotata ta kanoun stin Evropi
渣滓也是欧洲造,欧洲造的高品质
ma si 'se apo čiena poukanoun i anthropi!
而你却是人类造,人类排出的一堆屎!

"渣滓"(*apotata*)和"排出的屎"的巧妙运用,加上动词"制造"(*kanoun*)的重复使用,强化了诗句效果。同时他引用了"欧洲",暗示对方还不够"文明"标准:男歌手显然把文化优越感与自己的价值观等同起来。

据西非思·斯格法斯说,那个女人至少迟疑了片刻,她害怕男人继续说下去,然而他并没有就此罢手:

> *Apo inda pervoli ta 'vghales, skila, ita kremmidha?*
> 你是哪来洋葱头？就是一个臭婊子，
> *T' aghrofilakou tha to po pos ise 'si 'pitidhia !*
> 我要告诉看园人，你是高超的女贼子！

女人偶尔偷点蔬菜之类的东西，但洋葱令人讨厌，因为很臭。格伦迪男人习惯把洋葱与女人的性特征和男性缺乏阳刚联系在一起。这种行为使得本来不可思议的诉诸权威也显得合情合理了。男人将"高超"一词用在女人身上，讽刺意味不可谓不重，他暗示这个女人与"洋葱"的臭味相辅相成，然而为了让对方充分理解含义，他还以不屑的态度抨击了她作诗的"男性"技巧。

> *Gabadhokaftis tha yeno na keo tsi gabadhes*
> 我将点燃大斗篷，我是斗篷的点燃者，
> *Maimouni, pios s' armenikse na vghanis mandinahs?*
> 猴子猴子小猴子，是谁教你写诗的(炮制的)？

如果说最后两行看似有点不合逻辑，那么这正是它的意义所在。第一行模仿了公式化格式的爱情诗句(如：我将变成一只小燕子，我将飞到你的枕边……)。对他来说，变成一个斗篷的点燃者是愚蠢的，和一个女人想创造好的两行诗一样愚蠢。此外，使用模仿句的嘲弄意味加倍，因为女人的诗句不过是粗制滥造，然而男人却可以游刃有余。女人并没有就此罢休：

> *Sapia sanidhia dhe pato, yati 'kho meghalia*
> 我不会踩在牛粪上，因为我自尊，
> *se tethia ipokimena dhe dhido simasia.*
> 我不会瞟一眼小瘪三，因为你太混。

女人对男人的"意义"毫无兴趣，实在让男人无法接受。他抛出了终极辱骂，暗示她唯一感兴趣的是嫁给他的父系家族：

Me tsi tomatas to zoumi kam' alousa ke lousou.

快用番茄汁洗个澡，先把自己弄干净。

Dhe benis is to soi mas，vghale t' apo to nou sou.

别想嫁入我家族，千万别做白日梦。

146

这句话的分量在于，除非结婚，否则她本人都没有"意义"，况且女人家族的身份与男方家族的名望也不匹配。

　　一连串诗句博弈，阐明了两行诗竞赛的几个关键特征。熟悉公式的应用、短语结构的灵活重复、注重押韵的对仗诗句，都是有助于提升演员表演品质的手段。即便表演者是女性，同样的表演品质也会赢得赞赏。在这场特殊博弈中，男人似乎并没有对女孩心怀怨恨，反而流露出些许赞赏，但在实际竞赛中，他没有顾及对方的性别，而是毫不客气地为自己赢得了胜利的筹码。他的赞许归因于女孩身上的男子阳刚之气质，女人当然可以展示男子气概，但通常被视为反常，尽管表现得令人印象深刻。

　　两行诗的幽默多数与性有关，使男女之间的公开竞赛很难避免冒犯。这种猥亵性的，或多或少与男性独有的"起哄"（kantadha）相似，比如一群年轻人挨家挨户敲门，边走边唱即兴创作的淫秽两行诗。在一个积雪尚未融化的冬日，我们跟随这样一帮年轻人行走在寒冷的道路上，他们搂腰搭背，乱哄哄地唱着歌，既有自创的两行诗，也有著名的克里特西部音乐歌曲"利齐提卡"。每到一户人家，他们都跳起圆圈舞，女主人则匆忙准备食物和饮品。一个醉醺醺的年轻人在一所房子的门口停下来，他看到一根诱人的香肠，遂脱口唱道：

Tetia andera omorfi dhen idha sti zoi mou

一生从未见过的，这根香肠真是好，

na 'ne etsa paromia osan tin edhiči mou！

又是似曾相识的，像是我自己的了！

把人比喻为驴是一种侮辱，但也构成了两行诗的一种特殊类别。下面

几个诗句,描述了不同村民对家畜死亡的反应,但多数情况下并非人吃的家
畜,而是驴或骡子之类的驮重家畜。这些诗句经常用于讽刺街坊邻居的个
147　性,比如劝一个嗜酒如命的年长者,"坐下来,想一想! 我们需要酒,赶紧去
找吧!"再比如讽刺多子多孙的男人,"赶快去,剥驴皮,制成皮褥子,孩儿们
好睡觉"。有一次人们嘲笑一个烂子,"他在那,提不动[肉],只能提起羊鞭
子",烂子威胁说,再不拿他当人看就扔掉鞭子不干了。然而人们继续取笑
他,还有人对他说,如果是这样,不如撕掉记事本(记录牧羊人份额的本子)。
所有这些讽刺性诗句,落脚点都在人们爱吃肉,恨不得腐肉都敢吃,为了多
分一点肉随时准备大打出手。在上次战争最艰难的时刻,人们的确吃过驴
肉,但通常不吃腐肉,太恶心! 因此这些诗歌都被称为"笑料",但要注意的
是,该习语也用在某些令人难堪的消费上,比如生吃羊脂肪。男人通过吃肉
表达"唯我独尊"的意识,甚至有人制成漫画,让世人都知晓肉对他们究竟意
味着什么。

　　通过对女性描述的强烈对比,诗歌也展现其严肃性的一面。女性普遍
被视为和平使者,她们往往试图平息丈夫的过度贪婪。有个男人在分赃时
抱怨分配不公,一个女人喊道:"(东西)分的公不公平,上帝作证!"另一个女
人说,"必须公平,因为这是罪",意思是说为了分配战利品而争吵就是罪。
这种带有宗教戒律的心态被认为是女性行为的特征。虽然诗人都是男人,
但相比之下,贪得无厌的也是男人。

　　有的诗人对自己的诗歌可能产生的影响感到惴惴不安。其中有一位就
曾犹豫是否要把新写的诗句拿给我看,他担心被他嘲笑过的人会耿耿于怀。
在朗诵自创诗句前他征求了我的意见,以确保不会因冒犯他人的尊严而受
到指责,这种担心至少反映在他的一首诗里:

> 康多卡基斯的红骡子好
>
> 不幸近日没命了,
>
> 何人为之写歌好,
>
> (诗人)艾提克斯就来了,
>
> 咖啡屋(*doučani*)里都坐好

> 催他把骡子的歌写了,
>
> "我是很想写骡子,但是你们要想好,
>
> 如果有人唱反调,不能让他好受了!"

　　这位不幸的诗人在取笑别人的同时能够显示男子气度,已经难能可贵。[148]
他不想受到伤害,尤其是当他试图挖苦男性暴力的时候。他的讽刺作品既
包含对女性态度的同情,也抨击了男人的人格缺陷,特别是吃驴肉的念头,
尤其是吃腐肉,本身就荒唐到足以借此取笑男性的价值观。现今居住在格
伦迪的两位"写驴诗人"都是温文尔雅的老人,以前都是牧羊人,他们年纪大
了,身体虚弱,但这却成了他们敢于放手创作的许可证。

　　格伦迪人对自己的价值体系也开玩笑,并视其为男子汉的标志。他们
不但挪揄男子汉本身的装腔作势,也调侃男子汉在正式场合假装正经。有
个男人邀请另一个男人当婚礼赞助人,当赞助人帮他母亲和祖母装饰面鱼
(*ploumista*)时(图13—14)突然失手让面包掉到了地上,另一个随口说道
"嘿,轻点,老哥,轻点,老不死的赞助人!"如此粗鲁话在这种庄重场合简直
不可想象,然而他解释说"这是个'重口味'的习语!",说完还对着我傻笑一
气。另一个则说他们之间的关系没必要太正经,毕竟婚礼还没有开始。但
是,这种过火的玩笑当然不是希腊人的常态。

　　格伦迪人显然很喜欢文字游戏。无论多么严肃和庄重的事情,他们都
能创造出双关语予以调侃。因此,男性的玩笑在对当地人的无助产生象征
性逆转的同时(引自 Brandes 1980:133),还暗藏着男性对建立同盟的渴望,
以及为了谋求优势而对其他男性设伏的想法。上面提到的婚礼赞助人,很
可能成为邀请人未来的牧羊盟友,然而在评价一旦成为真正的仪式性亲属
后会怎样时,他没说会"变得严肃认真"的,而是大笑着说,"我们会变成一对
大裤衩!"(即关系会很亲密)。口头玩笑中永远存在着竞争因素,但它的自
反性也可与其潜在的严肃性开个玩笑。

　　文字游戏和侮辱性的诗句、家畜偷盗、男性恶作剧(比如请朋友帮着推
车,然后突然加速)共享一个特点,即不放过任何可乘之机。虽然对这类事
情的时间上和精力上投入的程度不同,然而都是供男人展示天赋的机会,并

证明男人不愧为是男人。一个双关语或一次恶作剧,效果绝不亚于一首押
149 韵诗,其效果均与地点和情景水乳交融,这就是"意义"的产生。所有这些领
域都允许男人"从死神那里偷取一个艰难的时刻",即用世界的谎言来对抗
世界本身,从而证明真正的男人能够从恐惧中攫取幽默。在谈论偷盗事件
时,格伦迪人并不否认内心的恐惧,然而他们认为,恐惧反倒增强了他们的
勇气和冒险意识。但是,一个人能把别人的嘲笑变成自己的武器,至少正走
在征服内心之终极敌人的道路上。

内与外,上与下

　　如果说艾达山是危险的偷盗竞技场,那么可以毫不含糊地说,众多咖啡
馆就是男人的专属领域。女人有时也来咖啡馆,但主要是店主的妻子和女
儿过来帮忙。男人始终把咖啡馆作为特殊舞台(图 15),在这里他们急切地
传阅报纸,激烈地争论政治问题,下流玩笑不绝于耳,干杯声叫喊声此起彼
伏,他们在此相聚,称兄道弟。

　　格伦迪的咖啡馆在占地面积、现代化程度和客流量等方面差异很大。
最大最新的咖啡馆正面都镶嵌着巨幅玻璃,老的咖啡馆最多算是从楼房侧
面延伸出来的小隔间,还有几家咖啡馆兼做杂货店,货品几乎是清一色的小
食品,如糕点糖果之类。

　　咖啡馆里无一例外悬挂着埃莱夫塞里奥斯·韦尼泽洛斯肖像。作为土
生土长的克里特人和政治人物,他是男性阳刚的象征,一种超越身份的象
征,是他把希腊几个层次的人(包括希腊人、克里特人、当地人)从当今政治
利益和政治忠诚的分歧中团结在一起。就像每个家庭都悬挂的圣母玛利亚
的肖像一样,韦尼泽洛斯的肖像旁边,通常挂着镶嵌在镜框中的店主父母的
照片。他们直视的目光忧郁暗淡,呆板僵硬的姿态和克里特岛式的马甲和
头巾,尽显旧日的惨淡时光。店主在一般站在柜台内,用一种轻便燃气炉加
工咖啡,这套设备小巧玲珑,与冷水龙头相连接。如今,所有咖啡馆都配备
了电视机,上面盖着手工刺绣的盖布,这是一种被称为"克里特刺绣"的手工
152 制品(图 16,有很多款式)。音乐和电影节目常常遭到无视或嘲笑,但新闻

节目通常能激起热切的关注和争论。有的咖啡馆里居然挂着塞浦路斯地图以宣示主权，因为它象征着民族团结，也有一些咖啡馆里挂有克里特岛地图或世界地图。

咖啡馆就是活灵活现的政治舞台，格伦迪的任何事情都可以类比国家事务。从墙上的肖像和地图上，可以嗅到类比的主要话语特征：以家族为基础的团结、受希腊侵略的受害者、抵制外来干涉等。时不时有人站起来，径直走向地图高谈阔论，或是把电视机放到最大音量，让所有人都听到与国家利益有关的消息，有时还会严厉呵斥那些觉得电视机干扰了他们说话或打牌的人。不管人们为何而来，咖啡馆都是一个危险的公共世界，所有个人、格伦迪村和全体希腊人民都可能暴露在危险的敌人之中。

在这里，男人亦通过纸牌游戏和掷骰子炫耀其男性特征（图 17）。赌钱严格来说是非法行为，却一直为牧羊人所热衷。他们赌性十足，心血来潮时一个晚上的赌金可多达几千德拉克马。有些纸牌游戏的赌注也很高，简单的游戏也可能只赌一杯酒和些许糖果或者一两公斤肉。然而即使只是小赌一把，也是他们丰富的隐喻性话语的媒介，揭示了格伦迪男子汉精神的基本主题。

纸牌游戏再现了男性在两个突出领域的特征：家畜偷盗和新娘绑架。如果说二者要求快速和无声的行动，那么纸牌游戏则是另一种男性技能的表演平台：巧舌如簧。游戏规则约定俗成，没有任何习语可言。然而开场白、适时的手势，当然还有赢家炫耀胜利的动作，都是男性互动中的合理主题。喋喋不休的话语，充满了男性竞争在另外两个领域的暗示，为原本枯燥的重复性活动平添了几分情趣。

希腊的咖啡馆不仅是引人注目的男性场所，也是"明确区分内部和外部的界限"。从外向内看，会产生强烈的视觉交流，反之亦然。（Spyridonidis 1980：142）。这些物理维度是遍及希腊的礼俗规则的象征，因地或有不同。154格伦迪的礼仪可以归纳为如下几条：

1. 男人进入咖啡馆后，要向所有在场的人打招呼，还要注意目光必须扫视整个房间。

图 15 咖啡馆的生活：温暖天气中的室外情景

图 16　展示中的身份：正式起居室中的克里特特刺绣

注意：挂在墙上的牧羊人口袋（*vouria*）。

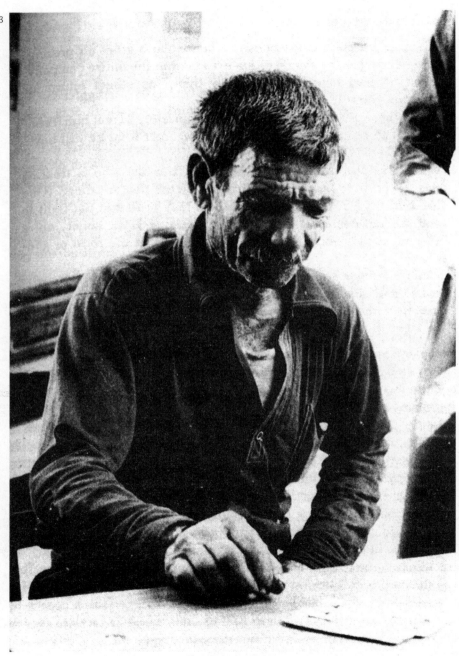

图 17　纸牌游戏

2. 其他人都回应了他的问候之后，他才能坐下。

3. 已经就座的某人会对店老板说："请招待他吧（*ceras'tone*）！"然后老板问新来者用点什么饮品。

4. 店老板送上饮品，请客的人付钱，把钱放在托盘或碟子上。（也有例外，比如某个亲属可能抢先一步付款：款待他人是一种荣幸而不是负担，慷慨大方表示相亲相爱。）

5. 他举杯向做东的人致意，后者礼貌回应。从这一刻起，有时甚至从坐下那一刻起，他就有资格招待后进来的人了。

这些规矩都是男子汉精神的正式表达，格伦迪人尤为看重，特别是与东克里特人相比（西提雅省）。格伦迪人认为那里的男人"不擅长做男人"，不仅仅因为他们是"食豆人"（不吃肉，缺乏阳刚气），而且都是些没出息的、戴绿帽子的主儿。最为可恨的是，那里的规矩是刚进来的人要招待已经就座的人，这完全颠覆了男性待客的基本原则，亵渎了男性尊严。

为什么坐着的人有义务接待进来的人，而不是相反呢？首先，"坐"在希腊习语中意味着更高的身份和安逸，即从坐下那一刻始，一个人无需再付出体力，并且拥有一个特定的物理空间。一般来说，人们认为路过的人应该向坐着的人打招呼，反之则不得体。

空间划界的强烈感受，同样是一个强效因素。从严格的情景意义上，先进入者比后进入者占优。正因为此，徒步进入村庄的人要向已经在那的人问候，咖啡馆也遵循相同的基本规则。另一个习以为常的规矩，是下山的人应该向上山的人打招呼。格伦迪人说他要"出去"（*vyeno*），实际上是要"上去"（*vyeno st'aori*，"我要上山"），这一点很容易让人联想到"内部/外部"的对立关系。因为地势较高的地方也是蛮荒之地，那么来自上面的人，其政治上的劣势就表现在首先问候的正式义务上，且不论山区牧场与村庄是什么关系，或格伦迪与城市是什么关系。格伦迪偷盗者最接近大自然，这让他们的思维中产生了一种道德优越感：在恶劣环境下茁壮成长的人是名副其实的"野生动物"（*therio*，褒义词），因此一定"精神充沛"（*psikhomenos*），可以说，他们把被"文化"排外的贫瘠状态变成了一种美德。

空间运动的话语，让格伦迪人在更大的希腊背景下，勾勒出了他们的政治边缘性。因此,伊拉克里奥和富裕的沿海平原都被视为内部(*mesa*)⑦(图表 7),处在"内部"意味着拥有权力,而处在"外部"则意味着缺少权力。好客的象征性同样基于这种话语。当然,格伦迪人不会承认永远都比客人低人一等,然而待客行为本身在这种背景下却蕴含着谦卑,所以他们不仅要在招待陌生人方面一争高下,而且还要不断竞争下去,虽然招待行为在主客之间建立了主人的短暂优势,但主人希望被招待者在日后的互动中予以补偿。咖啡馆亦是如此,主客之间建立的短暂义务,同样可以平衡这种先来后到的关系。一俟他坐下来并接受招待,就和其他人处在平等地位上,继而可以参与筛骰子或扑克牌等更为直接的竞赛。

　　总是竞争的局面。我有一个朋友喜欢玩牌,动辄说,"玩一会儿长矛大战吧!"。纸牌游戏叫"苦斗",勇敢的对手叫棒小伙子。虽说是友好比赛,却不乏寻找对手的影子,两个辈分不同的亲属作为对手时,即使年龄接近,旁观者也会打趣地宣布这是一场老少斗。牌局上的每个动作都充满了挑衅性,尤其甩牌时指关节敲在桌子上的声音。注意:"关节"(*kozi*)也是"政治影响力"的标准术语,特指那些有长期经验和声誉的人物。输了牌而报复的术语叫"血债血还",和格伦迪习语中的仇杀别无二致。很明显,纸牌游戏像是令人担心的象征性操练,换个场合或许真的危及声誉甚至生命。我就亲耳听到过一个格伦迪人玩牌时对别人发出的警告"你要小心点了!",这不禁让我想起某些术语的原始出处。

　　因此,纸牌游戏作为象征性表达竞争的媒介,尤其传递出了一种自相矛盾的内在感受,即赢了比赛也有潜在的损失感。虽然赢者"出来了",但却又置身于别人的报仇欲望中,输者虽然象征性地留在"内部",却和先到者应该招待后来者一样,可以随时夺回胜利,从而弥补失败所造成的不平衡。纸牌游戏给人一种并不踏实的轻松感,它既积极大方又消极暴力,概念上是两者的混合体,然而失败者会蒙受严重的耻辱。但反过来,纸牌游戏也可将相互敌视转化为相互尊重的联盟关系。暴力一直存在,就在"长矛大战"的隐喻中,就在玩者丰富的性侮辱的口语中,输者对胜者的义务再现了竞争与联盟关系的转换。因为每个偷盗周期都有可能以仪式性亲属关系的缔结而告结束,甚至杀戮在极少情况下也能导致婚姻,因此纸牌啪啪甩在桌子上的声音,

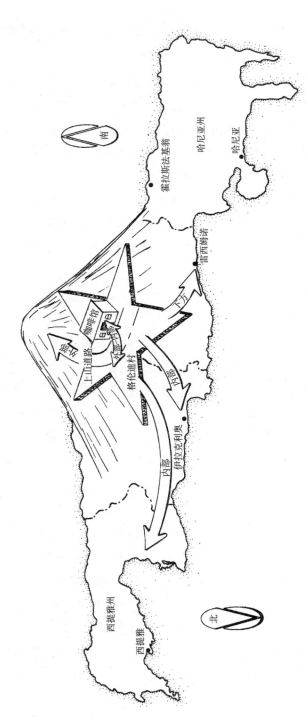

图表 7　包容和排斥的象征性群体：岛屿、村庄和咖啡馆

实际上是牧羊盟友之间相互发出的怒吼声。"我们不偷不成交"比赛的理想结尾是大家达成共识。

纸牌游戏的这些独特习语更有力地佐证了格伦迪人在几个特定竞争领域的关系。比如有个明确的短语,"我搓你上树",就用来表示年轻人初次涉足家畜偷盗,有时也用在教新手如何打牌。一般来说,男人会根据玩牌时的表现来评估他们自己的男子气概。但或许最引人注目的是将扑克牌频繁地阴性化。

男人把每一张牌都比喻成邪恶女人,有的村民甚至发明自己的独特用语,可见这种即兴发挥能力之普遍。手气不佳时,玩牌者抱怨说:"她/它(手中的牌或手气)不要我!"这也是求婚被拒的习语,其他类似的表达多数也为不雅之词。

1. 国王(*righas*)可以称作 *kostas* 的阴性形式 *Konstandinos*(康斯坦丁诺斯的非正式形式,受当地人唾弃的希腊末代国王)。*kostas* 加后缀-*ara*(*kostara*),暗指身材高大且性欲强的女人。有个玩者也称国王为 *Kostarina*(另一种阴性化讽刺形式),或 *Koumbara*(即通过婚姻形成的"仪式性女性亲属"),该词似乎用于诋毁"女性"的性魅力,因为与仪式性亲属发生性关系是被严格禁止的。一位老人在感叹自己失去生育力时说,"我的妻子和我已经成了 *sindekni*"(通过洗礼成为仪式性亲属,受到乱伦禁忌,不得发生两性关系)。

2. 女王(*dama*)经常被叫称为妓女(*poutana*)或女皮条客(*roufi-ana*),另一个词语是 *vroma*("恶臭",尤指性堕落)。手气太差可以用"太臭"或"太烂"来表示,并含有一种强烈而含蓄的暗示,即性玷污会给男人事业带来失败,暗示输牌和前一天晚上的性接触有关系。

3. 骑士(*vales*)被称为 *poustis*(被动同性恋),有时也用在国王身上。骑士和国王都可称为 *pappas*(祭司)。这个叫法有强烈的性淫乱和背叛味道。有个玩牌者骂一个乱插嘴的观牌者,"你是魔鬼还是祭司?"

4. 数字牌通常用复合形式,即在数字后加上中性后缀(*dhio*["2"],+-*ari*,>*dhiari*)。这些形式也经常被阴性化(可比较上面第一条中的

dhiara 和 *Kostara*）。

5.有个玩牌者喜欢把各种花色的 4 叫作"魔鬼的房子"。他解释说，"这是一所房子，因为它是正方形"。纸牌通常与魔鬼联系在一起，因为人们把放荡女人比作魔鬼。

6.ace(A)有好几种叫法，其中之一是"阴茎"，一个玩者解释说，因为它是单一的。

侵犯工具应该也是占有对象，与更大的习语相适应（引自 Meeker 1979:18）。强调某个男性的性器官大尺寸时，就会用阴性化形式 *pistala*（手枪），同时这个男性（*andrella* 源于 *andras*，男人），可比较另一个讽刺用法 *papadhella*（伟大的大祭司）的阴性化。另一种有力的工具是铅笔（*molivi*），因为它是"写下"希腊公民政治不端行为的工具，此词语是警察机构的象征，其阴性形式是 *moliva*。格伦迪人在攻击对手的占有物时，同样使用自己的脆弱工具（即阴茎），比如一个保守派政客曾愤恨地喊道"我去他娘家的妹子！"另一个玩牌者在玩牌时也如此骂道"我去你这牌"。村民将自身的资源阴性化，象征着占有者和被占有者之间的基本对立，并利用这些资源夺取对手的资源，因此他们不惜将自己的身份沦为占有对象，与竞争中的占有对象一决高低。这种做法是最大的侮辱，也是他们对偷盗者嗤之以鼻的含义，尤其是那些认为偷羊不是"牧羊人"或"牧羊盟友"（*provatandres* 或 *provatosindekni*）行为的人。至此，已分不出羊和偷盗者的主次关系：侵犯者和被侵犯者已经融为一体。

玩牌高手像发情动物。他们能记住对手的牌。"他在发情"（*thimizi*）是双关语，意思是他在"记牌"["他发情了"（*thimate*）指他记住牌了]。指关节敲击桌子的动作同样也有暗示性；冲击（*khtipao*）这个动词是男人在性行为中的常见隐喻，亦表示玩弄（*pezo*）。如果一个人对赢者说"你一直在耕地"（*dreta sernis to zigho*）则明确指性交，但已经被性玷污的男人是不会赢的。一个玩家接二连三地输牌，旁观者奚落他说，"你昨天整晚都在洗礼吧！"这是另一种对性行为的常见比喻，或许也是对屡屡失败的牧羊盟友的莫大讽刺。

可以这样解释，一个"和他的女人干过"的男人不干净。这个词也适用于形容在本村偷盗的人、长着邪恶之眼的人（嫉妒的眼光）、玩牌作弊的人，不管属于哪一种都暗示不正当的竞争。因此最近有过性关系的男人，在象征意义上等同于犯规的人。所有与女性的性行为都被男性视为潜在的玷污。在这种背景下，无论性行为的伙伴是自己的妻子还是其他女人都不重要。有个人玩牌时发现快要输了，便一把抓住正在地上玩耍的儿子的生殖器，理由是男孩的童贞能帮他转运。还有一次，他居然对一个残疾、年长的人干了同样的事，而且只是简单地解释说，"他是个处男"！

很显然，避免性关系与战胜对手休戚相关。早些时候，男人出征和突厥人打仗之前会先行禁欲，至少据说是这样。但另一方面，强奸突厥妇女则算不上什么严重的事，因为它本质上等同于攻击她们的丈夫。有个村民把家畜偷盗描述为"玷污"（*magharisma*），说明这些不同领域之间的联系具有同源性。

拿走对手的一张牌，如同对他的性攻击。输家可以通过"阉割"对手以获得优势。有个输家不仅要求自己发牌，而且从底牌开始发，并不断念叨，"我骗了你！"（*tha se mounousiso*）。这样做首先是为了颠倒游戏的规则，不仅如此，发牌时他远离发牌人，暗示对方有阳痿。当被要求"切"牌时，他故意多"切"一些，这个动作不禁让人联想到家畜偷盗，因为把羊从羊群中赶出来也叫"切"，而且偷盗者对受害者最恶劣的侮辱之一，就是切断公羊的铃铛。以这种方式剥夺对手的男子气概会导致手气转运，因为"牌变了"，当然势必引来一阵"无耻赖皮"的喊叫声，甚至更为下流的话，暗示连输者的妻子都不会放过他。村民打趣说，妻子也会保留一份性爱记录，并要求丈夫把错过的夜晚都补上。

还有一种象征性的逆转动作，可以表示对对手的蔑视：把缴获对手的牌颠倒放置（面朝上），这样做是强调这些牌已经没有作用了，很明显在这里比拟的是不光彩的女人，让人更多产生女人失去贞洁的联想——即双腿翘在空中（*anaskela*）。有个人反对把牌朝上摆放，说那样"像个腿翘在空中女人"，并用一个明确的手势亮了亮刚刚缴获的牌。女性身体的倒转，为女人失去贞洁提供了如此恰当的表述，正像坎贝尔在萨拉卡萨尼族群的报告中所说的,女性实际上是因为害怕摔倒而尽可能避免跑步(1964:287)。还是那个玩家评价另一个赢家的胜利说"他把她带出来了!"(*evghalen ti*),既暗示性占有,也等于简单地说"赢了"(见 Herzfeld 1979)。没有缴获的牌,可以比喻为不能生育的女性生殖器。这些推理似乎清楚说明:游戏中的核心习语都是"占有",而且都与性有关。在家畜偷盗的叙述中,这一点更为重要,因为偷盗本身可以转喻为一次性征服,因此我们再次看到,为什么突厥人霸占的羊群都是"妻妾"。然而在纸牌游戏中,这种深度的类比,至少为一部分玩牌者所领悟,包括那个人们经常说的双关语,"九张牌"(*ennia*)是"小羊羔"(*arnia*)。

　　家畜偷盗和性诱惑之间的类比,也可以从另一个角度来认识。比如,年轻的格伦迪男性说,他们与低地妇女发生性接触很容易,而高地妇女只能通过婚姻才能获得。我们还可以做一个对立面的平行比较,高地人对低地人的偷盗是单向的,而高地人之间的偷盗却是相互的。这就强化了格伦迪人藐视低地人只会吃豆子、戴绿帽子和滥交的联想。换句话说,在这样一个世界里,女人和男人的区别,就像占有者和被占有者的区别一样很难说清楚。

　　纸牌游戏和性接触的类比,还可以用一种相反的方式来认识。近亲、仪式性亲属、姻亲关系之间极少玩牌。赌注很高的牌局,他们一定会避免,即使赌注相对较小,如果碰巧不想玩,回避原则正好也是一个不错的借口。那些避免玩牌的人,也是不能彼此建立姻亲关系的人。他们不能从彼此的直系亲属中"带走"(结婚的常用习语)女人。婚姻是敌意向友谊和联盟的转化,当那一刻来临时,新郎一方或许还会用两行诗调侃新娘的家人,"我们已经'带走'了最好的新娘!"然而,一旦建立姻亲关系,展示任何紧张情绪都是不体面的,而且是有潜在破坏性的。

　　根据纸牌游戏与竞争性地寻求盟友之间的类比,已建立关系的人可以避免忿怒的风险。当大笔金钱用于赌博时,纸牌游戏也会导致真正的暴力。关系密切的男人一起玩牌等于互相残杀,其象征意义不亚于"乱伦"。如果男人认为女人是不和的起因,甚至是邪恶之源,那么扑克牌同样也是!一旦敌对关系转化为建设性关系,道德责任则要求双方都要避免任何逆转的过程。关系密切的人,最好从一开始就避免竞争:牌局变幻无常,像女人一样不可靠,很容易在理应彼此友善的人们之间引发暴力。

从之前的讨论中,我们已经清楚看到男性互动在三个领域之间的相似之处,尤其是在纸牌游戏中所蕴含的隐喻。玩家不会对这些相似性加以思考,甚至不愿意认真思考这些相似性是否存在,但这并不意味着它们与民族志毫不相干。或许在某种程度上,村民对习语中的性暗示感到难为情,正如他们在不恰当的场合因谈论绑架和偷盗而局促不安一样。但是,它同样让人想起了演员和艺术家,越是熟悉的舞台,他们越不愿意审视自己的作品所唤起的多重意义(引自 Jakobson 1980:88—89)。纸牌游戏可以暗示其他类型的社会冲突,只不过玩家用一种高度概括、非情景化的方式做到了,这就是他们诗学品质的源泉。当一个玩家用一个新颖的术语描述某张牌,并依据诗学原则将其阴性化,这一行为本身就彰显了他的匠心精神,然而他无暇思考因此产生的影响,真的那样想反而破坏了效果,但效果是一定存在的。

我建议格伦迪男人应该为生活的不确定性而感到高兴,因为不确定性给了他们即兴发挥的机会。在牌桌上,这种即兴发挥体现在对纸牌用语的创造上,同时又局限在游戏本身和男性互动之间所设定的主导类比的范围之内。结构原则是不变的;比如,禁止乱伦和纸牌用语之间的类比也适用于家畜偷盗;再比如,一个普西拉牧羊人和一个格伦迪牧羊人的潜在对抗关系,一旦转化为盟友关系,两个男人就不可能成为牌桌上的对手,他们就像两个兄弟和两个近亲,至少在公开场合是这样。

因此,扑克牌游戏在一个清晰的框架背景下,集中体现了不确定性转化为休战状态的个人风格。虽然游戏偶尔也会导致暴力,但暴力发生在咖啡馆这一事实,本身就意味着自我约束的必然性。鉴于此,它表现出一种潜在的可能性,即使在绑架新娘和家畜偷盗这样容易导致暴力或死亡的领域,也可以化干戈为玉帛。纸牌游戏揭示了一个指导性的原则:紧张、对立和配合默契的狡诈是建立联盟的最佳基础。

第五章 不偷不成交

"爬上树枝"

"爬上树枝"是用于描述格伦迪青少年初次偷盗的术语，很容易让人联想到希腊独立前的类似说法，当时有不少人加入非法组织，对突厥人和富有的希腊人寻衅滋事①。格伦迪人旧事重提是不是在影射那段历史不得而知，却可以暗示萌生做贼的初心具有传统性。

格伦迪人把家畜偷盗延续至今的原因归咎于几个方面，最突出的是乡村的政治赞助制和社会环境。在社会环境中有朋友圈和小伙伴会给每个格伦迪少年带来压力。一个牧羊童步入偷盗，一般从年龄稍大的孩子提出建议开始，他们希望初次偷盗就能象征性地展现男子气概，但往往是失败之举。

  我记得我第一次偷盗的故事。我和一个小伙子，当时我离开学校刚一年，才十三岁！我们一早出发，当然我们没走多远，（实际上我们走得）很近。我们去了，搞到五只羊，我们把它们牵到目的地，回到我们自己的地方，但是我母亲……我朋友的父亲都不知道我们去哪了。他们很着急，半夜就离开家，后来找到我们和羊。

"你们去哪了"

我说，"哪也没去！"

然后在早上，羊的主人来了，原来是我们认识的人，他把它们带走了，原封不动。

现在，我们对自己说，"看看我们有多蠢，跑了一夜，一块肉也没有吃上！"

寥寥数语,凸显了几个基本要素:家长对少年偷盗者早期"教育"的原始责任、母亲的反对、叛逆心理(我说,"哪也没去!"),首次告败,以是否吃肉论成败。特别要注意失败的真正原因:受害者是"朋友",换句话说,一个和男孩家庭有社会关系的人。另一个需要汲取的教训是如何袭击那些社会距离够远的人;在本故事叙述中,缺乏社会距离似乎指地理上的距离。黑夜上山偷盗需要勇气也需要经验,然而两个男孩至关重要的实际教训是:假如你从盟友那里偷羊,就有义务归还,没得二话!这是男子汉精神的原则。

另一个年轻偷盗者比较幸运,他的胆量为建立自己的同盟打下了基础。在此事例中,他最终如愿以偿。

> 那时我才十一岁。嗯,而且是圣诞夜,是圣诞夜呢!我家有三十几只羊,我父亲那时很穷,穷得很。

注意他诉诸贫穷的话语框架,在做了大量有关背景的铺垫后,他开始讲述偷盗的过程和结局。

> 一天晚上,有一个我们村的人,他大一点儿,比我大三岁。嗯,我们在聊天时,他对我说,"我们为什么不去偷点羊肉吃?"(当时我很小,跟你说吧,那是我第一次去偷盗)。
>
> "嘿,听着,为什么不去!"
>
> "我们去吧!"
>
> "这就去?"
>
> "说去就去!"
>
> 我们就动身了,到了托罗斯(Tholos)村。嗯!就我们两个小伙子,我们把羊赶到一起,它们在羊群里,所以我们赶到一起。嗯,要逮羊就必须赶到一起。(这样)我们赶到一起,我抓了一只羊,他抓了两只羊羔,它们正在吃奶。
>
> 于是,我也抓了一只羊和一只羊羔。(然后)又抓另一只羊。嗯,我

们把羊带走了,藏在一间小屋里。我们当场把那只羊羔杀了,没有羊妈妈的那只,还把皮剥了挂在那,最后在叉子上烤,我们一人吃了一半。

同时,他们在村里找我们。当然,我平时每天晚上都赶羊群去那边,那天我根本没有去,他们肯定以为出事了!

后来,达米亚诺斯(它是讲述人的哥哥)来了,也是个小伙子。我们当然把羊吃了,待在外面,就睡在那个小屋里。早上我们起来,我看见我的羊都在那!没有挪窝。我们一点点往下走,看见我们的羊群,可以说,他的和我的都在。突然,我们看到达米亚诺斯,我们自己的(家人)。他站在那大喊,但我们很害怕。他说要把我们打个稀巴烂,我们没有往前走。

同时,那个男孩的父亲也来了。然后,我把羊带回村里。第二天,羊的主人来到村里打听。嗯,那是我第一次偷,他们居然从我们这得到了它们(羊)。嗯?他们居然把羊牵回去了!

换句话说,那个人对我父亲很友好,非常友好。他问我父亲:"这事儿发生了,我的一只羊让人偷了,一只正在喂奶的羊,问问你的孩子有没有看见什么,是否知道点什么。"

我父亲走过来问我,他说:"是你(要对这件事负责),也许你知道是怎么回事?"

那时我还是个孩子,不敢欺骗父亲,所以我都说了。我对他说:"就这样,我们把羊牵走了!"

嗯,我们确实吃掉一只羊(在被发现之前),那个家伙把其他羊和羊羔一起牵走了。可以说,他知道羊(在哪)。他并没有(正式)指责我们,也没说别的。

但是当他把羊牵走时,他告诉我父亲,我应该明年去(从他那)牵一只,他会送我一只羊羔。我的确去了,他真的送了我一只羊羔当礼物!……也许吧,因为他想息事宁人,这样我就不会再偷他的羊了。166

他好像是说,"这个孩子现在'爬上树枝'了……,快长大了,要'出来'了,最好给他一只羊羔,他就不会再来了。"

他想的没错,可以说,他给我一只羊羔,我们后来成了朋友。

这是一个初战告捷的例子：虽然年轻的偷盗者被发现了，事情已经了结，却给受害者留下了深刻的印象，偷盗者因此还得到了一只羊，为自家羊群做出了贡献。赠与是偷盗叙述中的一个永恒主题，因为它象征着从敌对关系向积极关系的转变。偷了羊吃了肉，可以被视为青少年步入成年的标志。有个老牧羊人回忆他第一次偷盗时差点被抓个正着，于是被迫归还了和同伴一起偷盗的羊和已经杀掉的羊的羊肉，当时有一块羊脂肪不小心掉在地上，他匆忙捡起来塞进了衬衣，羊脂肪是格伦迪人特别喜爱的美味，通常在处理时都要单独存放。

对很多牧羊人来说，初次偷盗的经历难以忘却。尽管很不正规，却不失为一堂成人的启蒙课。但在叙述这些经历时，这些偷盗经验会被系统化，使之成为符合男性身份的话语。我听过的所有相似叙述，不外乎两种结局，要么得到羊只赠与（死的活的都算），要么建立起牧羊同盟，甚至两者兼而有之（比如那个给受害人留下深刻印象的少年）。下面这个事件可以理解为一段入门经历的标志。

> 那时，我想我已经十三岁了，我是和另一个小伙伴一起去的，我们两个一起（偷）。但我觉得很奇怪，好像，怎么对你说呢？我好像有一种"气息"，可以说，心里有了一种男人的味道，尽管我还是个孩子。哦，从那以后，我就继续（偷）了，但是，实话对你说吧，我现在不怎么偷了。

他感觉到的"气息"，也就是一个偷盗者得到政治赞助时的感受："气息"的言外之意是神气十足，一种坚韧、自负和刀枪不入的感觉，是年轻偷盗者的心态所必须具备的特征。

偷盗给偷盗者父母带来道德忧虑，让他们苦恼不已。一方面，过早冒险可能伤及孩子的身体，而且他们知道，青少年一旦热衷于偷盗，势必步入一种危险的模式，至少在早期不可避免，父母担心一旦初次偷盗得手，男孩就会产生一种快感和亢奋，从而妨碍他们对正当职业和远大抱负的追求。牧羊业曾经是格伦迪男性的最高价值取向，现在却被更多人视为有失身份的辛苦劳作。另一方面，他们也不得不承认牧羊人必须学会偷盗，名不见经传的牧羊人根本没有立足之地,更不能有效保护自己的羊群免遭他人掠夺。

从父母角度来看,最好的情形是初次偷盗时没有当场被抓,他们不仅可以为儿子的不凡身手感到骄傲,甚至可以提供一点建议。

我第一次(偷盗)发生在父亲独自一人的时候。他没多少羊,因为人们都偷他的羊。他也没有兄弟放羊(帮着照看羊群免受袭击)。

也就是说,他只能靠自己,他大约有一百只羊,可以说,所以他很害怕,因为就像我告诉你的,他没有兄弟,没人和他一起放羊。我们这里的人就是这样,如果你养羊,别人就怕你去偷他们的羊,可以说村里人和外面的人都一样!

那时,我还是个孩子,经常上山去,父亲说,"斯塔马蒂斯,某某人从我们这里偷了一只羊",还是一只公羊……,我气不打一处来,尽管我还是个孩子。

当然,我什么也没跟父亲说,只是对自己说:"怎样才能在父亲不知道的情况下报复他呢?"我站起来走了……但还是有点害怕,可以说……

我对自己说,"可我逮不住一只羊啊……",所以……我砍了许多树枝,扔进一个陷阱,我就藏在里面,上面盖上树枝。

噗! 我抓住一只! 一只公山羊,可以说!

我切断它的铃铛,我没法把羊牵带到我们家的羊圈,可以说,于是我取下铃铛,把它带回我家的羊圈。

我父亲问我:"你在哪找到这个铃铛的?"就是说,"你怎么发现的?你弄到一只山羊? 在哪儿弄到的?"

我说:"父亲,还记得那天晚上吗? 你告诉我斯达里村的那个人'吃'了我们一只公山羊?"

他说:"是的,我的孩子"。

"呃,我去了,就干了,然后把它的铃铛取下来,拿(到这里)来了。"

父亲对我说:"哦,这么回事啊,你怎么没把羊带回来呢?"

我回答说:"父亲,我拖不动,羊太大,我拖不动。"

　　　　他对我说:"等你长大了,把羊牵回来,你就厉害了! 我的小勇士!"

无所畏惧的挑战行为赢得了父亲的认可,摘下羊铃铛比偷走羊更具侮辱性!

　　然而,父亲从不怂恿儿子偷盗,无论他的故事在何种程度上唤起了儿子冒险的渴望。最初冲动通常来自稍大的男孩。一个父亲即使知道儿子偷盗,也只是口头警告说一旦让他看见就不会轻饶。但这似乎正是问题的要害:当回首往事时,一个父亲可能只是对儿子的胆量感触颇深,却没有意识到儿子缺乏的正是有效的训练,而需要父亲积极参与最初的尝试。一个小男孩儿看似精明是另一回事。某日,一个刚出生的婴儿从镇医院被家人带回了格伦迪村,大多数孩子都是在这家医院出生的。其叔伯祖父兴高采烈地说:"这小子今晚就能偷羊!"但是没有父母愿意直接承担训练新偷盗者的责任。事实上,牧羊生活并不是男孩的未来,那些曾经臭名昭著的父亲,如今在孩子面前也急于隐瞒以往的劣迹。当一个男孩沉浸在偷盗的喜悦中时,格伦迪人不得不发出感叹,这个孩子或许要永远以此为生。

　　女人一般情况下会指责丈夫和儿子的偷盗行为,但危险来临时也要帮
169 着隐藏赃物,同样的道理,父亲对儿子偷盗行为也很纠结。

　　　　我们到了一个牧羊人的小石屋,把羊圈在那里,当然,杀了,烤了,吃了! 到了早晨,天刚刚亮的时候,我父亲来了! 他知道我去偷羊了,是别人告诉他的,就是那些经常和我一起混的人。他们告诉父亲,"斯泰利奥斯今晚不在这。"

　　　　"他去哪儿?"

　　　　"他去偷了!"(……)

　　　　我父亲来了……他对我说:"看看你,怎么不老实一点,出去就是一晚上,你干什么去了?"

　　　　"我还能干什么! 我们追踪他的羊,只能这样对付它们,"我对他说,"对付这些羊!"

　　　　父亲告诉我:"在某某地方有个山洞,把羊先圈在那里,等等再说。"

父亲回心转意,从反对偷盗到参与偷盗,他战胜了担惊受怕的念头。

　　母亲的态度往往会严厉得多,那个初次偷盗并把脂肪藏在衬衣里的男孩,生怕受到母亲的责罚,就在山上躲了两天两夜。迫于饥饿他回到家,但预期的责罚并没有发生。他回忆说,那几天他随时观察着母亲的脸色。母亲不希望儿子成为"偷盗者",无论他的偷技有多么高超。另一位脾气暴躁的母亲则明确表示说,她绝不允许自己的子女偷盗或干其他坏事。

　　　　我母亲不愿意家里有这样的事(偷肉吃)。她不喜欢偷盗者,可以说。她也不吃(偷来的)肉,到现在也不吃。要是告诉她这是偷来的肉,她压根就不吃! 她会告诉你:"从屋里拿走!"他们(丢失羊的主人)正在寻找我,她会说:"赶快给我拿走!"她还说,他们(失主)正在到处找我,千万"别(带回来)"! 告诉你吧,那是我第一次(有这样的事)回家。

　　　　在山上,我经常偷,可以说,我经常"吃",但只在山上(*aori*)。然而 170在家里——就不会了!

　　家庭和山坡再现了女性和男性的各自天地。要注意,叙述者的这番话,乍一听似乎他母亲不食人间烟火:在男人看来,没有肉的饭绝不是饭,对那些在山上四处游荡寻找猎物的年轻男性而言,吃和偷都是同义词。既然别人的羊可以偷来吃,那么傻瓜才吃自己的。然而让这位叙述者恼火的是,母亲居然拒绝欣赏他的男子汉气魄:"她根本不认为我干的事有任何意义!"格伦迪人的"西玛西亚"有特殊的社会重要性,这是男女之间最大的公开分歧。

　　处于青春期的偷盗者,通常不会一蹴而就学会所有的本领,早年犯的错误,在回忆时只能自我解嘲:

　　　　复活节到了。我们……发现一只小羊羔。可惜我们这些可怜的人不会剥皮。我们围在一起,一个人抓着羊羔,其他人从腿开始把羊羔的皮剥了下来,我们剥了皮,然后烤着吃了。

　　初次尝试笨手笨脚,但不失为一次为将来准备的演练。到了他拥有自己羊群之时,他将迎接更大的风险和挑战。在下面的叙述中,男孩不仅领教了意志不坚定者的背信弃义,也感悟了将神的意志融入个人的邪恶中有多么愚蠢。

　　　　我是一个羊倌,还有两个本村的小伙子也在附近放羊,他们偷到一只羊⋯⋯

　　　　但是他们不会杀,也不会剥皮。我比他们大点,他们告诉我:"我们在那搞到一只羊,准备杀了它。"

　　　　所以我杀了羊,剥了皮,烤着吃了肉。

　　　　那些家伙(受害者)找到了把羊放出来的人,把他们抓住了。他们(偷羊的男孩)对他们说:"我们已经把羊杀了。"

　　　　"哼,和谁?"他们说,"是瓦西洛夫蒂克杀的。"那时我比他们大!

171　　　　于是,他们带我们去发誓⋯⋯。他们是三个勇敢的小伙子,而我只是个年轻男孩! 我很害怕,(实际上)他们也没说是我偷的。

　　　　"不是我偷的,是那两个小孩偷的,他们从山洞牵出来以后我才过去的。"

　　　　"但是是你杀的!"

　　　　我否认了。我把手放在圣母玛利亚的圣像上,等待奇迹出现! 我说:"不,不是我杀的"。

　　　　圣像掉到地上了!

　　有经验的偷盗者不愿意乳臭未干的偷盗者参与偷盗,因为暴露风险实在太大,而虚伪的发誓是令人憎恨的侮辱行为。故事讲述人在这种非正式的环境下做假誓,已经够幸运了,好在他已经知道一些诀窍,尤其对地洞很熟悉。让我们再来听听另一个熟练偷盗者的陈述。

　　　　地洞就是里面有很多石头的洞。看见这样的空洞,你可以稍微收

图 18　剪羊毛

拾一下,让它看着像回事……从地面上,可以说,像一个洞。你在上面放一块石头,两块也行。羊就藏在里面,如果你经过那里,啥也看不见。

进入成年期的标志就是获得这样的智慧。仅仅知道如何偷盗并不够,还必须令人信服地展示出来,才能赢得年长者的尊重,这是年轻偷盗者极其渴望的事情。有个十五岁的男孩,被叔叔带去拜访一位年长且经验丰富的牧羊人,他正忙着一年一度的剪羊毛。

"我们去吧…让他拿几根香烟招待我们。"

哦,那些日子里,哪里见得到香烟? 我在山坡上待了整整一个月,可以说,才抽五支烟,也许十支,整整一个月呢!

老牧羊人给大家递上香烟,他觉得我的报导人太年轻,应该不会吸烟。

我说"谢谢",我告诉他,"嗯,我不抽烟。"

我当然会吸烟,但既然他把我挑出来,还叫我年轻小伙子,我就马上火了,迈克哈里斯先生,我当即对自己说,"你就等着吧!"我说,"不久你就知道我到底年轻不年轻了!"

173 仅凭这种自控力,就标志着这个年轻人已经成熟了,从他老练的反应来看,他已具备了从仇人手里神不知鬼不觉偷盗羊只的能力。他告诉自己的伙伴从拜访老牧羊人那天起就干了的事情:

"要是让他听到,非杀了你不可,你这个家伙!"(……)

换句话说,他老想"打破"它(敌意),说我不应该记仇,可以说。

"你不应该这样干!"他对我说,"这不合适。"我说:"我这么干肯定没错,你要吃就吃。如果不想吃,就啥也别说。你不想吃?(那么)就滚吧! 想吃就坐下吃,别啰唆!"

"呃,我到底该怎么办呢? 怎么办?"他说,"我吃",他对我说,"就这样了!"

所以,我们烤着吃了,后来他告诉了一个老人,我的祖父。

看吧,我祖父和那个人的关系很好。第二天,我祖父(对我)大发雷霆:顽童!王八蛋!人渣!从今天开始,不许你干这种事!

在这个节骨眼上,男孩的同伙(他的叔叔)对祖父解释了事情的来龙去脉:

然后,我祖父亲自去了小石屋,他跟他说,"孩子干了这样那样的事,牧羊盟友,别去找你的羊了……"

"好吧,但这都是真的吗?"他问他…"哎哟,你看看,我真没把他当回事。"他说,"一点都没…"

终于水落石出了。年轻人对时机的良好把握,进一步强化了这一信息,凸显了年轻人的个人风格,并反映出相互轻蔑这个基本主题(见 Bourdieu 1977:6)。一个男孩迅速学会自我控制,对有效的社会交往非常必要,数年后他可望成为一个男人。

并非所有格伦迪年轻人能像他一样迅速"成才",或表现出掌握高风险技能的天赋。寻求财富的道路很多,有个斯格法斯家族的成员,因为厌恶放牧生活而短暂移居美国,回来后创办了一家规模不大但利润丰厚的企业。天赋和家族背景均不是偷盗者成长的保证,尽管能起到一定作用。此外,那些依然"与羊群"为伍的人,都具备牧羊人和偷盗者的双重身份,水平和能力也因人而异,差别甚大。我们已经了解到"饥饿"和吃肉的话语几乎成为所有偷盗叙述的引导词,然而,个人的叙述风格也受到词汇量、简洁性以及自我意识的影响而有所不同。擅长做偷盗者(*kala kleftis*)就必须学会王婆卖瓜。男人在年轻时就学会在自己的偷盗故事里撒"胡椒粉",撒谎当然没有必要,但它肯定是一种叙事技巧,能够再现偷盗本身的创造性和敏捷性。叙事再现了偷盗的水平,偷盗水平也反过来则增加了叙事的表现力,这是毋庸置疑的。关于这一点,我们可以从格伦迪术语——"故事"(*istoria*)中略见一斑,故事可以是任何令人兴奋的事件,无论是人际暴力还是山麓冒险。

"我们有个故事"则意味着一场危险的争端正在酝酿之中,而该词尤其适用于家畜偷盗。在此情况下,格伦迪人通常急于表达的是他们的叙事技巧,正如本章开始时那个牧羊人所回忆的:"我记得第一次发生了这样一个故事。"

"不偷不成交"

少年牧童一旦"爬上树枝",通常就急于确立他作为男人自主性。尽管初次尝试往往不会旗开得胜甚至会丢人现眼,但接下来他会变得有条不紊,目标直指那些名气不菲且有望成为潜在盟友的人,并会以更加凶狠的偷袭方式激起对方的报复。理论上,对方报复的数量至少是初次被盗的两倍以上。

偷盗和报复最终将导致第三方介入,显然这就是偷盗的目的。然而,年轻的侵犯者和年长的被侵犯者开始时都倔强倨傲,摆出一副轻蔑的姿态,最后为了给调解人一个"面子"(khatiri)而接受调停,因为调解人通常是他们的亲属或仪式性亲属。作为解决纠纷的方法,调解人会建议一方从另一方的直系亲属中找一个孩子做洗礼。事实上,这正是偷盗的初衷:成为"朋友"。"朋友"和牧羊盟友是同义词,牧羊盟友也包括老年人,因为他们也急于储备一些保护性资源防范未来,毕竟他们正在迅速老去。从达成协议的那一刻起,双方就互称牧羊盟友,从道义上承诺不再互相偷盗。此外,如遇到其他偷盗者的偷袭,双方要守望相助,特别是要当好顾问(arotikhtad-hes)。所谓"顾问"就是指专门去外村地盘看望牧羊盟友和与本村有亲属关系的人,并代表受害者"打听"失踪的羊群。

停止敌对行动迫在眉睫,当找不到符合正式洗礼年龄的孩子时,当事人会采取一种临时措施,由一方从另一方的父系家族中找到一个孩子,最好是近亲,将其大拇指甲剪掉作为结盟仪式。当然,这种临时仪式(koutsani-khisma)只是权宜之计,没有任何宗教性质,但参加仪式的人从此可以互称牧羊盟友,所承诺的义务等于通过洗礼结为盟友。

年轻牧羊人都急于建立这种关系,而且越快越好。赫赫有名的偷盗者必须拥有众多有实力的朋友,当然统统是牧羊盟友,方能更有效地保护羊群。没有足够"关键的"牧羊人,关键时候就召唤不到外村牧羊盟友的帮助,无需多时就会败下阵来,只好对强者俯首称臣。这种关系有助于形成庞大的家族群体关系,因为牧羊盟友可以延伸到双方家族,从而扩大势力范围。村民不无讽刺地说,"我的牧羊盟友养的狗也是我的牧羊友。"(当地习俗允许仪式上有其他附属性牧羊友,以便更多更快地扩大势力范围)。如果一个牧羊人来自较小的家族,只要他闻名遐迩,其影响力也会得到很大程度的补偿。被称为高手的偷盗者可支配的资源非常之广。例如,某个年轻的牧羊人死于事故,不计其数的牧羊人从四面八方赶来,证明他在"偷盗交友"方面做得非常出色。

如果受害者不想被偷盗者瞧不起,就必须进行报复。偷盗无疑是侮辱行为,也是测试受害者意志的探针。年轻的牧羊人会从侵犯者家族中的弱势成员下手,甚至连女人也不放过,对他们实施侮辱以获得优势。女人不可能凭一己之力进行偷盗,因此不偷盗的牧羊人就会被视为女人气十足,是无能的表现,牧羊人通常用一个形容女性的短语"软蛋"(*to adhinato meros*)来称呼这些人[杜布雷(1974:123)在艾比亚岛(Evvia)上撰写的报告中也用到了这个词语]。因此,对妇女施加侮辱可以同时达到三重目的:奠定了年轻人作为家庭保护者的崭新地位;通过对比彰显男子汉气概;有利于和侵犯者建立新的联盟关系,或重新确立上一代已建立但另一方由于无可作为而准备放弃的关系。

下面这个案例相当冗长,但涉及所有这几个方面。注意"饥饿—报复—消费"这个公式化的程序将个人经历融入一致性的主题的过程:

> 以前我有这个(偷盗)的习惯——因为我早就不干了,这么说吧,那时我只有十二岁或十三岁,在那些年,可以说。
>
> 冬天,风雪成冰,后来地势低一点的地区的雪融化了。
>
> 我们村里养母猪,不少呢。当时人们常去找橡子(喂母猪)。
>
> 哦,那时候闹饥荒,那么我们说说这事,大家都在找东西吃,可以说,一头猪,一只鸡,不管找到什么。
>
> 我说过了,我母亲也去找橡子,我家养了一头母猪,(所以)她去山

上捡橡子。但是橡子不长在希腊的山地，我是说，不长在我们村子的山地上。所以他们只好去普西拉村那边捡。告诉你吧，就在我们村庄间的边界上。准确地说，就是我们经常放羊的地方。沿着和普西拉（共享）的边界。当然（当时）我们没有在那里放羊，我们把羊都赶到（冬季牧场去了）。

附近有些普西拉村的人。他们对（我们村的妇女）捡橡子很不高兴，他们自己也捡橡子喂猪。现在巧了，就像我告诉你的，我母亲也在那里捡橡子，她当然认识那些人，都是朋友。

我不知道，他们认出她没有？没认出来？他们不可能认出她来，因为如果他们认出来，当然就不会这么干了，可以说。

于是，有两三个牧羊人从那里冲了下来，又是普西拉村的。就在女人们从那里捡（橡子）的时候，他们过来，夺下篮子，把橡子倒了出来。

好像他们还说："滚出去，不许捡东西！"

我母亲一个人站在一棵树边上，就在其他人旁边，当然也正在捡。

他们当中一个人走过来了："你也一样，大婶儿"他跟她说，"为什么捡我们的橡子？"

她说："嗯？橡子是你的吗？是谁的？在奥西亚（Osia），"她告诉他，"我知道我在哪，我们来这里放过羊。"让他知道她是谁家的（寡妇）！她是谁！希望他能尊重她，别把她的橡子扔掉。

最后她被迫公开自己的身份——当地一位著名战争中受害者的遗孀：

"那么，你丈夫会来偷我们的羊吗？"

现在他们知道是德国人杀死了我的父亲。

"也许你的丈夫会来"，他对她说，"来偷我们的羊？"

她说："我的丈夫，*bre*！（粗话），"她告诉他，"不会偷你的羊，因为他不能偷了。但是别人会来偷！"

讲述人就是这个母亲的儿子，他回到家后知道了此事，顿时火冒三丈！

呃，可怜的老母亲把火压在心里。

我从冬季牧场刚回来……母亲没告诉任何人这件事，甚至我的叔叔（已故父亲的兄弟）或任何其他人！

她对我说："我的孩子，某某人对我这样那样的。"他告诉我了细节。"你应该记着这事，我的孩子，以后不要理他，别和他说话，因为他这样对待我！"

作为母亲，她不希望儿子卷入暴力。她对儿子说话时非常谨慎，觉得只要儿子不再理睬那人，等于否定了侵犯者的人性和男子气概，就不至于真的卷入实际的暴力。但儿子决心已定，他把此事看作是对父亲的侮辱，并想抓住这次机会展现自己强大的人格力量，并担当起家庭保卫者的角色！

"好吧"，我对妈妈说，"我不会跟他说话，但除此之外我不会打扰他，但是不要告诉别人发生了什么，"我对她说，"甚至我的叔叔奥于斯，或者我的其他叔叔，（别让）我身边的任何人知道这件事，"我告诉她，"我要毁灭他！千万别告诉任何人！"

我现在变得很狡猾！

我说："她现在很害怕，怕万一有什么'事情'发生，她对自己说，'真 178 不该说这事'。"

嗯，但是我要用完全不同的方式！

我说："我要亲自去报仇！"

接下来的几个月，每当遇见那个侵犯者，男孩都毕恭毕敬地向他打招呼，并称其为教父，因为那人曾经给男孩的堂兄弟洗礼，同时男孩子开始了行动。

二只，三只，二只，三只，四只，五只！最多一次干了他五只。

当我没有机会时，如果我没有时间自己享用，就是说，我就牵走了五只，杀了（一只）吃，剩下的全扔进山谷里！（……）

　　我不记得我"吃"了多少只他的(羊)，我不记得干掉他多少羊，因为如果我"吃了"四只或五只，实际上，换句话说，剩下的我都(把它们扔进)峡谷了。

　　每当他停止打听时，换句话说，每当他决定不再寻找(丢失的羊)时，我就再来它一只。

　　"唉呀"，他会说，"他们从哪里来偷我的羊？哪来的？"

　　说白了，他完全忘记我母亲的事了。他可能有过这个想法，(但如果是的话)他忘记了，他不记得了。那个人快要疯了。他在说，"哪来的，怎么回事？谁在'吃我的'？他们这样对我太可恶。到底是谁？我谁都没得罪。为什么出这样的事？哪来的？"他一直这么说。

　　他让调解人来村里，找到我的叔叔。他说，"羊不在格伦迪！"在思泰利(Stalia)！就在周围！他会说，"我想过另一件事，有人从很远的地方来，从我这牵走两三只羊，不！(换句话说，这种可能性不大)"

　　我干掉他大概三十到四十只，我不记得了(具体是多少)。

　　最后，迈克哈里斯，他想起来了。谁知道他怎么想起来的！你(原话如此)还记得我母亲那件事吧，可以说，就在那边山坡上。

　　他当时就动身了！他找到我叔叔奥于斯。"牧羊友，我想告诉你点事。"

　　"怎么了？"他对他说。

　　"去年我对你嫂子做了这样那样的事，我把她的橡子扔掉了，还说了这句话。"

　　我的叔叔奥于斯马上明白了整个事情。

在叔叔追问下，男孩开始拒不承认，最后母亲承认对男孩说过受侮辱的事情，男孩无法继续隐瞒。

　　但是，迈克哈里斯，假如他想不起来的话，我真的打算一个也不留！一句话，我可以把所有的羊都牵来扔到山谷，之后就让他痛苦吧，痛苦吧！

　　五，五，四，五，四，五，让他去打听，你懂吧？去问询，去"打听"（丢失羊群的位置）。到那份上，我没打算给他留一只！这就是我的决心。

带着巨大的满足，他总结道：

　　我干了，迈克哈里斯，而且我想，换句话说，我这辈子从来没干过什么其他事能给我带来这么多快乐！

　　然而，个人的满足感往往伴随着某种认知，男孩以行动表明他是一个不应该被轻视的男人。把没吃掉的羊只毁于一旦是升级的侮辱行为，因为按照惯例，没有吃掉的羊只应该通过调解人的斡旋归还给受害者。然而在这一案例中，仪式性亲属关系早就存在，但叙述者幸灾乐祸，暗示既然冒犯者不遵守牧羊盟友的义务，就只能咎由自取。尤其是侮辱死去的父亲，本身就给了男孩名正言顺报复的理由：侵犯者犯规在先，而不是被冒犯的家庭和家族违规，勿谓言之不预。

　　像这种案例，偷袭行为起到了恢复上一代人建立的关系的作用，男孩的报复行为也起到挽回父亲应有声誉的作用，但尤其证明了男孩是能够保护家庭的男人。这种挑战无论有意还是无意，对恢复潜在的牧羊友同盟都起到了作用，因为男孩已经具备了这种潜质。

　　他不仅表现出娴熟的偷盗技巧，同时也谙熟偷盗的沟通暗示。把羊抛入深谷是尤为蔑视性的侮辱，暗示它们甚至不配被当作食物。相比之下，规范的做法应该把"选择"的羊只先挑出来。这种偷盗公式的常规说法是"他们选择了它们，先把它们圈在羊圈里！"随便丢弃别人的羊只如同辱骂其女性亲属毫无道德价值，所以说，男孩的抛弃行为和保护母亲的目的是一致的。

　　即使以严格的规范方式偷盗，也和绑架妇女有强烈的相似性，两种行为都属于偷盗（牌桌上的意思是作弊，皆很重要），据说多数纠纷的起因都是女人和家畜。在社会意义上，偷盗和绑架殊途同归：两者都需要在男子汉气概上展开竞争，都存在着肢体对抗的高风险，而且两者都有可能在相互尊重的基础上建立同盟,前提是矛盾得以化解。

　　只要年轻人打算和强手过招,从而建立自己的名声,通常就预示着他期待建立同盟的可能性。然而在第三方介入之前,双方需要反复博弈,在达成和解之前,人身伤害在所难免。有个词语叫作和解(*sasmos*),此时非常具有适用性,它源于"维修"(*sazo*),或更进一步"拉紧"(一根线)。只要争端还在继续,双方不明白彼此的意图,恐惧心理和无视态度就会让关系变得扑朔迷离。相比之下,一旦达成和解,这种复杂性就被一种明确而清晰的紧张所取代,至少双方不再装腔作势,而是对另一方真实的唯我独尊表示尊重。紧张始终存在,没有紧张的同盟并不存在,然而紧张可以重新定义为率直。

　　挑战强手的袭击行为通常发生在牧羊人的生涯早期。如刚刚探讨的案例,普西拉人的挑战,实际上是奚落寡妇家里缺乏强悍的男人,所谓强悍明确是指偷袭羊群的能力,所以可以肆无忌惮地直接发起挑战。

181

　　嗯,我当时是个小伙子,平时看守一些山羊,当然,大概二百多只山羊……

　　嗯,有一天来了一个人,他可是个大佬,可以说他的名字在整个里萨(丘陵地带)都很响亮。他是个大佬,来自托罗斯村。

　　他对我的老板说:"是你把他(正在讲述故事的格伦迪人)带来的吗? 嗯!"他说:"哼! 这样他就知道了(我圈羊的地方了),第二天他回去了,然后又会回来偷我们的羊? 既然你带他来了,他就知道所有地形了,可以说,他还会从他们那边的森林脚下带人到这里抢我们的羊! 可以说,为什么带他来?"

　　那时,我的老板让他说得晕头转向,我可是很生气,(我准备)报复他,因为他说了这些话,尽管我只有十三岁,(只是)一个小伙子。

　　然而,这个格伦迪小家伙毕竟太年轻了,虽想报复却心有余而力不足。于是他写信给他姐夫(ZH)和另一个格伦迪朋友,告诉他们那个欺负他的家伙有三十只羊,就等他们去偷! 诱惑之下两人即刻开始了行动。那个托罗斯人终于坐不住了,当得知对手是讲述者的姐夫、一个技术高超的偷盗者后,他决定用通常的方式"修复"局面。讲述人的动机不言而喻。

　　同时,那个家伙(托罗斯人)可能对自己说,他(讲述人)肯定生气了,所以才这样干,这样一来他就可以和他们变成朋友,他邀请我姐夫斯泰利奥斯给他的一个孩子洗礼,可以说,他确实给他的孩子洗礼了。

因为姐夫也是同族亲属,这种安排肯定对托罗斯人大有裨益。即使男孩将来没有如他所讥讽的那样成为偷盗者,其姐夫在偷盗圈子里的凶狠和狡诈也如雷贯耳。与此同时,男孩也表现出一定程度的男子汉气度:他拒绝逆来顺受,还设计了一个恰当的对策。

大多数情况下,牧羊人本身必须是"有价值的"(*akstos*)敌人、偷盗者、盟友。挑战无时无处不在,男人必须表现出他们的占有能力,无论占有对象是家畜、女人、甚至武器,都使用的是基本的占有手段。有两个格伦迪人挫 182 败了偷盗者的偷袭企图,不仅夺回了财物,还解除了对方的武装。

　　"你没胆量带枪,妈的,男人才带枪?可你不是男人!"
　　我威胁他们,敢顶嘴的话,我非把他们打个稀巴烂,我当然不会杀他们,但在他们面前我很勇敢。
　　"但是武器,"我对他们说,"不是什么人都可以有的,有武器的人,小子(*vre*,可能比 *bre* 略显客气点的粗话),应该配得上它们。"

男子汉精神是在行动中确立的。一个武器都被解除的男人,还哪里谈得上男子气概,或许连"说话"都不配,因为"说话"也是男人的行为。有一首押韵两行诗如此描述胆小鬼:

　　Min done paris, kopelia, ton asvetokliari
　　姑娘啊,千万别嫁给胆小鬼
　　pou dhe ghatesi na mila moudhe na rozonari.
　　他会不讲理,说话也不会,

这里说的"胆小鬼",是一种和鸡相似的鸟类,肉很难吃,压根不算肉。"说话"的权力是争来的,不接受彼此重要性的人就"不要相互说话"。扔掉武器等于放弃男子气概,而且在属于真正男子汉的殿堂里丧失了一席之地。

　　并非所有牧羊人都随着年龄的增长而变得强大。有些人迫于压力而选择从事农业或小型工业,还有人因成为"法庭人"而出名。格伦迪人和整个利萨地区的乡村村民都不会接受这种选择,因为打官司就意味着背叛,只能招致暴力报复,而且经常以羊群的系统性覆灭而告终。只有当偷盗者被抓现行,而且断然拒绝任何调停的情况下,格伦迪人才将偷盗者送上法庭,因为此时的罪责完全归咎于偷盗者。但这样的事情绝少发生,可以说是打了死结的无奈之举。

　　然而,如果"法庭人"是较远地区的牧羊人,则相对不会导致灭顶之灾,也更容易达成妥协。打官司极有可能导致偷盗者的经济破产。在此情况下,格伦迪人可以接受外村人前来调节,如果有牧羊盟友参与调解则事半功倍。一个曾经参与过这种纠纷的格伦迪人说,"因为大家都是牧羊盟友,离老远就打招呼'你好啊,盟友'。"这或许有点讽刺味道,但和平解决的好处是不容否认的。

　　然而,格伦迪人认为只有在双方实力大致相当时,这种正式休战才有可能。上述案例中,任何一方都不是很强大是相对容易接受调停的原因。如果争端双方都是"关键人物",那么只有一种可接受的模式:偷盗与反偷盗。在此模式下,双方都对打官司深恶痛绝。这时才涉及第三方。威胁要打官司会导致第三方介入小型羊群的牧羊人之间的争端,为的是防止背叛当地的价值观,如果第三方介入"大型"羊群牧羊人之间的争端则会给他们带来个人威望,同时也会降低最终流血的风险。

　　"擅长做男人"的人要在相互偷盗的道德范围内行事。偷盗需要勇气和技巧,更需要相互尊重和偷盗风格。任何违背偷盗原则的牧羊人,均被视为对男子汉精神的亵渎。我记录的大部分叙事材料都与违反原则有关,或许因为这些案例非常有趣,或许还因为在惩罚违规牧羊人过程中,牧羊人展现了自我的优越性。

"我从不欺骗朋友"

偷盗的基本原则是不偷自家人。自家人指本村村民,特别是同族亲属和各地的仪式性亲属。然而在现实中,这个原则并没有得到严格遵循。有一首幽默的两行诗,表达了因为误判而偷盗的标准理由(参见 Mavrakakis:1983:113-114,No.45):

> *Sindekne,skotina 'tone,ce ti samia dhen idha,*
> 牧羊盟友,天黑黑,耳标不知在哪里,
> *tapis tin idha ti samia,mono trianda pira!*
> 一旦看清耳标时,已经干掉三十只

这首两行诗的有趣之处,在于用夸张手法"三十只(*trianda*)"代替了 184 "一小只",亦是对传统修辞的一种戏仿。格伦迪人并不认为偷亲属或牧羊盟友的羊是出于不知情,然而也没把事情看的过重。最要紧的是一旦偷盗者被抓,应该对另一方表示尊重,需要自称他的确是误偷,因为没认出是谁的羊。

可以说,这是一个(理由),一个短语,是解释一切的正当理由。它的确让你感到怀疑……他给你一个印象……也许他真的不知道。

换句话说,这就是规矩,是正当理由。

他不可能老实告诉你,"不是我干的,是那个家伙偷的!"这里肯定是有"理由"的。他会告诉你,"没错,是我干的。"这里也有理由。

假如没有任何理由,他能对你说什么呢?(你希望他说吗?)"我想和你家吵架,因为我想吵"?

那根本不可能!

这种模式的自我解脱,最大优势在于受害者无法判定偷盗者的真实意图。

偷盗是不确定行为,甚至连偷盗的界限都说不清楚,偷自家的羊是偷,偷别人的羊也是偷,反正都是为了"吃",两者已经融为一体。这种模棱两可的不确定性让事情有了更多的可塑性和可操纵性,有助于建立更广泛的同盟。所以,意图和自我免责的内在关系不言自明。

> 他可能是故意的,然而,还有一种可能,因为你很强大,他可能希望(成为同盟)。也许他想和你交朋友,所以他来了,故意偷了你的羊,可以说,是为了和你建立联系。

很显然,实现这一目标的方法,就是通过展示对外交礼节的精准把握,这是男子汉必须要做到的。这里我们再次领略了高超偷盗者之说话艺术的重要性。

如果格伦迪人在本村偷盗,其行为不亚于乱伦。尤其当受害者是男性亲戚时,这种行为则被视为玷污。在一个得到化解的冲突案例中,我被告知这个故事——进一步说,是故事描述的行为——具有重大的"意义"。但这个说法颇具讽刺意味,案例涉及一个友好化解的争端。在本村偷盗毫无意义可言,村民都是同乡,偷盗者的目标应该是在尽可能远的村庄建立牧羊友同盟。但值得注意的是:在格伦迪村,唯一拥有很多仪式性亲属关系的是农民。

除了这种考虑,如果村民说不认识受害者羊群的耳标几乎不可能。不管哪个社区,一模一样的耳标非常罕见,即使有高度相似的,也几率很小(图19—20),否则意味着村与村之间会发生混乱。但有的牧羊人偏偏喜欢钻这个空子,把目标对准与自己羊群耳标相近的对象,或者使用以假乱真的耳标。有个非常活跃的偷盗者甚至声称,他十三岁时就精心选择了一种耳标,只要用它替代就能"摧毁"任何耳标,目的是把尽可能多的偷来的羊保留在自己的羊群中,即便有被识破的危险,也能及时杀了吃掉。

在任何情况下,故意袭击盟友的羊群都没有意义。同盟已经存在,偷盗者自以为是盟友而不被怀疑,那么同盟本身就会遭到损害。越是远地的盟友越弥足珍贵,是不可浪费的资源,即便时不时也会出现小的差错。

图 19 在羊耳上剪耳标（财产标记）。之前这只羊佩戴着不同的耳标，
还是根本就没有耳标？

图 20　两耳的耳标清晰可见

我在那边(南边一个村子)有个朋友,他是不错的牧羊人……他告诉我"在这下面(村庄)有一个牧羊人……过来牵走了他的羊。"

于是,我动身去偷他的羊,但是(反而)牵走了朋友的羊!它们就在附近。

他明白是我弄错了,就走过来对我说,"呃!"

哎呀,我没认出是我牧羊友的羊。

"呃,它们到处溜达(我说,这就是为什么我弄错了)"。那个事情也就摆平了,我们一只也没吃,他都牵回去了。

因为误判而把偷的羊吃了,毕竟是对男子汉的否定。再次注意:反复提及吃肉则象征着叙事中所包含的社会信息。

事实上,如果处理得当,把因误打误撞偷来的羊只归还失主,其效果堪比"不偷不成交"。有个前牧羊人讲述了他如何因为误判而误偷,让坏事变成了好事。

他们当然把羊从我这牵走了,我们的联系更加密切了,但我们原以为他们是(袭击我们的人)。他们认为我们做得对,换句话说,因为他们不知咋搞的,把我们的和他们的弄混了。……

当他们来到这,他们来了而且我们成了牧羊友。我马上告诉他们,"因为这样那样的原因,我们牵走了你的羊。"我告诉他,"这不能怪我们。"

"呃,为什么不怪你们呢?"

"这不怪我们,我们只是搞混了,是那个家伙偷了我们的羊!"

此时我插话问他是否准备报复真凶,讲述者这样解释:

那些人碰巧是他们的堂兄弟(被误偷的牧羊人的亲戚),因为我们是(新)牧羊友的缘故,可以说,因为我们是盟友了,我没去偷他们,迈克哈里斯。

然而,第一批人来过这里,说我们把他们的羊牵走实在太差劲了,因此我们建立了密切联系,现在你无法想象他们!双方变成了一个命运共同体。

通过与真实和想象中的偷盗者建立牧羊盟友联系,叙述人创造性地将原始错误转化为新关系的基础,进一步说,也显示了他作为男子汉的娴熟的表达技巧。

归还误偷之羊,虽然从理论上说是道德义务,但拿定主意绝非易事。由于偷盗者合伙作案,其中一个做出了正确决定,然而后来亦感到后悔。

我松开羊腿准备带走,这样我们就可以撒了。我看了一下耳标,居然是我的婚姻赞助人的,那个给我"加冕"②的男人,是他给我"加冕"的!

我说:"真他妈倒霉,但我不能带走这只羊,就是地球爆炸了也不行!"

"为什么?"他对我说。

"因为它属于那个给我'加冕'的人。"

"*Bre aman*(抗议声)!"他对我说。

说啥也没用,换句话说。嗯,我把它放走了。

实话说······我不该把它放走,应该把它吃了。嗯!

那天夜里,他的伙伴若有所思,说他好想尝尝羊肉的味道。

在错误得到纠正之前,误偷的羊有可能真的被吃掉了。像这种情况,受害者可以把"已经杀掉的羊当礼物送给你",而寄希望于没有杀掉的羊会被悉数归还。这种做法非常普遍,因为即使受害者是第一次被偷盗的对象,同样也是潜在的牧羊盟友,不应剥夺互利共生的权利。

鉴于此,哪怕有些羊已经被吃掉,也鲜有牧羊人提出赔偿要求的,即使真的赔偿也会由调解人来承担,把自己的羊送给受害者。然而,调解人绝对不会答应受害者再次赔偿的要求,因为受害者不仅让调解人(*arotikhtis*)付出了巨大代价,而且这种得寸进尺的要求,也势必导致互惠的进程走向歧途。不仅如此,这种态度表明作为男人他并不合格,男人要凭自己的本事通过报复弥补损失,如果不是这样,他就不配成为仪式性亲属或牧羊盟友。

赔偿要求有时也作为讨价还价的伎俩。有个典型的纠纷案例,格伦迪的两个连襟偷了二十五只羊。受害者最终抓住了其中一个,但他拒绝背叛同伴,只承认是自己干的,于是双方开始了相互试探:

> 于是,我们离开其他人,屋子里剩下的人。我们走到外边,他对我说:"你把二十五只羊都杀了吗?"
>
> 我说:"我是杀了它们!"
>
> 他说:"你连上帝都不怕吗?"
>
> 我说:"我为什么怕上帝?怕就不杀了(有什么大惊小怪的)! 你说这些有什么意思! 开什么玩笑!"
>
> 他说:"你必须赔我(其中的)十只,因为我已经损失不小了,你应该赔我十只,这样我就不至于全部损失掉。"
>
> 嗯,那么,我对他说:"我跟你开玩笑呢,才说偷了你的山羊,我在考验你,看你是不是个坚强的人。(事实证明)幸亏我没偷,要不然你还不把我送进监狱。"
>
> 他发现自己处在真正危机中。他……困惑了,他会说:"他说的到 190 底是真的还是假的,我该怎么办呢?"

正在这个节骨眼上,第三方村庄的一个牧羊人来了。他既是满腹牢骚的受害者的牧羊友,也是格伦迪人的朋友。听了受害者的要求后,他伸出了援手,对受害者说:

> "你别想(再)让我去迈诺斯地区'打听'(被偷的)羊了,除非你把它们都当礼物(给偷盗者们)。"
>
> 他又对我们说,"别害怕,他啥也不打算干。说实话就是了"

结果,偷盗者坦白了,受害者收回赔偿要求,在受害者的请求下,他们从之前

的敌人变成了牧羊友:

> 我们回到屋里,他剪掉我大女儿(*koutsanikhise*)大拇指的指甲。

受害者显然对结果很满意。要求赔偿无非是个圈套,目的是起到最大杠杆作用,尤其可以发挥调解人的作用,若无此计,偷盗者未必会在同等条件下接受他。受害者也斟酌过风险:因为按照惯例,调解人有权当场决定谁是不可交往的人。然而他并没有过度表演,反而做出令格伦迪人钦佩的决定:他把声誉押在一次危险的外交策略上,最终赢得他人的尊重,否则可能继续受到鄙视。

他的做法搞不好也会适得其反:但他最终大获全胜。过度的赔偿要求有悖于偷盗的初衷,即建立同盟网络。同样,面对铁证而矢口否认是懦弱和不人道的行为,更谈不上与受害者结盟的可能性。能够理直气壮地说"我从未欺骗过朋友"是件值得骄傲的事情。

此外,这种欺骗通常会引起对于冒犯者男子气概的全然否认。

> 正像我们所说的,我们的一些羊被偷走了。
> 之后,我们去"打听",他们没告诉我们。也就是说,我们找了一些人"打听"这些羊。

191 但是,嫌犯拒绝承认,但格伦迪的受害者已经锁定偷盗者,并决定教训他一番。

> 我们把他的羊拢在一起,把铃铛(*sklaveria*)统统卸下来。我们弄坏了所有铃铛,没一个好的,然后再挂上,我们还骗了三只(羊)。

格伦迪人对这种象征性报复很是满足。他们没告诉对方铃铛已经卸掉,羊也被骗了:没有必要,没过多久偷盗者就不打自招,并且假惺惺地说他一直很害怕,担心对偷盗承担责任,所以不敢承认,而格伦迪人为了证明男子汉的高风亮节,也承认了自己的所作所为,这场风波以一个格伦迪人的女儿接受那个牧羊人的洗礼而圆满结束。

如果牧羊人只承认偷盗,不承认还有活着的羊,同样违背了规范义务,一旦证实则会招致更大麻烦。

> 有一次,有人偷了我的羊。为了报复我带一个朋友去了。这家伙当然把他的羊圈在他房子下层的羊圈里。我和朋友打开了门抓羊。
>
> 但是他听到我们的动静,于是从后面追赶我们,可以说,当他追我们的时候,我告诉同伴,"停下,"我告诉他,"现在我要朝他扔一个手榴弹,把羊也全炸死。"
>
> 我的朋友,当然不让我这么干。"不,"他告诉我,"你不能这样,"嗯,然后我们就离开了。
>
> 我当然生他的气,因为这个家伙曾经取笑我。他告诉我,他把我所有的羊都杀死了,其实没有全杀死,留了一半活的以后再杀,比如说,办婚礼。我是后来听说的,这就是为什么我要如此,比如说,重重地报复他。

在这段叙述中,愤怒并不来自偷盗本身,而是偷盗者的蓄意嘲弄。男子汉的一个重要成分是有效的"打听"能力,欺诈势必换来大规模报复,这是毋庸置疑的。

对这些报复性袭击的关切亦关系到受到威胁的男性身份,也反应在对偷盗的雄性羊只的处理上。如我们所见,把公羊或者雄山羊阉割极具侮辱性。但是,即使只是偷走一只雄性羊,也如同是挑战对手的阳刚之气。于是只要偷盗者"看见发育良好的睾丸(*varoato*),就将其割掉而不是偷走"。虽然表面理由是阉割了羊之后,羊群就不能得以繁殖,内在却包含着对牧羊人的阳刚和人格的深刻暗示。那个给父亲带回铃铛的少年,虽然自己还不足以驾驭山羊,却同样用这种方式有效彰显了他的男子汉气概。事实上,留下山羊仅是一个客观原因,卸下铃铛却是有意为之:其中的轻蔑信息再也清楚不过了。

卸掉羊铃铛是实践这条原则的象征,大规模实施可以起到立竿见影作用。

> 有一回,我女婿的羊被偷走了。他四处"打听",终于知道羊(的下落)。
>
> 他们没谈妥。
>
> 他对自己说,"某某人是偷盗者,但是他们没有坦白,"因为他们害怕他!
>
> 而他们对他们自己说,"如果我们现在向他们坦白(偷了羊),我们就输了!"
>
> 他说:"很好!"
>
> 是他和伙伴又去了(格伦迪伙伴)……他们在尼达(Nidha)聚集了一群羊,卸掉了八十个铃铛,直接把石头挂在羊身上,挂在喉咙上,而把羊留在原地了。(……)
>
> 他们马上知道了:"这是谁干的?肯定是谁和谁干的!没人能这么干!"

这里表明一条重要原则:牧羊人希望他们的偷盗行为被解读,而且要正确解读。有时候偷盗者的身份难以辨认,但如果明显属于报复行为,受害者应该很容易锁定源头,包括让他狼狈不堪的原因。然而,因为此时的沟通方式是间接的,所以始终存在另一种可能性,即最初的受害者或许对错误的对象实施了报复行动。在此情况下,如我们所见,无辜的受害方可以接受这样的解释,即他遭受到了一次错误的掠夺。无论他是否真的相信,只要做出这个选择,他和偷盗者也可以建立新的社会关系,至少通过双方的直率表达,增进各自的社会地位。

那么很显然,偷盗是一个完整的体系,聪明的牧羊人可以从无处不在的乌龙偷盗事件中受益。可能产生错觉的原因非常多,包括识别耳标的有限范围,有时甚至连羊耳朵都被残忍地砍掉(见图 19—20);还有偷盗者为掩人耳目而传播虚假信息;甚至谎称自己就是罪犯。凡此种种,都是为了不劳而获,妄图不通过任何实际行动就建立联盟的关系。

        弗朗达斯家族人(Vrondades,斯格法斯家族的分支)曾经丢了不少羊,他们四处"打听",问来问去。

        有个自称斯皮蒂亚纳(Spithiana)家族的人,他说:"嘿,是我偷了你们的羊!"

        然而,他根本没有偷!

        他还说:"我把羊统统杀死了。"

        "哦。你都杀了? 好吧!"

        这些弗朗达斯族人泄气了,像有人说的:"他偷的,都杀死了(意思是没有什么办法了)"。

        但是,斯塔洛夫斯(一个弗朗达斯家族人)……对自己说,"但是真见鬼了! 那家伙偷了我的羊,我也不找了,不过这事我觉得不太对劲……"

        (他)这里找,那里找。斯塔洛夫斯发现了羊在哪里。

        于是,弗朗达斯家族人开始对他喊叫("坦白"的人):"这有一只,这有一只!"直到最后他们证实他一只也没有杀,他没按规矩来。

        于是,他坦白了,说他这样做是故意的,是为了建立友谊云云。"这样,我就要去'打听'我的羊,可以说。这样人们就可以在格伦迪'打听'我的羊,这样我们可以开始建立友谊。"

对格伦迪人来说,用谎言进行诈骗是极度的冒犯,最贴切的翻译是"不符合社会对个人立场的期盼值"(参见 Herzfeld 1980a)。罪犯所声称的男子汉名不符实,好在最终的坦白挽救了自己,弗朗达斯家族人表示原谅他了,并同意给他的孩子洗礼。 194

    这个故事的讲述者是斯格法斯族人,尽管故事讲完了,他继续对那人的不端行为表示愤慨。诚然,格伦迪人的偷盗与独到的狡诈和欺诈不无联系,然而都是规范的骗术。没干的事声称干了则违反了游戏规则,虽然他处心积虑想建立盟友关系,却建立在了虚假的基础上。

　　或许没有比此案更能清楚地表明偷盗既是对男子汉的考验,也是建立友谊的必要开端。但除此之外,此案例还表明,保密也是需要牧羊人像男人一样的表现,必须时刻提防任何违反原则的行为。警惕不亚于胆量,是男子汉气概的重要组成部分。它的重要性来自所有偷盗活动的保密性,但本身还必须公开"表演"。这似乎与擅做偷盗者的保密性质有点自相矛盾,其答案在于:偷盗必须演给别人看! 仅仅知道如何秘密行动并不够,还必须向其他村民以及格伦迪以外的牧羊人传递清晰的信号,他能够于无声处有效保护自己的家园和羊群。

"不要问你吃的是什么"

　　很多时候,家畜偷盗者保守秘密是出于某种实际目的。比如有些父母不愿意孩子听到偷盗的故事,担心产生消极的影响,但有些父母更担心的是孩子无意中泄露最近的偷盗事件,这使村民有时犹豫不决,是否应该把近期发生的事情透露给我,怕一旦传播出去会招致报复。

　　有个心照不宣的说法,"如果你(在村子里)吃肉,你吃的肉都是偷来的"。尤其在婚礼和洗礼上,大量的肉类都是临时弄来的,至少部分是偷来的。这个说法肯定没错。曾经就有一次,警察无法确认谁是偷盗的幕后黑手,但似乎与一场婚庆有关,于是就逮捕了新郎作为象征性的集体惩戒。

　　格伦迪人知道庆典场合肯定有偷来的肉,而且为之沾沾自喜,但他们对肉的来源只字不提。永远不要问吃的肉是哪来的,这是规矩!

　　　　有一次,在山上,我的袋子里装满了肉。满满的! 都是偷的!
　　　　有人看见我,叫我过去,我就走了过去。
　　　　他对我说:"你带了吗,"他对我说,"有面包吃吗? 因为(如果带了)我都快饿疯了。"
　　　　面包? 我听见(他说的是)面包!
　　　　我说,"我带了一些,"我对他说,"随便吃吧。"
　　　　他拿起一块肉吃了起来,当他吃完第一块肉时,他对我说:"但是,你在哪里找到的?"

他对我说:"这些肉哪来的?"

"吃你的!"我对他说,"少废话!"

他又咬了一口肉,对我说:"但是,是偷的吗?"

"吃你的!"我对他说,"少废话!"

我也吃了一小块,但是这个人又问我,"但是,嘿,你在哪找到肉的?"他对我说,"这是什么肉?"

这下我火了,我拿起我的包,背在身上就走了。

他对我说:"嘿,停下!"

"从这给我滚出去,"我告诉他,"你这个臭东西!"

为了强调这个道理,讲述者转过脸来对着我说:"现在,你知道了吧,任何场合都不要问吃的是什么,是什么肉,是不是偷的,是不是买的③。"偷来的肉象征着格伦迪人对即兴能力的尊重,偷来的肉必须迅速藏匿或处理,所以它的定义是"未过称的",即没有通过合法市场和渠道得到的肉。被盗的羊也会进一步成为掠夺的对抗游戏,因为它们最初失踪的秘密让人们难以追踪。有个格伦迪人发现一只离群的黑色羊羔,并向正好路过的一个外村牧羊人提到此事,后者怕自己的偷盗行为被揭穿,说他什么也没看见。过了一会儿,那个牧羊人又返回来寻找羔羊,这回轮到格伦迪人说他也一无所知,事实上,那只迷途的羔羊已经进了"我的肚子里"。两周之后,那个偷盗者又出现了:

他说:"嘿,你,那只羔羊一定是在这附近丢的,但在哪儿呢? 怎么回事?"

"好吧,如果我告诉你我已经吃了,你咋办?"

他说:"啥也不干。"

"还记得你问过我多少回吗? 你告诉我那不是你的?"

他说:"对,不是!"

"当天晚上我就把它杀了。管它呢,偷的肉来得快,去得快!"

"随便你了。"他告诉我。

无论有意还是无意，偷盗者从偷盗者手里偷羊的故事并不少见，说明捷足先登的重要性和极端傲慢的心理，这是格伦迪男性在人际关系中的基本态度。

赃物藏匿中也有即兴表演。女人将偷的肉塞进下水道或水罐、小男孩把脂肪塞进衬衫、牧羊人把偷盗的羊群扔进深谷，所有这些皆表现出躲避被抓的敏锐性。不仅牧羊人和他们的家人需要保持警惕性，连销赃的屠夫也摆脱不了官方和当地人的制裁。附近村子有个屠夫，经常从格伦迪人和其他牧羊人手中收购赃物，还经历了一次危险，侥幸得以逃脱。

> 有一次，我碰巧弄到二十只羊。羊的主人来这找。找我！我可是买的（虽然是偷的）。
>
> 同时，我把其中一只带到波托卡村卖了。我对自己说，既然他来我这，想从我这里找到羊，他也会去波托卡，去找那张羊皮。
>
> 为了不被抓住，我在这里杀了自己一只羊，把羊皮送给他（在波托卡的线人）。
>
> 我对他说，"如果他们来找羊，给他这张羊皮看。"
>
> 事情就是这样。
>
> 那个家伙离开这里，来到波托卡，"说了这个那个的，我要看看你今天杀的羊皮，就是你今天杀的！"
>
> 于是，我对他说，"这就是，先生！"
>
> 他被说服了，相信这些羊不是他的，接着起身走了。

牧羊人藏匿赃物的方法很多，而且经验丰富，因此侦查能力就成了对他们智力的真正考验。"肚皮上的褶皱"(*i dhiples tsi Cilias dou*)似乎正是牧羊人奸诈狡猾的贴切比喻：就像肚皮能藏东西一样，牧羊人的脸上既藏匿着躲避侦查的奸猾，也藏匿着能成功发现他人偷盗的刁钻。

这种保密的矛盾之处在于它还必须表现出来。一个男人必须让别人知

道他是守口如瓶的人,同时也是一个掌握很多秘密的人,这会使他成为异常
可怕的敌人或同盟。当那些探听"被盗羊只"的人行色匆匆地赶到村里时,
村民装出不感兴趣或若无其事的样子,但内心却是极度的好奇。这些"探听
者"先被带到朋友家里,随后又去了咖啡馆。他们从咖啡馆进进出出,和他
们的格伦迪朋友挤在黄昏阴影中窃窃私语。谁都知道他们为何而来,但没
人知道事情是如何进展的,或谁是最大的嫌疑人。还有几个消息灵通者悄
悄来到我们家,煞有介事地提供探听到的最新消息,其实都是些一般性的秘
密,几乎每个村民都知道,最后村民只好打消了进一步打探消息的念头而悻
悻而归,却给人造成牧羊人善于调查,以及和整个放牧地区的村庄保持着良
好关系的印象。

村民如今也用上了现代化词语,说成功侦破偷盗离不开心理学和外交
手段。"心理学"指根据已知争吵或先前事件推断嫌疑人的能力,还要看谁
的名气大。"外交手段"则指成功利用现有关系,尤其是从顽固的牧羊人或
其他有关人士的嘴里套取真相的能力。关于这种能力,深得格伦迪人喜爱
的案例并不是偷盗案,而是一起谋杀案,它说明了牧羊人的狡诈程度比任何
人都更胜一筹。有个格伦迪人和其他几个人因涉嫌共同谋杀罪进了监狱,
他知道谁是真凶,却不想承担举报责任,于是不断地咒骂:"我去谋杀犯他
妈!"凶手最后无法继续忍受,便对这个格伦迪人叫喊着不许侮辱人,狱警听
到了整个对话,结果水落石出,除了真凶之外的其他人都被释放。这个故事
至今仍在格伦迪流传,成为牧羊人娴熟外交手段的典范。

最有效的"外交"是完全出乎人们预料的高超手段(引自 Goffman 1959：198
141-166)。一个心怀报复或意欲获益的年轻人,有可能会等到放弃牧羊后
才开始一系列毁灭性的偷盗。他知道人们最不可能怀疑的是他:偷盗行为
只在牧羊人中才有道德接受度,因为牧羊人拥有真正互惠行为的手段。农
民偷盗势必遭到无情的报复,因为他没有供受害者报复的羊群。如果一个
受人尊重的小生意人说"我已经放弃偷盗了",似乎没人相信他真的当过熟
练的偷盗者。

同理,一个尚未建立显赫名声的年轻牧羊人,仅凭此项就可以躲避侦
查。这里有个重要的悖论:一方面,他希望隐蔽的时间可以长到足以造成更

大的破坏,另一方面,他迫切希望别人对他有所怀疑。隐藏的时间越长,一旦真相大白他就越会一举成名。形成风格需要时间,长期的博弈和紧张,可以对一个人追求卓越的诉求产生巨大的影响。

凡事装出与己无关的样子、大庭广众面前和蔼可亲的表现,或制造事发时不在现场的证据,都可以有效麻痹人们的视线。到较远的村庄偷一把才是聪明之举,因为疑云难起:在一条漫长而艰难的山路上奔波跋涉,其艰辛程度就让人们偏离了怀疑的方向,同时也证明有足够勇气的男子汉才能履险如夷。因此,狡黠和坚韧结合在一起才能达到目的,这是男子汉的两个基本要素。

再来回顾那位因为捡橡子而受辱的母亲之子,为了不打草惊蛇,他曾经深藏不露,隐姓埋名的时间越长,给对手造成的损失就越大。他在母亲面前谨言慎行,没有走漏一点风声,因为他知道一旦暴露,母亲会担惊受怕,同时也是因为他显然意欲独自享受报复带来的快乐和满足。

> 我习惯避免(做任何显眼的事),但我一直在寻找机会。我在咖啡馆坐到十点或者十一点,就像要回家睡觉似的,我路过家,告诉母亲,"我今晚上山,不待在这,我去看看羊怎么样了。"
>
> 我会继续往上走,我牵走他的羊,杀了一只,把肉藏起来,剩下的扔进山谷,早上我和羊一起出现,可以说,我就在那个方向放羊。
>
> 从晚上(傍晚)开始,我就在这里,早上一样,每天晚上我再回到这里。
>
> 他们找不到我,告诉你吧。
>
> 我其他什么事也没干。
>
> 人们会说,"如果艾提克斯(讲述人)想牵走羊,比如说,会叫着马诺利斯,或者米克哈利斯。凭他自己,能干什么呢?"(你明白了吗?)"从他身上没发现肉,他能把羊群怎么样?"

后来,在他叔叔的追问下他承认了。将秘密保持如此之久使他名声大噪,很快就以老练狡猾而闻名遐迩。

　　然而，当他结束放牧生涯时，名气也随之烟消云散：昔日牧羊生活所享受的人脉关系不再可靠，正如他在另一次交谈时略带苦涩地说道：

　　　　呃，今天，我在哪呢？在对人们有益的一边，可以说。一个社会人。一个绅士！我知道怎么跟你说话……我尊重别人，我尊重一切，比方说，我现在就很有礼貌。

　　　　那些曾经老远就问候我的人，嗯？过去常对我说，"你好啊，艾提克斯，祝你健康！"现在我坐在咖啡馆的椅子里，那些人路过也不打招呼。因为我不偷了，因为他们不怕我了！

他试图从恐惧中平静下来：

　　　　有时，可以说，我很生气，我对叔叔说，"都是十字架上的魔鬼，"我告诉他，"有时我真想从那个绿帽子那里牵他五十只（从他的羊群中），统统扔进峡谷。由于他不尊重我，可以说！而他是知道的……，我们曾经有多少友谊，我刚刚卖掉我的羊，当我停下的那一刻，停下偷羊，他就再没跟我打过招呼！"

愤怒让他变得结结巴巴，然而艾提克斯心里明白，他在体面道路上已经走远了。

　　"外交手段"和"心理学"，请仪式性亲属当现场调解人，绝不是牧羊人调查损失的唯一公开手段。有的方法更明显是模仿警方的侦探手法，这种与生俱来的天赋，亦为成功的破案带来声誉。早些时候，格伦迪和多数村庄还没有葡萄园，一个牧羊人凭借排泄物里的葡萄籽，径直找到唯一一种植葡萄的村子，成功找回了被盗羊只。在近期发生的一个案件中，有个波塔米提斯家族的人确信一个格伦迪同行偷了他的羊，因为他在现场发现了三颗谷粒，显然是引诱羊只走出羊圈的诱饵，谷粒大小恰好和政府发给格伦迪牧羊人的救济粮一样，而且就是几天前的事。

　　虽然格伦迪人的侦查目的是为了发现真正的偷盗者，但在侦查和"外交手段"中还实现了另一个目的,即确定了偷盗者可能的藏身范围,有助于牧羊人在更大范围内选择有潜力的未来同盟。如果他错怪并袭击了某个强者,在真相大白之后,他会把所有偷盗的羊只悉数奉还,即便杀掉一些吃了,被冤枉的受害者亦有可能权当赠与,既不报复也不提出赔偿要求,这是有原因的。但是,即使受害者真的实施了报复行动,机会也仍然存在,新的敌对关系仍有可能以最终结盟而告终。总的来说,犯错可能没那么重要,重要的是充分利用错误而建立新的社会关系。

错误在所难免,承认因误判而偷是可以被宽恕的。然而,有些牧羊人或许出于长期保持优势的考虑,宁可选择不坦白。但一俟谎言破灭,受害者通常会表示极大的愤慨。在这一点上,没有什么比偷盗者为了抵赖而虚假发誓更甚,这是对男人社会价值的蔑视,甚至置上帝的惩罚于不顾。

"最后我们在教堂发誓结束争端"

让牧羊人发誓是一种极不信任的象征,它表明直到那一刻他对偷盗者所声称的清白都不相信。格伦迪人不愿意走到这个地步,因为它表明从此拒绝嫌疑人的任何表白,并暗示嫌疑人没有勇气坦白,从而挑战他的做人底线,尤其是嫌疑人无需澄清事实就已经背上了巨大的责任负担:如果嫌疑人发清白无辜的假誓,那个逼迫他走到极端地步的人就要和他一起承担罪恶。短语 *Na paris orko* 仅仅表示"发誓",但也可以表示"虚假发誓",两种含义糅合在一起,表明人们对发誓缺乏信心,不相信发誓能验证一个人的清白。正因为如此,当牧羊人逼迫嫌疑人发誓时,不排除他有意识地走了一步险棋,即纵容嫌疑人在上帝面前做伪证。最后一点,要求另一个牧羊人发誓以证明自己清白是有前提的,如果他拒绝发誓,要求他发誓的人可以对他施以暴力惩罚。至少在理论上,一个意志坚定的对手可以把发誓视为虚张声势,因为他知道弱小的牧羊人无力对这样的侮辱实施报复,只能招致持久的嘲笑。

由于这些原因,牧羊人把发誓作为迫不得已的手段,他们宁可依赖"道义"(*filotimo*)来解决问题。下面这个案例中,牧羊人被质询时,会依靠"道义"，即道德义务坦白偷盗：

> "我以道义的名义来抓你，你要承认'吃'了我的羊"。
> "告诉我吧，朋友，我会把它们送你当礼物。我不会让你发誓的。"
> 因为，听我说，"（不管）公平和不公平，"他们说，"最好别去发誓！"
> 总之，发誓是个负担。发誓？一种罪，一种负担！

道德责任显然不是由伪证者独自承担的：要求发誓的人必须承担一定的道德责任，因为是他把对方逼到了不得不说谎的地步。但还有一个社会原因导致牧羊人不愿意发誓。一旦牧羊人面对圣像或福音发誓，除非能找到无可辩驳的证据，否则就不能对誓言公开表示怀疑，然而正是因为缺乏证据，才有必要让发誓作为先行检验。怀疑一个男人的誓言则意味着怀疑他的诚信，甚至对那些声称不相信教会教义的格伦迪人来说，发誓也是一种严重的冒犯行为：它挑战了他们的社会价值观。关于这一点，我们有必要回顾之前所说的，基督徒（*Khristhianos*）只意味着一个社会上的好人，而未必是一个信徒。

即使是宗教怀疑论者，原则上也会认真对待誓言：

> 我说我不相信。但是当我发誓，不！我不知道，现在，可以这么说，我不可能去发誓（假誓）。不！不管怎么说，我都不信仰宗教，可以说，202 我也不相信它（宗教）写的东西，在我看来，让我怎么对你说呢？至于福音里面写的东西，我认为非常正确，我不应该践踏那些东西。

或许是这样。但值得注意的是，无论是在教堂还是在法庭面对福音发誓，人们都期待誓言被推翻。而事实上，在另一个场合，正是这位讲述者并没有反对他的教父为保护他而做的伪证，这使他免遭被判偷盗罪而入狱。

当牧羊人坚持要嫌疑犯接受发誓的考验时，还是寄希望于后者能在最后一刻坦白，这一幕曾经真实地发生在教堂大门口。有这样一个案例（类似的案例可能并不罕见），就在两个牧羊人吵嚷着进入教堂时，其中一个突然承认他就是罪犯,之所以偷盗是为了报复早先别人对他的偷盗。但他坚持说:"无论如何,我们是对等的!"两个牧羊人握了握手,再也没有走进教堂的大门。真相已经大白,双方也都感受到了彼此的男子汉气概,何必再去面对圣像模糊不清的美德。

然而,当"我们最终在教堂发誓结束"的时候,也有可能是亦虚亦实的诈骗:

> 因为,他们坚持要我们发誓,让我们否认我们"吃"了他们的一群羊。后来我们怀疑……肯定是说,他们"吃"了我们一些羊,他们以为我们知道,所以他们坚持说我们已经吃了他们的一些羊……

> 换句话说,你可以对我说,"艾提克斯,我不相信你,我要你发誓。"

> "但是为什么? 我亲爱的迈克哈里斯,我会吃你的羊吗? 可以说,而不是对你说'对不起''比如说'那样的话?"

> 有时你"吃"了我的羊,你有这种看法,你以为我知道了。然后,你告诉我,我们应该一起去教堂发誓……然后又对我说"哦,不管怎样,我改变主意了,我相信你什么都不知道。"

> 这下我就明白了,如果我丢了羊但还没发现在哪,我就说:"嘿! 你这个戴绿帽子的! 就像他坚持让我们去发誓那样,他不相信我,肯定意思是说我在什么时候丢的羊让他给吃了,他以为我知道,所以他才这么做。"

为进一步证明他的观点,讲述人举了一个例子。有一次原告也是以这种方式放弃了要他发誓的要求,然后他要求他们也这样做。这是一个尤其恰当的特例,事实上双方都是无辜的,发誓起到了对彼此友谊的保证作用。这个过程可谓非常重要,因为卷入其中的人都是格伦迪的伙伴。

做伪证者亦对超自然力量感到恐惧。最常见的征兆是圣物从做伪证者的手中移动! 当地修道院保存的圣乔治的圣像具有可怕的魔力:"圣人经常显灵。如果你知道自己发(假誓),他就给你一个奇迹,你会发抖,发抖,发抖! 站都站不住。"

　　修道院的圣乔治圣像的确具有不可思议的魔力,当地神职权威人士将此归因于院内保留的圣人遗物。圣像曾经惩罚过一个偷奶酪的做伪证者;当两个当事人和修道院长正要离开教堂时,受害者向圣像祈祷,奇迹出现了,不知从哪吹来一阵风,将一粒石子吹到偷盗者脸上,并挖出了他的眼球。

　　与发誓有关的两个动词分别是坦白(*mologho*)和忏悔(*metaniono*)。两个词都有强烈的宗教色彩,在教会教义中也有精确的意义。尽管发誓是在宗教背景下进行的,但使用这些术语却有着严格的世俗含义。就意义而言,"坦白"是仅仅承认自己有过失,而"忏悔"则是放弃最初的顽固而决定承认。两者均不是为了得到神的恩惠,相反,两种行为都是为了建立或恢复社会关系。人们对做伪证者的怨恨心理,似乎同样是出于对他的不诚实所造成的社会恶果。因此坦白实际上是格伦迪人表达不信任的概念,因为它有可能把其他人的偷盗一并"坦白",从而变为背叛的行为。于是,尽管神圣的发誓背景赋予了人们对超自然力量的敬畏,却完全绕过了教会的职责。那些去修道院发誓的人会尽可能避开院长或僧侣,他们更喜欢在夜深人静时去那里,这样也可以避免碰到其他信徒。

　　让我们再回到保密这个主题上。虽然当地神职人员认为圣乔治圣像的特殊魔力是源于圣物的存在,但修道院的地理位置似乎也是一个超强的因素。它坐落在树木繁茂的乡下,既通往周围的村庄,又与村庄保持一定的距离,因此它是一块中立的领土,其私密性比任何乡村教堂都强得多。双重因素对选择发誓地点产生了作用。比如,如果格伦迪人和托罗斯人想避开他人耳目,就在各自社区之间的小村子里找到一个荒废的小教堂。这种私密性使任何人无从得知两人的裂痕,而现在双方都期待着成为最好的朋友,任何试图破坏新联盟的流言蜚语和危险性,都会减小到最低程度。

　　甚至于没必要去教堂,两个偷盗者面对面就可以互相发誓。赃物突然不见了,双方都变得极其敏感(事实上是另一个偷盗者钻空子偷走了)。他们选择一块石头,"我们在石头上画上十字架,他把手放在上面发誓,然后我也(把手)放在上面发誓。"露天下的话语同样声色俱厉:"我没有偷肉,愿上帝为(我的)灵魂作证!"显然他说服了同伙,他们的信任不久之后得到证实,真正的偷盗者被找到了。后来讲述者和真的偷盗者也成为了牧羊盟友,原来偷盗者是他们的同村村民,一次险些破裂的局面最终得以迅速修复。

　　本章所呈现的内容,展示了格伦迪人如何在偷盗中遵守一套相当明确的行为准则。即使违背了这些准则,他们亦希望自己的出色表现能给别人留下深刻的印象。最常见的情况是,一方偷盗导致另一方的报复,而报复者扮演了更加引人注目的角色,然而所有报复均通过一种正义的诗学来实施,而且必须与风趣盎然的叙事相匹配。

　　偷盗和反偷盗的模式,从某些结构特征上再现了"以牙还牙"的意味,在语言行为特征方面亦是如此,比如侮辱性的诗句。反偷盗不仅仅是经济报复。的确,尽管牧羊人知道,广泛的牧羊盟友关系网络可以带来更多间接但实质性的好处,但他们坚信摧毁牲畜更有可能给双方都造成损失。当然,如果报复失败了,就将会导致一方经济的彻底毁灭,因为软弱的牧羊人永远是别人嘲弄的对象。

　　但是,格伦迪人最看重的是报复的风格。正如当地的侮辱性诗句所明确表达的,"以牙还牙"的概念有助于理解这种风格。上述这些事例都表明,一次成功的报复应该适当超过最初被盗的损失,从而让人们注意到它自身的意义,这是真正的行动的诗学。一只公羊被从毫无防备能力的牧羊人那里偷走,他年少的儿子偷了铃铛却放弃了羊;偷盗者拒绝承认偷盗,但他的羊群脖子上却挂着石头,这些不按男子汉准则做出的行为,被一一评说。同理,那个普西拉人侮辱格伦迪的寡妇,她的儿子却可以用自己还年轻这个事实为幌子,嘲弄普西拉人的男子汉气概。

　　这些成功的行为和成功的两行诗一样,均通过诗学形式得以实现。与之有关的叙事,延续并再现了结构和变化的类似原理,在另一种层面上凸显了为什么格伦迪人认为自己与众不同。在偷盗叙事的结构与风格上,我们可以对格伦迪男子汉这个主题做进一步的阐释,这些阐释不仅体现在明确的叙事层面上,还包括叙事形式本身丰富的表现力。

第六章　互惠与终止

语境与结构：初步观察

民族志学者是以一种反映被研究之群体的伦理和美学价值观的形式接收信息的。此外，正如话语中的道德内容需要不断修正和解释一样，其形式和结构同样能够反映出叙事美学的不断协商的特点。道德价值和审美价值之间的区别非常模糊：二者都要通过社会表演进行协商；二者都可以呈现"永恒的真实"，始终如一的形式掩盖了可解释内容的不确定性和争议性；二者都在道格拉斯（Douglas 1975：7）所说的"背景"（backgrouning）之下实现了自我证实。

然而，为了便于分析，我们不妨把二者的区别暂且搁置。在前几章中，我们已经看到日常生活中的诗学如何影响着男性的竞争策略，特别是男性对阴性化"对象"的竞争。谈话虽然由话语符号组成，但其符号意义远比纯粹话语中的诗学概念所暗示的要多。言语符号本身并未主导话语，而是突出了某些结构性特征。话语中分布的所有符号，都象征着一种自我控制的紧张状态，包括个人在如何更好地表达话语的过程中所表现出的竞争性紧张状态。如此程度的系统反思表明，话语中的言语部分预示着更多内容，证明了诗学原则在起作用。

众所周知，文本离开语境就不能得到正确的解读。但是文本的语境是由文本的作者构建的。事实上，格伦迪人的"西玛西亚"正是如此：意义更多 存在于文本和临时定义的语境关系中，而不是在特定的文本中。所有之前的文本材料，就像一连串的两行诗一样都是语境的一部分，必须与新出现的文本相呼应。

由此看来，"格伦迪人如何讲故事"和"实际发生的事"之间的区别都是人为的。事件和事件的叙事都是社会建构，二者互为表里：事件的语境也可以被视为文本本身。格伦迪人在理论上同样对此有所认知，他们把激动人心的事件和故事合而为一，并将此概念归纳为一个单一的术语"历史画面"（*istoria*），从直译角度看也是如此，意味深长的是，它恰恰也是官方"历史"一词的用语。

这并不等于说格伦迪人从不说谎。然而在他们看来，谎言和偷盗一样，是创造性自我表演的策略。有人遗憾地评论说，偷盗者在叙事中撒了不少"胡椒粉"，这倒也无可厚非，然而在我看来这或许是一种不情愿，不想对我这个局外人和盘托出"格伦迪人肚皮皱褶"里的全部秘密，然而对重口味食物的喜爱见证了牧羊人的男子气概①。

虽然大部分资料是在我的住处这种私密场合收集的，也有相当一部分是在村民认为适合的环境，比如咖啡馆里收集的。并非每个咖啡馆都同样适合，有些太大，有些客户太杂，不符合保护隐私的条件。最理想的环境是亲属或密友经常光顾的小咖啡馆。家庭也是讲述偷盗故事的隐私场合，似乎也是男孩学习偷盗原则的主要途径，他们被期待将来能够效仿自己的父亲。

保密是前提条件，这和我们已经讨论过的一些特征相一致。或许更为重要的是叙事人可以在别人面前表现的淡定自若，无形中透露出的一种有效的偷盗能力：保守秘密是成功偷盗的关键，寡言少语可以转喻为自我克制的能力，强者示弱，弱者逞强。正像实际发生的那样，有个格伦迪牧羊人吹牛说谁也别指望偷走他的羊，却被另一个同伙狠狠教训了一番。他在这个牧羊人的羊圈四周放火，于混乱中把羊群统统赶进了自己的羊圈。因此，在保密的同时又让别人领教他的偷盗技能，是一种微妙的平衡术，这本身就是男子汉的象征，尽管有人可能不认可。在讲述偷盗故事时，叙事人需要对偷盗时间和地点进行详细的描述，就像歌手被邀请登台之前，为了彰显其高贵气质而略作谦逊一样，偷盗者被恳求讲述他的业绩时，必然先表现出令人称道的沉默。

我以一个观众的身份参与了本书中再现的叙事，无疑对他们的叙事风格和内容产生了一定的影响。这种影响在某些方面很有启发性，既涉及民族志学者对数据生成这一普遍问题的理解，也涉及对偷盗文本更为具体的分析。你要经常扪心自问"我是否真的懂了"，它提醒你仅仅作为一个民族志学者，正在一个非典型环境下倾听偷盗的故事。最初时，只要谈到偷盗现象，村民往往沉默下来噤若寒蝉，我完全可以理解。村民显然认为我有可能让他们在其他希腊同胞面前感到难堪，被称为"山羊窃贼和刀客"已经让他们痛苦不堪，他们希望在更大的范围否认偷盗的希腊性。

这些情形给了我阐述叙事形式如何再现社会关系的机会。我听到的许多关于偷盗的叙事均从某种形式的免责声明开始，意思是在希腊或克里特岛社会中并无偷盗现象。然而，不要把这些言论与希腊人搭救基督出狱的故事混同，并作为一方或另一方一定在说谎的证据。事实上，内省的自我认知与外向的自我表现之间的紧张状态，以及由意识形态激发的两种对立的语言系统之间的斗争，是所有希腊社会话语的普遍特征②，只是格伦迪的情况尤其如此，特殊的环境使村民敢于挑战官方话语并分解其中包含的主张。

在描述一些高度非法的行为之前，以这样的免责声明作为开场白，这种倾向性表明并再现了这种紧张状态。我们不禁要问，这种明显的内在矛盾从何而来。然而对格伦迪的牧羊人而言，这种集体身份的外在表现和内在现实之间的矛盾，正是他们社会经验的实质，在国家、地方、村庄和父系家族层面上皆是如此，所以成为了他们实际表现中必不可少的一部分。当这些矛盾通过偷盗叙事的顺序结构予以描述，尤其是讲给一个好奇的外国人听时，则表明叙事形式确实能够再现社会经验，同时也表明，经验的表达如果缺少听众就成了自话自说。叙事顺序未必是时间性的再现，虽然在某些背景下可能是一种期待，但更有可能表达的是叙事人自认为的属于经验之间的重要关系（引自 Herrnstein Smith 1981:223; Ricoeur 1981:175）。因此，当叙事以希腊文化中不存在偷盗，突厥人的暴政才是偷盗根源作为开场白时，我们应该把这种陈述解读为一种意识形态紧张的表达，本身赋予每一次掠夺行为以意义。缺乏紧张状态的经验，不管是个人的还是意识形态上的，格伦迪人都不认为存在任何"意义"。

想象这样一个场景。一个牧羊人在黄昏之际来看我，即使被别人注意到，也并没有违反保密的原则，低调来访说明他恪守村规，他本不该向一个外部人透露乡村生活中不体面的事情。另一方面,如今几乎人人都知道,我已知晓这里是偷盗的高发地区,于是来访者并不介意多一个新听众来了解他的勇气和技巧。讲述之前,他用相当正式的措辞先做免责声明,为中心主题埋下伏笔。随着情节的深入,他的语言开始发生变化,方言土语无意识中多了起来,回忆往事的兴奋在眼中闪烁,声音也变得深沉,像是在低吼,这本身就是游牧男子汉的象征。最后,他可能使用一些公式化的短语表示结束"(故事)就这样了",我们又回到明朗的现实世界中。

在这些叙事中,讲述最多的是自我表现。通常情况下,叙事人要么是偷盗者,要么在少数情况下是调解人。讲到失败的经历时,叙事人的脸上一扫昔日的英雄形象。但没关系:失败最多是自我解嘲一番,或许会将听众吸引到下一个新的开端。下面这个例子就是一次功败垂成的偷盗,然而虽败犹荣,主人公的自我克制最终转化为象征性的补偿。

偷了一只羊后,叙事人发现失主是他的婚姻赞助人,他不顾饥肠辘辘的同伙反对,把羊放走了。

> 210　　嗯,我放走了羊,是的,然后在月光下我突然发现了(*mou tikheni*)一根羽毛,就当我们往回走的时候。我们啥事也没干成,我们沿着这条路回家,偶尔发现了这根苍鹰的羽毛。
>
> 　　我说,"真扫兴!把你留给我当个纪念吧。"
>
> 　　于是,我把它插在腰上,像把刀。看吧,我拿着那根羽毛,就像拿着一把刀。看见了吗(他指着那根真的羽毛)。

正在此时,他的妻子打断了他的话,显然是在讽刺他:"他把羽毛当肉带回来了。"然而丈夫丝毫没有察觉到妻子的讽刺味道,而是立刻就着她的提示说:"对,代替肉了。我们啥事也没干成就回来了,啥也没干!"通过把这样的自谦之词和羽毛的象征意义相结合,他暗示自己并未真正失败。他的确抓住了一次机会,在月光下"巧遇"的那根羽毛。这也是偷盗者常用的短语,山坡上的羊是"巧遇"的,他理所当然地顺手牵走。这个动词用在两行诗中,则意味着歌手"偶发"的灵感。

　　但是，正是妻子给了他把羽毛变成象征性的肉的机会。她的插话完成了他开始的叙事模式。他已经不再关心那只偷到手的羊，因为他断定与其吃一只轻易到手的羊，不如放弃更能彰显男子汉的气度。他的判断或许是正确的，他站起来走到朋友面前（听众之一，也是故事的主人公）坚持说他严格遵守公约的做法没错，因为他们有失有得，心理得到了平衡。在此案例中，他得到一根羽毛，而且像"一把刀"似地举着。他的妻子完成了这个转换的过程，让他顺水推舟并戏谑般地说羽毛就是奖品，和他原本期待的羊肉是一回事：

1.	2	3	4
失去	首次收获	再次收获	第三次收获
真实的羊　→	羽毛　→	一把刀　→	当成肉

最后一次转换的中介是叙事人的妻子。把一根羽毛变成一把刀，这个异想天开的念头通过别在腰上的动作得到强化。我们之前已经说过，作为一种工具性的占有，格伦迪人以一种奇特的方言将某些词汇"阴性化"，在这里就是用阴性形式的羽毛（*masera*）替代了标准用法的羽毛（*makheri*）。然而，当羽毛进一步转换为肉时，他没有任何标志性的工具可借用了，于是只好靠 211 妻子对丈夫动机的理解。因此，这个女人此时也变成了阴性化的工具，也就是丈夫的占有物，丈夫凭借她的作用把手中之物变成肉。而实际上，她想表达的意思和她丈夫的男性为中心的观点是相反的，此种情形颇具讽刺意味。但是丈夫毫不迟疑地将此意象融入到了他的叙事流中，一句"对，代替了肉"，表明至少对他来说，这种象征性的转换是完全可以接受的。

　　这个例子特别有价值，因为它的表述背景可能比我收集到的大部分内容更接近日常叙事行为，尤其是听众当中包括两位主人公和叙事人的妻子。那只羊究竟该不该杀了吃掉，他们是存在分歧的，而我们在不在叙事现场似乎显得无关紧要，演员之间的谈话如同和我们交谈一样轻松自然。叙事再现了当时的真实场景，为日后的编辑留下相对较少的杜撰痕迹，而不像有些叙事人那样，让人觉得他们的故事在编辑时最好有所补充或剪辑。

　　这个故事在叙事顺序和时间顺序上相当一致，并显示了与其他叙事同样明显的结构特征,即字面上的时间性并不那么重要。羽毛变成了象征性的肉,表达了对男子汉的肯定或否定。

被占有的对象往往被阴性化,在叙事中也得到了充分的渲染,不仅表现在"刀"之意象的性别上,也表现在故事早期被盗羊只的性别变化上。开始时"羊"是中性名词(*to zo*),到手后不再是"山羊"或"绵羊",而是简单的阴性代词"它"(*tine*)。当偷盗者准备离开时,又回到了名词的"羊",但是当两个偷盗者爆发分歧时,羊的性别就变得模糊了。正义方对同伙说"他不会牵走这只羊!(*toutine to provato*),就算地球毁灭也不行!"这只羊(*toutine*)是阴性名词(指正要偷的那只)。但因为它是一只羊[to(中性)(冠词)+*provato*(中性)],所以又用了本身的中性名词。这绝对不是简单的语法性别搭配的问题[即名词:中性;代词:阴性;(或说明性:阴性)],因为也有羊的阴性名词(*provata*)在这些叙事中曾多次提及。因此,这些词性的变化似乎标志着羊在不同阶段的状态,从纯粹的羊到有争议的占有物,再到最后的回归。

212   这些明显"违反"标准希腊语规范的独特语法,被格伦迪人视为他们从希腊主流文化中被排斥在外的证据。当然,这也就成为村民在叙事时最恰如其分的抗法标记。村民对自己的语言习惯也感到难为情,正像他们谈到地方家畜偷盗时所感到的尴尬一样。在实际叙事中,他们独特的语法形式和男性竞争的意象相结合,与相当正式的开场白形成了鲜明的对比,同时也表达了克里特岛似乎永远都应该受到谴责的尴尬之情。我们有必要对这些文本特征进行更详细的探讨。

语境与结构:按顺序表达

许多对偷盗的描述都呈现为三个明显的阶段:自我辩解的开场白,偷盗高潮,正式结束。三个阶段不一定平分秋色,侧重点各有不同。三个阶段在整个叙事过程中没有清晰的定义,但三种情况都很常见,在很大程度上可以清楚地加以区分。

开场白

首先是引入阶段，通常是非常严肃的集体性自我免责声明，一般情况下不会再次重复，即所有家畜偷盗现象归根结底都归咎于突厥人的压迫。在这种减轻罪责的框架下，经常出现一个更为普遍的暗示："饥饿"，叙事人借此说明偷盗者的现实状况和克里特人所处的糟糕境地。有些年轻偷盗者则直言不讳，认为偷盗就是因为饥饿，或者从意识形态角度表达更为明确的态度。

如下陈述说明了关于贫困的简短开场白与关于最后的大量食物消费之间的关系。

偷盗是贫困（的结果）。刚刚，星期一晚上，我妹妹（给她的孩子）洗礼。嗯，为了有足够的钱应对这个场合，她至少得花三万（德拉克马），甚至四万！

嗯，那时我刚好在附近，那是五、六天前的事了，我路过那里，把一些羊送到那里，也就是我妹妹的村子。

于是我就顺便（'tikhe）去她家，看看她过得怎么样。当我到了那里，才知道一切，她后来告诉我，"礼拜一，"她说，"我给这个孩子洗礼。"

于是，我说："我没听错吧，你给孩子洗礼？"

她说，"是的，"她说，"我们要给他洗礼，正想给你打电话，让你也来参加。"

我妹夫在那里，我们聊天的时候他告诉我，"我现在很困难，"他说，"我一分钱都没有，哪里去找五六只羊呢，"他说，"这样我就能洗礼了？六只羊，一只五千德拉克马，我得花三万。"

我有一些羊，在围栏里（偷的羊，暂时存放）。我要给他牵五六只来。于是我开着卡车走了，在车上装了八只羊，我把它们放在羊圈后，就在那杀了。

那里根本没有偷羊的。在那个村子里，偷盗者根本不存在，那是个小村庄。

213

　　　　于是,他把羊都杀了,那里没有什么证明或公章之类的事③。他杀了羊,剥了皮,放在炉子里。所以他履行了他们的义务。

　　　　看吧,假如我不在那里,如果我没有去那里,他就不会告诉我洗礼的事,他一分钱都没有。他会欠债三万,甚至四万德拉克马。如果他到处借钱,他的孩子们就不好办了。都是因为四万德拉克马的事,有了钱他就可以买羊杀了给孩子洗礼。而我是免费得到的! 没有称过! 现在我要照顾他们的事,看起来很慷慨,是吧?"吃,吃!"他告诉我他需要六只,但我给了他八只!

214　在这位叙事人看来,突厥人的掠夺不过被其他政府取代了而已,而偷盗是对需求的回应,饥饿是最正当的理由。这种开场白让听者对如何战胜饥饿予以期待。

　　　其他叙事更加直白,尤其是德国占领时期发生的事情,在那些文本中,"饥饿"(*pina*)几乎创造了大规模偷盗的宏大战场:

　　　　我曾经在德国占领时期偷盗过,应该是 43 年吧……二十五只山羊! 我们把羊牵到这卖了。那是占领期间,我们都快绝望了。我们把羊都杀了,吃了,我们饿坏了。

这种陈述再次提示听者对胜利结局的期待:受害人要求赔偿,但由于没有像男子汉似的坚持而被说服,双方成为牧羊盟友。

　　　德国占领对克里特人来说,的确是一段难熬的日子。时至今日,偷盗行为屡禁不止,受到人们的唾弃和诅咒,甚至为整个国家所不齿:

　　　　有一次,在占领时期,我想偷几只羊。当然,大家都很饿。克里特岛和整个希腊都有德国人。我们到处找绵羊和山羊,不管碰到什么。

他和同伙一共偷了一百只羊,占受害者羊群的五分之一。虽然"饥饿"是偷盗的明确动机,但当然也要做长期打算,"后来,我们把羊分了,'让它们变成羊'，意思是说成为我们自己的羊，还杀了一些吃了"。事实上，吃羊似乎是事后的想法。但是既然"吃"也包括偷，那么"饥饿"和剥夺也是同义词，这更加证明了这种行为的正当性。

如果有开场白的话，那么它通常非常简洁。但如果叙事人是格伦迪人，那就几乎没有开场白可言，但开场白仍不失为一道有用的界限，让好奇的陌生人即刻融入更亲密的环境中，与格伦迪人一起分享他的经验。在这方面，格伦迪人的看法和官方的国家的意识形态类似，不愿承认偷盗是真正的地方流行的现象：人们总是从外国的影响或统治中寻找原因。但与此同时，它表达了格伦迪人对所有形式的强权的看法。不管何种形式的政府，只要有压迫就会有饥饿，只要有饥饿就需要吃饭。这些概念在叙事的主体部分中得到了充分阐述。

偷盗高潮

在这些叙事中，或许最突出的文体特征就是语法的性别应用，一般来说格伦迪也包括在内，特别是中性词"羊"（*pravato*）经常用阴性形式的代词代替（偶尔也用其他阴性形式，如 *pravata* 或 *pravatina*），我之前已有讨论。

我们绝不能将其仅仅视为语言上的细微差异，并认为它与社会分析的常见问题无关。性别变化的规律性表明它不可能是简单的语法错误。我曾经问过格伦迪人为什么是这样，他们认为这无非是糟糕的语法罢了，但显然它是二元现象的一个方面：作为一个外部人，我会问一些雅典官方文件中不存在的问题，但他们居然会做出"官方"的答复，而不是用"地方"的语言作答。性别变化有如此高的一致性，必须把它视为有价值的象征性指数。对于官方认可的语法规则的系统性违反，再现了当地人在社会生活中对官方规范的反应（也见 Kevelson 1977）。

在格伦迪，至少在男人当中，财产的占有和（被占有的）工具经常用阴性词表示。尤其是牌桌上的会话用语，明确说明了构成格伦迪男性关系的概念性原则。男性主体为主动，对照之下女性主体为被动。现代文法形式亦是以男性作者的话语为特征的（Berks 1982:50），并在格伦迪形成了两种鲜明的情形：男性在政治上的主导地位，以及象征其主导地位的话语控制权。

从以男性为中心的角度看,他们的语言具有工具性的指导地位,言语就是政治工具。虽然女性在公开场合也可表达类似的政治情绪,但未必是她们的一贯立场,她们相对"沉默"的话语通常只出现在更亲密的环境中,且仅仅是温和的讽刺而已④。在政治舞台上男人才有发言权,在此我把以偷盗为主要基础的政治联盟也包括在内。在此背景下,男性话语中与性别有关的独特性不可能无关紧要。

通常情况下,叙事人并不详细说明羊是绵羊或山羊。这一点很重要,因为用 *pravato*(羊)一词称呼羊时,在语法上是中性的,而山羊却有雄雌区分(如 *traghos*;*egha*;*arogha*;*katsika* 为雌性,*katsiki* 为中性,但不常用)。当统称"羊"的时候用中性名词牲畜(animal)。他们用 *ozo* 表示标准的"动物园"(*zoo*),而"动物园"一词在当地的其他形式为 *zoumbero*;*ekhnos*。东克里特人使用 *miaro* 一词指"动物园",这可能是受到牧羊人长期迁徙生活的影响,显然与远离家乡有关。因此,当格伦迪人用宾格代词 *tsi*(它们)称呼羊时,雄雌都包括在内[即标准希腊语宾格的代词复数形式 *tous*(中性)和 *tis*(阴性)在克里特的对等词语],这时听者就要格外留意该词有强调转移的味道。宾格代词的中性复数形式 *ta*(它们)也是标准的希腊语,但此时的代词显然是阴性:处在相同位置的形容词都有明确的阴性后缀。下面是一些实例:

　　1.在讲述一次报复性偷盗时,一个牧羊人这样描述,"我们牵走了四只羊(*tessera*,中性),选择了四只羊(*dhialekhtes*,阴性),然后杀了这些羊(*ifakhta*,中性),并带着它们(*tsi*,阴性/阳性)离开了。"这里实际的顺序是:带走羊(*tessera*),吃羊(*sfakhta*),选择羊(*dhialekhtes*)。因为叙事人说偷羊是为了吃肉,但吃的动作在偷盗结束时才发生,那时的羊已不再是竞争对象。然而在"选择"的那一刻,偷盗者正处在争夺羊的过程中,因此用形容词的阴性形式来表示,但带有主动动词的含义。

　　2.一个年轻的偷盗者说他"在这个地区的不同地方总共积攒了大概三十只羊,可以说,把它们(*ts'*,阴性/阳性)和我的其他羊(*alla*,中性)都变成了羊(*provata*,中性),这些羊(*samomenes*,阴性)用相同的耳标。""其他"的羊没有争议，已经归他所有。然而成功地藏匿最近偷来的三十只羊还是一个问题。叙事人在继续谈到"我自己的"羊时，使用所有格形容词的阴性形式，但这里存在一些隐含的疑问，即他能否把所有控制的羊都据为己有。这个年轻人的羊群数量相对较少，均非偷来的羊只。

　　3. 从上述内容分析，语法单位和性别之间似乎存在一种简单的相关性，致使人们对性别转换的具体社会影响产生疑问。这里还有一个反例。在用石头替代铃铛的故事里，在语法上这些石头都是阴性的。当羊主人"一早去并看到这些（*tsi*，阴性/阳性）石头（*petres*，阴性）挂在羊身上（*kremasmena*，中性）……"这里，隐喻的性器官用一个语法上的中性词替代，记住作为侵犯和占有的工具，阴茎本身经常被阴性化。　217

　　第三个例子说明阴性也可以转化。综上所述，所有实例都从两个层面展示了语法形式的意识形态含义。在更广泛的层面上，它挑战了官方的清规戒律，性别的易变性可以理解为拒绝循规蹈矩，这是格伦迪人回应官方世界的普遍特征。在地方互动层面上，性别的语法应用强化了男性占有和控制的意识形态，而意识形态正是男性竞争的有力武器。

　　偷盗高潮发生在"吃"被盗羊只的时刻。这时的代词在性别上阴阳性通用（*ts′ifagh*，阴/阳，"我吃了它们"）。然而如我们所见，"吃"的行为也是极其模糊的。有的牧羊人不愿意立即承认，声称已经把羊"吃"了，很可能意味着竞争尚未结束，还要继续下去。另一方面，为了避免被发现，他们把偷盗来的活着的羊混在自己的羊群当中，这时的羊通常使用中性是语法形式，因为羊不再是竞争对象：争强斗势的男人对羊的性别也不再感兴趣了。

结束/解决

　　保留活着的羊代表一种明确的叙事结束，并构成解决社会紧张关系的方案。由于通过规范的方式成功"探听"（*arotima*）到羊的下落，即意味着所有活着的羊都有望回归失主。暂且保存在偷盗者的羊群中，也意味着任何一方不会马上获得社会的利益，成功偷盗造成的紧张状态并没有被期待中的联盟所取代,但羊不再是社会游戏的筹码。

社会利益的迅速削减,在大多数此类案件结束时都有所表述,"我把它们变成了羊"(*ta′kama provata*),意味着这些羊已不再是任何别的东西。叙事人通常用"活着的羊"来表示羊(*zondares*,阴性;*zondaria*,中性;*zondarika*,中性;*azondana*,中性)。阴性形式使用相对较少,即使有也是为了描述偷盗的某些细节。在特定的偷盗叙事中,中性形式主要用于强调结束:因为羊已经融入羊群,不再是男人竞争的对象。

218

有个案例是对于持续性不报以希望的很好说明。有个儿子竟然带着六十多岁的父亲一起偷盗!因为他曾对父亲夸口说,即使到了父亲的年龄,他依旧可以照偷不误。父子双双做贼,揭示了偷盗的特殊性质。父与子或两兄弟通常要避免结伴偷盗,双双丧生的危险对于一个家庭而言过于沉重,尽管鲜有死亡的事件发生。特别是兄弟俩,幸存者要为死者的家庭担负起责任。父子共同偷盗说明一种辈分的混乱,在某种程度上,儿子的这种行为,不亚于通知父亲离家庭易主的时间不远了。但在这个案例中,父亲宝刀未老活力四射,其自豪感出人意料。像这样的偷盗,并非为了建立新的社会关系,父亲的关系四通八达,早已建立起令人生畏的名声,所以只是一次冒险,当我问他是否愿意讲述最后一次偷盗时,他才告诉我的:

> 我们离开克斯利亚,当时我已经六十五岁了。因为他要带着我一起去,他说就算最后一次吧。

> 我们看到了一个牧羊人,他感到害怕就溜了。我们把羊拢到一起,抓了三,四只,我不记得是多少了,我们把它们圈起来(我们的羊圈里),我把它们变成了羊,可以(通过交配)生很多羊,那是我最后一次偷盗。

那个临阵逃脱的牧羊人显然不是一个理想的盟友,居然从一个老人和儿子面前逃之夭夭。有什么可担心呢?这是一次没有任何借口或背景的偷盗,更谈不上建立新的社会关系,本身就是为了给老人成功的牧羊生涯画上句号,只剩下那只没有社会意义而且语法上属于中性的雌羊。

　　第二种可做比较的叙事结束的形式,是社会关系得以建立。叙事人让姐夫去敌人那里偷盗,年轻的牧羊人如是说:

　　　　同时,这个家伙可能对自己说:"他(叙事人)肯定很气愤,想用这种 219 方法把他们(偷盗者)变成朋友",所以他邀请我姐夫斯泰利奥斯给他的一个孩子洗礼。

这时我满以为故事已经结束,便问他斯泰利奥斯是不是真的给那孩子洗礼了。

　　　　是的,他给那个家伙的孩子洗礼了。他当时好像说,他会让他们看看他是什么人("他会怎么做,他将证明"),一旦发现他的羊在哪,可以说。后来,他邀请我姐夫来给他的一个孩子洗礼,这样事情就可以结束了。

这个故事就这样结束了,双方化敌为友,偷盗导致了社会关系的建立,年轻牧羊人展示了偷盗的规范,他的姐夫多了一个盟友。

　　很明显,洗礼与之前的事件并非总是有关。我记录的另一段叙事,只简单提供了一种结束的形式,除了叙事结构,故事本身似乎是一个无关紧要的过程。主人公偷了三十只羊,并把羊群赶到另一个村庄而不是格伦迪村,他和同伴把羊统统杀掉:

　　　　……很快活,因为我们一直杀羊,在那里吃肉喝酒,开心了两天!我们很开心,我也给一个孩子洗礼了,我也洗礼了一个孩子。

当我问及洗礼的原因时,他坚持说洗礼和偷盗没有关系:"那里碰巧 (*etikhen*)有个孩子,我就顺便给他洗礼了!"简言之,他抓住了一次机会,把一桩原本只捞到了一点经济利益的偷盗,变成了建立社会关系的基础。在这里,叙事顺序将不足挂齿的偷盗战果转化为炫耀性消费和即兴发挥的融合体:"那里碰巧有一个孩子,我就给他洗礼了!"通过这样的叙事结束,叙事人成功传递了他即兴发挥的天赋。

220   另一个系列的转化是由失败的偷盗生成的。鹰的羽毛逐渐变成刀,然后变成肉,说明叙事人利用隐喻代替了主要占有物的策略。讲述早期的失败时,老练的叙事人一般会详细描述他如何成功地逃脱追捕,或是一些小花絮(比如鞋底跑掉了)。总之只要没有得手,他就大讲特讲如何战胜灾难或恐惧。叙事人没有理由讲述自己的失败,除非对当时的危险程度做戏剧化的描述。恐惧不可能被压制,它冷冰冰的存在让听者对功败垂成者的勇气肃然起敬。

因此总的来说,叙事的结束形式,主要是为了突出偷盗者的勇猛顽强,多数情况下主人公也是叙事人本人。一系列的事件从紧张到平衡的发展过程中,竞争对象逐渐被中性化。多数偷盗事件的发展,是从消极紧张关系(敌对)走向积极紧张关系(联盟)的过程,洗礼则是这种社会行为结束的标志。洗礼需要消费大量肉类,此时,争夺之物变成了共享之物。有些叙事确实存在颇具胆量的即兴发挥,比如邀请受害者吃被盗的羊肉。然而,与其说这是侮辱,不如说是挑战;唯有牧羊友的心照不宣才能准确解释这种行为。"把它们变成羊"标志着新的社会关系尚未建立,与此形成的对照是,吃肉才是关系确认的标志。当然,并非所有社会关系都遵循这个准则,然而吃肉的习惯用语,为讨论某些变化的意义提供了一种表达的媒介。

互惠的转换

无论在实际行为还是叙事形式上,格伦迪牧羊人都表现出了对正义诗学的高度重视。你若辱我,我必反击。在一些极端案例中,他们打破冒犯者制作奶酪的大锅,让经济损失说话。尤其要注意的是,用吃肉作为结束方式具有很强的可塑性,表达出规范性互惠的不同变体。

通常,吃肉行为是牧羊人化敌为友的表现。在这个主题上,正义诗学的形式之一,是把偷到的肉送给受害者吃。假若受害者身为警察,则更代表格221 伦迪人价值观的胜利——即便查明真相,警察也难以对偷盗者绳之以法,因为吃人家的嘴短:

　　1949 年或 1950 年,我还在上小学,我记得有两个人,都是偷盗者,他们给我父亲赶来了一群偷来的羊,我父亲就买下了。

　　嗯,这些都是外地的,艾达山那边的人。

　　嗯,他们对父亲说:"你给多少钱留下这些羊?"

　　"这些!"比如说,父亲说了一个价格。

　　他说(其中一个偷盗者):"成交!"

　　当然,他给的钱只能买两只羊,而他们(实际上)有十三只。

　　嗯,他给了他们钱,他们就走了。我的父亲说,"我要下去杀一只,出售(即卖肉)。"他去宰了一只羊,然后(又)来了。

　　当时,到处都有巡逻的警察小分队。他刚把肉拿来给我母亲放进锅里煮,有人就在外面大喊,"警察正在搜查! 警察! 警察!"

　　那时,还有十二只羊都在屋里。

　　他说,"哎呀! 我该怎么办?"他去把十二只都杀了,我们有个干草房,他在干草堆上挖了个洞,把十二只羊都去进去。警察来了要进行检查。

　　实际上,偷盗者已经向警察"钉住"(出卖)了他,(说)他偷的羊就在我们家里。

　　所以警察(分队)队长对他说,"他们彻底钉住你了,"警察告诉他,"但是干得漂亮(藏的肉让我们都找不到)! 最好放聪明一点,"他告诉他,"无论你在哪里藏匿偷来的东西! 都是徒劳的。"

　　无论如何,他对警察说,"你是知道的,"他说,"我现在,我什么都没有(就像那样)。我正在煮饭呢,"他说,"两三个青豆,如果不介意,请坐下来,我们一起吃。"

　　他们坐下了,我母亲把肉放在桌子上。

　　他说,"但是——这就是你的青豆,曼诺索斯先生?"警察问他。　　222

　　他说,"没错! 这就是我的青豆!"

实际上,曼诺索斯差点说漏了嘴。他说的"煮",更恰当地说是"烤",是牧羊人准备开始烤羊时常用的术语,何况妻子正在厨房里忙活,他却自称在煮饭,怎么听都让人难以置信,即使作为口头禅都不太可能,除非与肉有关。男人邀请朋友来家里吃饭,通常就以他们的妻子正在做饭为口头禅。

这种略显夸张的邀请形式,是格伦迪人的一贯做派。名副其实的饭里必须有肉,尤其有客人在场时。因为主人的桌子上空空如也,所以用"有什么"都"凑合着吃"之类的话来开脱,"两三个青豆"正是这个公式化的变体,同时也是这个短语让听者对一顿饕餮大餐充满了期待:漫不经心的话语中不乏讽刺的意味。

故事结束了,青豆变成了羊肉。曼诺索斯不仅战胜了告密者,也战胜了丈二和尚摸不着头脑的警察,他们清楚意识到被愚弄了,然而盛情难却只好接受对方的款待,而且没有造成严重的冒犯。

> 嗯!他们吃了喝了,醉了,真的饱餐一顿。他告诉警察分队队长:"哪有他们说的我藏在楼下的羊呢。我只有一只羊,其他的都走了。"
>
> 警察说:"怎么回事?我们包围了村庄一整夜,一直在搜查,它们怎么走的?"
>
> 他说:"它们都走了!来了一架直升机,把它们都接走了!"(大笑)
>
> 就这样结束了。
>
> (沉思了一会):"而羊就在房子里,可以说!"

他彻底胜利了,一次真正充满诗学讽刺的胜利,警察吃掉了部分证据,也没找到其他证据!

让受害者或警察吃偷盗的肉,是一种生动的结束方式,但前提是必须证明这种刻薄暗示的正当性,否则也会激起暴力的反应。年轻小伙子把铃铛带回家,是为了报复窃取公羊的偷盗者,他之所以愤怒,是因为偷盗者不仅不满足于偷羊和杀羊,居然还邀请另一个小孩儿一起吃肉,并要他发誓绝不透露秘密。他们甚至没有说一句有讽刺意味的笑话,哪里还有男子气概可言!

从青豆到肉的"转换",是男子汉的象征性宣言。所有这些话语策略都是可以逆转的：有些叙事和事件的内容，就是剥夺一个没有男人味道的男人吃肉的权力，代之以"女性烹饪"（*mayirepsimia*）的青菜。在下面这个案例中，这种象征性的对立通过两种情形得到了进一步强化：一种是对侮辱无依无靠的女人的反应；另一种发生在一个格伦迪人鄙视的小山村，那里的人没有男人味儿，尤其缺乏男子汉应有的好客之情⑤。

> 在（德国）占领期间，我妻子去阿格拉村，她想买长角豆，他们报出价格。
>
> 于是，她装满两大袋子。当她弯下腰准备背时，他们告诉她长角豆（太）便宜了（按那个价格），那个人说不卖了。我妻子不得不把长角豆倒在原处。
>
> 她晚上回家，告诉我，"我去了趟阿格拉（Agora），到了某某人的家，我都装满袋子了，为了多挣一毛钱（*lepto*），他们又不卖给我了。"
>
> 我说，"就这样吧，没关系！"
>
> 第二天，我起床后去了那里。到了晚上，我打开他院子的门，里面有两只山羊和一头猪。我就把山羊牵走了，把猪留下。当我走到巷子里时，其中一个山羊跑了，另一只山羊还在，我就把它吃进肚子了，让他留着长角豆自己吃吧！

男子汉从来不偷猪。这是我听过的唯一一次与女人有关的偷猪的故事。确切地说，偷盗者挑战阿格拉人男子气概的方式，就是我拿走你的肉，你留下长角豆自己吃吧，这是应对阿格拉人贪婪秉性的创造性诗学的延伸。他的行为是说：你死抱着长角豆是对的，因为你不是个男人，所以连自己的肉都守不住。

把羊肉或者活着的羊赠予刚刚"爬上树枝"的年轻偷盗者，意味着他已成人。反之，拒绝把肉送给这个农民，无疑是将个人竞争与地理象征性一视同仁，格伦迪人历来瞧不起坐落在格伦迪下方的这个小村庄，因为农业是无法接受的社会方式。在他们眼里，阿格拉人死盯着那点经济收益，只能证明生活在"下方"的农民颓废的价值观。

在某种程度上,这种蔑视延也延伸到格伦迪的本村农民,农民意味着
"女性"的家庭生活。农民最多偷些蔬菜瓜果,比如在二战期间。但是农民
不能偷羊,原因很简单:他没有自己的羊群供受害者实施报复。格伦迪人很
在意规范偷盗行为的互惠性,因为它是打造新的社会关系的基石。

胆大妄为的农民偷盗后会怎么样呢?有两则叙事通过巧妙的顺序强化
了牧羊人的道德观。第一个案例为我们所熟悉。叙事人本人就是调解人,
他和其他当事人也很熟悉。事件叙事有明显的时间错位,但并不意味着他
的记忆出了问题。在任何叙事顺序中,时间顺序都有可能被其他形式打乱
(Goodman 1981:115),问题是如何在最大程度上识别和解读最突出的类
别。在格伦迪,食物象征主义和社会身份的诗学之间有明确的联系,这似乎
为讲叙各个阶段的发展提供了一个共同的坐标。通过观察这两起农民通过
偷盗宣称男子气概的事件,与食物相关的叙事顺序似乎克服了线性的时间
顺序,从而使这些事件披露出更加清晰的信息。

第一个故事的结构概念属于"夸张法",这是希腊语中极为常见的修辞
手段,通常与起死回生("当乌鸦变成白色时……")和梦想成真("当人们在
海底播种大麦时……")有关[6]。在下面的叙事中,隐含的修辞手段所表达
的具体信息是:除非农民证明自己是男子汉,否则就没有资格吃肉。这是牧
羊人对农民的残酷嘲弄,尤其在真实过程的描述中,这种意味愈加强烈,让
人们久久不能忘怀。

他是个农民人,曾经"吃"了不少羊。

嗯,我是那个去问他这件事的人。他承认(偷了羊)。他信任我,比
方说。他对我从来不隐瞒什么。他会告诉我,"是我偷的,但别告诉别
人,"我从来都没说。秘密永远是秘密!如果他有理由的话,我随时都
会替他摆平。

所以,他从来没进过监狱,从未付出代价。这就是为什么他每次都
告诉我(盗羊的事)的原因。

嗯,如果那天他没去弗瑞思(Vrissi)村牵回一只羊。还是大白天!
然后在家里煮了。

　　但是弗瑞思村的失主那天晚上离开了村子,来到我们村找羊,并且来到我家。

　　当时正在下雨。他对我说:"我的羊今天被偷走了。你帮我找找,就在村子里!"

　　我说:"你先坐一会儿,我出去转转。"他在屋里坐着,我去了(农民)拉博约里斯的家,我马上感觉到是他偷的。

我追问他是怎么猜到的,他说已经对这个农民做了"心理分析"。

　　因为他是一个惯偷。

　　我去了他家,对他说:"好像,弗瑞思村某某人的羊,是你偷的吗?"

　　他愣了一会,他的妻子冲过来告诉我,"是他干的。"他的妻子就是这么说的。"是他干的,你应该从这牵走。别告诉别人,因为他(拉博约里斯)是个穷人。"

　　嗯,之后他承认了,他对我说:"是我干的,羊还活着"

　　"哦,来吧,把它交给我"

　　于是我拿出一根绳子,把羊绑起来(用绳子牵着),牵到佛瑞斯村那个人的家。

　　那个弗瑞思人很热情,他非常高兴:"叫他来我这,我送给他十个菜团子……给他的孩子们吃。"

　　他送给他,他自己去拿的,他给他十个……菜团子。因为它们在那些日子里,我们应该说实话,嗯?[⑦]是给他孩子们吃的食物。

他给的食物是豆类和绿色蔬菜的混合物,非常稀罕,但男人一般不吃。

　　除了可以将男性/牧羊人/肉类转换为女性/农民/蔬菜之外;还有一个源自同一意识形态基础的共同主题,即偷盗源自剥夺。于是,把蔬菜送给农民,"给他的孩子们吃",正好迎合了这种等式,既显示了弗瑞思人的友善,在某种程度上也表明了他的地位。这里不妨回想一下,以肉类为食都被视为生活艰难的写照,牧羊人巴不得吃上"煮的食物"。但是,偷肉只意味着偷盗 226

者和受害者名义上的"平等竞争",所以弗瑞思人此时并不打算让步,他先通过格伦迪的关系找回羊,然后再用蔬菜代替了肉以示慷慨,从而毫不含糊地证明了自己的道德优越性。如果他没有找到偷盗者,不仅个人在该地区的声望会遭到质疑,还有波及其他互惠关系的可能性。在这种情况下,"平等"显然是不可能的解决方案。因此,他的解决方案集三个目的于一身:在逻辑顺序上给予者优于索取者的基本假定(引自:Mauss 1968 [1923 - 24]);阻止了任何可能恢复平衡的互惠关系;有效利用了食物的象征意义,而没有直接侮辱这个格伦迪人。正是因为这种话语的技巧,才使高地克里特人的名声家喻户晓。

叙事顺序强化了这一信息。作为调解人和叙事人,他从介绍自己和偷盗者的关系开始,表明他是一个值得信任、富有同情心和具有良好判断力的人,然后故事转到偷盗本身,我们马上意识到将出现象征性的逆转:偷盗是白天实施的,非常危险,极为不当。相比之下,弗瑞思人却急于在这个自命不凡的农民面前重新确立优势,所以到了晚上才去格伦迪。

在这个冒牌偷盗者的家里,羊已经"开始煮了"。然而接近尾声的时候,那只羊活着被牵走了!这显然是矛盾的。但是如果我们把"煮"只理解为一种意图,这个矛盾则迎刃而解,因为他的男人气概是想通过准备"煮"的象征予以体现的。偷盗者在山上烧饭时,"煮"同样是躲避侦查的最佳手段;然而,现在大家都在场,家庭氛围让他的本来面目无所遁形。

拉博约里斯刚开始时死不认账。假如他是个谋求与受害方结盟的牧羊人,拒绝承认是理所应当的,然而我们知道他并没有自己的羊群。他的妻子此时起到了反转的中介作用,扮演了保护男人的角色,并且厚着脸皮哭穷,怕丈夫因盗窃罪而进牢房。就在这一刻我们才发现羊还活着:农民没有羊圈圈羊,吃肉就成了子虚乌有的托词,正如叙事者之后评论说,煮肉变为"煮饭"。正是因为弗瑞思人已经摆平了局面,才会对一个依赖妻子获得安全感的男人宽宏大量。弗瑞思人的成功由叙事顺序的另一个特点强调出来:他先在调停人家做短暂停留,然后突然出现在村子里,并且牵回了丢失的羊。再一次强调,这不是简单的叙事失真或回忆错位,而是一种对于叙事结构和叙事顺序有效的诗学运用。回到村子里,他从此又可以正襟危坐了,这就是格伦迪人话语中"坐在家里"的意义。他恢复的优势还可以与另一种情形做比较：拉博约里斯是自己把偷的羊扛回格伦迪的，而弗瑞思人要拉博约里斯来自到他家来取菜团子。

通过这种反转，"宅家"的意义在第二个故事中得到了进一步的印证。

　　　　佛朗迪斯有羊，奥西迪村有个人偷了他的羊。

　　　　后来，他（格伦迪人）知道了是谁。

　　　　嗯，你看，奥西迪那个家伙没有羊。他没有羊让佛朗迪斯偷，但是佛朗迪斯发现他有两只山羊，所以就去了，他是个壮汉，我们村没人比他更壮了。他去了那个人的家。

　　　　他的房子有两层，人住在楼上，山羊就拴在楼下。

　　　　佛朗迪斯把大门卸了下来，直接从铰链上拿下来！他牵走了羊，哦，对不起，还在门上撒了一泡尿。

　　　　他牵着山羊走了。

　　　　他好像是在说，"我把你的山羊牵走了，现在你就吃我留在门上的东西吧！"（……）

　　　　他好像在说："先生，我没打扰你，你为什么打扰我？我打扰你了吗？你为什么偷我的羊？因为你知道它们是我的！（……）别想再从我这偷！"

　　　　……如果你敢，我就坐在你的屋子里。"

这种反应非常暴力，卸掉别人的大门不仅侵犯了别人家庭的隐私权，也印证了谚语所说的报应。

　　　　Min gamis i sou kanoune,
　　　　己所不欲，勿施于人
　　　　min bis na mi sou poune,
　　　　不说别人坏话，别人就不拿你八卦
　　　　stin kseni porta mi khtipas ce ti dhici sou spoune.
　　　　别砸别人的门，当心你的门被人砸

反社会的行为是违反真诚互惠原则的行为。流言蜚语之所以邪恶,因为难以有效地回应;偷盗而没有互惠会玷污了社会关系;侵犯家庭需要对等的惩罚。所有这些社会犯罪行为,或多或少需要针锋相对。因此,一个没有羊群的人冒犯了牧羊人,正如故事所明确指出的,只能换来如此富有诗意的报复。

此外,在这个故事的涵义中,肉已经转换为更具蔑视性的象征。原始罪犯被明确告知他只能"吃"留在门上的东西:他已经丧失吃纯肉的权利,甚至是任何适合人类食用的东西,取而代之的是液体排泄物。消费的逆转还强化了另一种对他所谓的男子气概的侵犯,即入侵他的房子。对一个男人来说,"宅家"是一种体面的象征,因为能受到所有路过人的尊敬,而换个人坐在他的家里,则象征对他极端的侮辱。把羊毫不留情地牵走,就和发生在阿格拉村卖长角豆的人身上的事情一样,是向所有农民发出的警告:他们连自己名字(农民,即宅男)都亵渎了,在他们的定义中忘记了家的重要性,他们最不应该做的事,就是不惜一切代价而厚颜无耻地去冒险。

牧羊人历来就对农民有鄙夷之色。在希腊农村的混合经济社区中,牧羊人的地位通常比农民低,而格伦迪人对游牧业的推崇,则象征性地表达了克里特人身份的悖论:经济和社会的边缘可以被他们重塑为道德的中心。据说在以前,一个出身良好的家族或牧羊人家庭的女儿,不会考虑嫁给农民,当然并非每个人都接受这种陈旧观念,这可以理解。有迹象表明,牧羊人在过去几代人形成的统治地位已经有所减弱,人们开始意识到,其他生活方式更容易获得与经济和政治地位相应的舒适生活。有个颇具说明性的故事,完全颠覆了这种传统观念。很重要的一点是我是从一个最小家族的成员嘴里听到这个故事的,而且不太可能是近期发生的事,这本身很不寻常。故事同样通过"吃"的象征意义表达了这种转变,与其他叙事中"吃"的重要作用不谋而合:

229

> 他们说,很久以前,我们这有个同村人发现一个已到婚龄的男人(*ghambros*,娶父系家族中女人的男人),他可以和一个女性亲戚结婚。
>
> 嗯,但她说想要个牧羊人,就像,一个偷盗者或类似的……

　　但是家长想安排一个同族人和她结婚，想给她一个美好的生活，而且是有钱人。

　　可她一点都不想要！她说了"他是个农民"之类的话。

　　她赢了，她没有嫁给家长要她嫁的第一个男人（家长可能是她的叔叔），她给自己找了一个牧羊人。一个偷盗者，这么说吧！

　　后来，过了一段时间，她嫁给了一直寻找的那个人，然后她的叔叔路过她的家，问她过得怎么样。

　　"问都别问，"她说，"贫穷，邪恶，我不知道还有什么！"

　　是的，她一直说他来自一个大父系家族，这个她嫁的新郎。她就想嫁给那个家伙！现在（他叔叔）路过并且问她，"你现在过得怎么样？"

　　她说："饥饿，我不知道还有什么！贫穷！"

　　然后，（叔叔）对她说，"吃，"他说，"现在的大家族就是这样！"（*fae*，*lei*，*edha soi*）

　　换句话说，她早就想要他，因为他来自一个很好的父系家族（*ikhene soi*），他来自莱萨家族（*ratsa*），就是名气很大的那种，他对她说，"吃，吃"，"这就是现在的大家族！"

这的确是一种逆转，现在轮到别人嘲笑偷盗者了，"饥饿"不再是为他的生活方式辩护的借口，反而成为妻子指责丈夫的把柄。

　　这个故事无疑是格伦迪许多小家族以往态度的缩影，但同样代表了对游牧生活的观念，这种观念逐渐为全体村民所接受。这些新农民在低地村庄拥有大量肥沃的土地，以及机械化的运输工具和不菲的银行存款，其繁荣程度已经到了令人刮目相看的地步。此外，农业压力并不大，不像重压之下的牧羊人，只能靠家族成员抱团取暖：农事时断时续，但财产不会像一群羊似的随时可能被洗劫一空，生活本身已经完全稳定。

　　金钱已成为一种可接受的权力和"吃"的媒介。突然之间，牧羊人似乎丧失了饥饿所带来的动力和勇气：人们的选项日益增多。那些自觉奉行传统主义的牧羊人，如今仍视同村农民为可疑的低地人，然而又很难不羡慕他们陡然的暴富，用传统主义者的话说，农民不断获得新的地位和形象。如上

230

述故事所示,"吃"已经变成一种讽刺:再大的家族,其男子汉气概也要靠自食其力来体现,而如今有钱人才能"吃"。这样的故事,终将引导迄今尚无地位的群体成员摆脱旧的身份。有一个听了该故事的年轻姑娘,其家族已经败落到两代之前的水平,她酸溜溜地说,"她不要(叔叔为她选的人),她要(大家族)的穷人,不要小家族的有钱人!"当然,金钱尚未代替羊群成为声望的唯一来源,尽管它是界定财富的主要媒介。这种转变正在进行中,其程度取决于叙事人的地位、职业和年龄。然而村民对金钱仍然心存疑虑,认为银行存款和羊群一样脆弱难料,尽管他们毕竟知道银行存款比手里的现金更保险。一位村民在解释他的发家史时说,他曾经在一家英国黄金主权公司工作过,是希腊常见的一种交易媒介。只要有可能,他就把极其脆弱的里拉兑换成现金,从而有更多的控制权。在描述这种转换时,他冒出一句:"我把它们变成了钱!",在结构上和牧羊人说的"我把它们变成了羊"如出一辙。长期以来,黄金主权一直是深受欢迎的交换媒介,因此从字面意思上,"把它们变成现金"如同把羊变成羊一样难以理解,需要更多关注这一短语的特殊社会含义。

不仅语言风格经历了社会和经济的变化,像"我把它们变成了羊"这样的结束短语,在标志叙事结束的同时,也标志着新的社会关系尚未建立。格伦迪人经常对二战后的新商业主义报以怨恨态度,认为所有的互惠关系都将消失殆尽,有些人甚至认为商业是邪恶的,是热情好客的终结者,其他人则认为它是"进化"(或"进步")的结果,是不再需要你争我抢的生活方式的基础。然而,无论村民选择或接受何种观点,心中主题皆与莫斯的哀叹相呼应:货币交换破坏了昨日积累的互惠关系,模糊了赠与创造出的人与人之间的关系,我们应该再追加两个字:赠与和"偷盗"创造出的人与人之间的关系(引自 Mauss 1968[1923-24]:258-260;Blok 1983:46)。叙事形式的结束也是社会形式的结束;是对积极性的互惠经验的总结;而"我把它们变成了钱"这样凄凉的结束语,同样暗示着社会生活中一种古老习语的终结。

在刚刚探讨的叙事材料中,格伦迪人的话语得以充分阐释,其内在顺序可以帮助我们理解日常用语中特定公式的重要性。对格伦迪人而言,日常话语和叙事之间的区别,因为存在着诗学因素而变得难以区分,它既影响着语言交流的总范畴，也影响着社会行为的总范畴：所谓"历史画面"可以是任何有趣的事，无论它是叙事性的还是经验性的。只是因为我们在牧羊人"不总是吃肉"或"总是吃肉"上过于纠结，才导致我们在叙事和事件、想象与现实、虚构与真相之间过于严格地加以区分。当格伦迪人用刀从骨头上剔下一条条的肉，或者嬉笑着谢绝坐下来吃一顿无肉的饭时，并没有排除他永远不吃蔬菜的可能性。准确地说，通过这种细致入微的行为，他所强调的是互动中的这些元素，使其所宣称的男子汉与其所处的背景相吻合。从这个意义上讲，偷盗故事和他们所描述的行为一样，亦是另一种形式的诗学行为，但也更加不确定，正是因为它们看起来并不像是"事情本身"。或许有人不以为然，认为叙事难免夹杂了太多"胡椒粉"。然而，当他成功之时，他的言行一致将证明其男子汉的称号实至名归，他在这两方面都不愧为男子气概的诗人。

第七章　罪与自我

自 我 协 商

　　个人身份的协商需要经受社会价值观的检验,甚至于最具创意的男性自尊,也必须证明其为大众所接受,否则就会适得其反。但是一个熟练的演员在挑战对手的忍耐底线时,会无所不用其极。此外,鉴于格伦迪社会生活的高度紧张感,无论是暗箭伤人的侮辱性诗句,还是肆无忌惮的偷盗掠夺,都会受到高度的赞赏。在这方面,格伦迪与希腊很多其他社区大不相同,过度的自尊感,或曰唯我独尊,最多只会引发一些矛盾的评价而已(见:Herzfeld 1980a)。

　　即使萨拉卡萨尼这样视唯我独尊为男人社会美德的群体,亦有人将其积极的一面也视为人类的堕落。通过诉诸原罪的教义,萨拉卡萨尼人事实上能够辨认哪些是与谦卑相冲突的态度,因为它是宗教对所有基督徒的要求(Campbell 1964)。然而格伦迪人很少从神学角度考虑问题。村民认为人类的自身条件妨碍了社会和谐。更具体地说,他们把牲畜偷盗归咎于一种政治版本的原罪,基督教的领地已经"沦陷"到突厥压迫者和他们的继任者手里,后者当然包括当今的官僚机构[1]。生活中与官方价值观不一致的所有方面都是有情可原的:流行性偷盗、争强斗势的社会关系、暴力行为、粗俗言语等,都是受突厥人影响的有力证据,而政治强加的饥饿滋生了道德犯罪。格伦迪人憎恨这个世界,他们对不正当行为的定义与国家的定义有着天壤之别。

　　绝大多数格伦迪人的社会意识形态,被一个女人一语道破:"邪恶的唯我独尊并不存在"。在格伦迪,男人(某种程度上也包括女人)不断挑战着社会的容忍度,因为挑战本身就是一种社会规范。失败者之所以失败,是因为他从一开始就没有保持咄咄逼人的姿态，甚至冒牌的唯我独尊者（*pseftoeghoistis*）都在伺机而动。

　　当然，并非每个人都认同唯我独尊哪些是真，哪些是假。农民就不急于自诩唯我独尊，而是不无鄙视地将其视为牧羊人的德性。地中海价值体系建立在荣誉和羞耻的互补对立的基础上，但这一体系在这里尤其不适用，唯我独尊和荣誉的核心成分是羞愧（*dropi*）。透过正常的荣辱棱镜，很难理解格伦迪人说他离开德国返乡是"出于唯我独尊还是出于羞愧"：他的意思是说，如果不放弃海外的安逸生活，那么出于对家乡社区的忠诚，他会深深感到遗憾。

　　羞愧是男人面对一个愤怒对手时的尴尬表现，它是男子汉的双重组成部分：一个人必须具备羞愧之心，但在某些情况下，他还必须克服羞愧对自我的约束，像是会感到恐惧却能战胜它，只要他有足够的勇气。比如，如果受害者对偷盗者的指责属实，那么后者可以把没有坦白的原因表现为羞愧，这是可接受的措辞策略，绝大多数情况下都会导致和平解决：

　　　　"你说，你是如何如何杀了一只羊，但同时这个又羊回来了（溜达着回来了）。"我对他说，"这证明你把它藏起来了。"

　　　　他说，"既然我这样做了，艾提克斯，请原谅我，因为我很惭愧（*endrepomouna*），而且没有告诉你，可以说，我在你面前很羞愧（*se drapika*），这就是我让你离开村子的原因（没有得到真相）。"他在那里向我证明了自己。

羞愧（动词形式 *endrpomuna* 和 *drapika* 是同源词）就成为唯我独尊者桀骜不驯的平衡器。之后不久，故事讲述人接受了对方伸出的友谊之手。正是因为后者成功表达了羞愧，前者才原谅了对方先前的敌对行为，而冒牌的唯我独尊者在此情况下，极有可能采取胡搅蛮缠的方式试图脱身。 234

　　唯我独尊和"个人主义"一样，是一种社会现象而不是心理现象。在格伦迪村，唯我独尊的最主要特征体现在几个头面人物的自我关注上，包括潜在的、实际的家族族长，或者有可能成为未来家族分支创始人的人。格伦迪男人的姓名一般由祖先名字(或昵称)加上个人的洗礼名组合而成[比如,西非兹(Sifis)＋尼库思(Nikos)→西非尼库思(Sifosnikos)]。因此,希腊人笃信通过后裔的洗礼名可以"复活"的观念变得更加真实。一个人有了与众不同的独特昵称,将极大提升通过命名实现灵魂不朽的愿景。当然这种形式的命名与缅怀某个特定人物并不相干,洗礼名在年代更迭的过程中反复使用,随着时间的推移已经失去个性。但作为一种社会标识,这种双名将活着的人与父系家族名下的家族分支有效地联系在一起。

　　以西非兹·斯格法斯这个名字为例。他的昵称很不寻常,他打小就特别反感这个昵称,听到别人喊他的昵称就必有一战。然而,当我到格伦迪时他已经人到中年,有九个孩子,家境殷实富足。他自豪地对我炫耀说,他已经和父系家族的政治效忠分道扬镳,带领一个分出来的小家族加入保皇派保守党的阵营,能做到这一点与父系家族的裂分很有关系,因为他的名字一旦成为家族分支的标志,整个家族将以鲜明的政治特征区别于其他斯格法斯家族的群体。

　　他有一辆大卡车,几乎每天都在村里进进出出,卡车两侧用大号字体印刷着他的昵称。当我问为什么他不使用正式或合法名字时,一个格伦迪人评价说,这个家伙是个唯我独尊者,很明显想让自己保持一个独特身份。而事实上西非兹·斯格法斯确实大胆异常:他是村内目前一场争端的主战将,其名字本身就可以解读为公开挑战。

　　也有人认为,他的自我膨胀是装腔作势,极其虚伪。在这些分歧中,需要协商的不仅仅是个人声誉,其价值观本身也值得重新定义,尽管从表面看有其道德的确定性。他的政见从未得到亲属的认可。1975 年他参与斯格法斯家族的竞选,情况有所好转,却又陷入迈克哈里斯和瓦西里斯两人之间盘根错节的血缘关系中,好在有些人对他当时的处境表示同情。环境变化让他在不同时间内为不同的战略利益所系,但人们对他公共形象的评价,反映了面对危机时道德立场的不确定性,对他本人的评价并没有明显改变。每当讨论这种人时,唯我独尊之概念本身就有重新斟酌的余地。

　　从憎恨昵称到吹嘘昵称是一种常见模式。获得唯我独尊称号的人,需要将别人的诋毁引以为傲。大多数昵称并不是恭维性的,而是对身体缺陷、脾气暴躁、甚至不光彩经历的取笑。然而勇敢戴上这顶帽子，让整个世界都认可你作为男人的价值，是男子汉定义的核心：这项桂冠随时提醒别人，从羞辱的威胁中攫取成功和骄傲，是他至死都具备的能力。

一个人的正式姓名（洗礼名、父名、姓氏名）是"如何被书写"（*ghrafete*）的问题，而昵称则是"如何被听见"（*ghrikate*）的问题。正式姓名作为一种识别符号用于官方事务，而带有纪念性质的洗礼名，由于过于普遍，所以实际区别并不大。事实上，不少官方机构亦把昵称作为一种附属识别符号。村民只要"听见"昵称，立马知道说的是谁，反倒增强了唯我独尊者的知名度。有些昵称非常独特，比如一位老人的名字是用父亲的昵称加上他的洗礼名组合而成，但他试图去掉洗礼名，似乎想取代父亲成为祖先，嘴上却称这样他就可以和父亲一样被后人铭记：他的几个儿子都使用传统的形式（昵称＋洗礼名）。事实上，很多中老男性的昵称都沿袭了父亲的昵称。很显然，在表达因为孝道而自豪的同时，通过这种"结构性健忘"[2]，在看似矛盾的两个层面一举达到了"唯我独尊"的目的：父系家族光耀门厅，功德却在当下之人。有这样一个案例，有个斯格法斯家族的头面人物势力异常强大，以至于他的几个兄弟也被允许使用昵称复合名，这种让步在平辈兄弟中非常罕见，却不失为一个成功彰显唯我独尊的实例。

从格伦迪人对待昵称的态度上，可以再清楚不过地看到唯我独尊和羞愧之间的关系。很多昵称压根不得体，从来就是取笑别人的把柄，比如"阴茎"暗示与性行为有关，虽然满足了男性黄色玩笑的心理需要，但外人听到不免感到难为情。有些昵称暗示个人的特点，比如村里至少有两个人的昵称都是"猫咪"，一个从不修边幅蓬头垢面，另一个见了人像猫似的手舞足蹈并发出嘘嘘声，两个人的昵称都是通过后缀加以区分。有的昵称暗指脾气暴躁（如咆哮者、饿狼）、身材矮小（昵称后边加小后缀）、大块头或肌肉发达（同样昵称加后缀），或是奇怪的发型像一种牲畜的角（比如山羊）。还有一些昵称与某种社会关系有关，比如姓名加教父的昵称就很普遍。已婚女性的姓名无一例外是和丈夫的昵称组合而成的。如果女人干了坏事，其副作用和男性毫无二致，这样的例子不一而足。

男人需要克服昵称带来的尴尬，毕竟在亲密的圈子里可以接受，在陌生人面前则显得没有面子。我发现昵称很难记住,更难以搞清昵称是怎样获得的。刚刚有点入门之后,有村民鼓励我大胆使用,然而总是和杂技团训练动物似地弄巧成拙。虽然有点不伦不类,村民还是被我对昵称和乡村方言的兴趣所逗乐。其实,昵称和方言都是日常生活中既粗俗又亲切的东西,没有这些信息作为敲门砖,我也不可能深入他们的生活,特别是更为隐蔽的方面,比如家畜偷盗。名字一般很早就获得了,当村民在适当时候用一个男孩儿的村内标准姓名(即父亲昵称加上他的洗礼名)称呼他的时候,我曾经尝试也这样称呼他,结果他气急败坏地打我。

　　最大的父系家族会裂分为大小不等的小家族,所以每个小家族都用祖先的名字作为识别符号,因此也会出现几种昵称的现象,这使他们外出旅行时可以使用最具识别度的名字,别人也可以用平淡无奇的组合形式来称呼237 他们,比如刚才提到的"西非尼库思"。然而越是密切的社交圈,昵称就越明确而具体,人们越有可能知道其暗示的不体面或幽默的事件。在某种意义上,当一个人准备炫耀具有屈辱历史的昵称时,表明他已经征服了"羞愧"心理,从此可以大胆走上唯我独尊之路。

　　相比之下,有些村民古希腊式的姓名,并不适合与家族的昵称组合,更不可能成为家族名称。像德米斯多克里尔雅尼斯(Themistokleoyannis)或者雅诺德米斯多克里思(Yannothemistoklis)这样的姓名就不存在:从审美角度就不可取。或许还因为这种古典式名称蕴含的官方民族主义的色彩实在过于浓厚,不符合地方的习惯和特征。昵称属于乡村生活中内省和亲密的一面,而不是官方的面孔。古典式姓名也"不适合"与普通的洗礼名组合成昵称,有这样名字的人需要一个独特而明显的当地昵称,以便为新的家族分支提供一个必要的祖先。

　　这并不等于说父系家族的裂分完全基于美学原则。正相反,正如我在论述道德和美学价值的人为区别时所说的,一个男人优秀与否,即他的唯我独尊,只有通过表演才能为人所知。一个人有了昵称,也是对他能力的考验,看他能否克服内心羞愧的约束,从而证明他的卓越。昵称越是广为使用,自然就越会成为成功的标志。只有他的姓名家喻户晓而且子孙满堂,才可以期待创建一个新的家族分支。从默默无闻到赫赫有名,从刻薄昵称所带来的羞愧,到自豪地炫耀该昵称,是一个"关键角色"的必由之路,这样的人才有望成为潜在家族分支的创始人。

在征服羞愧的过程中,许多行为与官方和教会的戒律发生冲突。在格伦迪男性的生活中,谦卑没有任何地位。不管事实上多么遗憾,不偷盗的牧羊人都不可能在社会上有所作为,更不用说那些偷盗的牧羊人。因此宗教意义上的罪,被牧羊人视为社会存在的必要条件。这种说法对于妇女和老人或许有点言过其实,但对于那些必须为生存而拼搏的男人,却是毋庸置疑的事实。然而,对于所有格伦迪人来说,某种形式的赎罪还是需要的,无论他们是通过忏悔还是其他世俗的形式。

238

所能承受的灵魂之重

根据教会教义对罪的分类,格伦迪人日常生活的诸多方面都是罪。而偷盗是罪之情节的主要成分,余者也包括杀人、争吵、傲慢、亵渎和欺骗。因此,唯我独尊和狡黠也在罪之列。至于何为道德,格伦迪人的观念与官方或教会的观念相去甚远。

格伦迪人也经常谈论罪,但会为了迎合自己的目的而偷换概念,我们已经看到他们将牧师视为"真正罪人"的诛心之论。警察怀疑肉是偷的而逮捕新郎,是有悖于体面的"罪";年轻寡妇哭喊"上帝创造了所有罪!"同样也是罪。很显然,他们谈论的罪之观念,与宗教意识或世俗权威的概念毫不相干。

确切地说,格伦迪人眼里的罪是"对发生的事情承担责任"。这一点可以从克里特岛在突厥人统治期间发生的事件中得到印证。几个格伦迪人偷了一门突厥人的大炮并将其藏了起来,怕一旦突厥人发现而对整个社区实施报复,然而大炮被另外三个格伦迪人偷走卖掉,村民对此无不感到震惊。抗议之下,乡村牧师最终同意对大炮失踪负有责任的人宣读咒语。面对所有村民,牧师劝罪犯在诅咒之前站出来,便可以视为没有犯伪证罪:每个村民必须发誓自己清白无辜。然而直到诅咒之后才有人站出来,但为时已晚。虽然罪犯中有一人承认了,但牧师依然说他有"罪",因为他没有在牧师宣读庄严的福音之前坦白。

　　一个人要尽可能避免罪，至于犯罪是针对邪恶之人，还是邪恶的精神力量则无关紧要。在这个意义上，摧毁"邪恶之眼"也是一种罪。巫医在念咒降服"邪恶之眼"时也会泪水汪汪，因为毁灭邪恶也要承担罪责。

239

　　　　哦，现在，因为我摘下邪恶之眼，让它消失了，他们说这是罪。就是这样……当野兽咬住羊的脖子时，我念（咒）将其"缚住"，此时，我的眼泪就像河水一样在地上流淌。嗯，然后，他们说（这是）罪，因为野兽也想吃我们吃的羊。

但是，这并不是神学的立场：

　　　　很多人告诉我，"不要'缚住'野兽，因为你（将）有罪。"
　　　　我把这件事告诉了牧师，牧师告诉我，"不，你没有（罪），因为你正在治愈……就是这样！"

这种信仰的声明没有起到作用，这位曾经显赫一时的前牧羊人，每当被叫去念咒语进行治疗的时候，都表现得犹豫不决。对罪的关注反映了一种观点，即每一次伤害最终都要付出代价，这也是为什么老人去教堂是"为了治愈犯下的罪"：只有在这一刻，罪的世俗观念才开始接近宗教。

　　"有罪"意味着对某人或某事负有责任，因此上帝眼里的罪是第二位的，而人眼里的罪才是第一位。这种认知和格伦迪人看待超自然现象的态度如出一辙。男人之间的坦白更多发生在两个偷盗者之间（比如在夜深人静时发誓），这远比发生在罪人和牧师之间的坦白要多。占卜早在基督诞生之前就是皇帝和牧师的专属特权，也成为不敬的牧羊人的世俗活动（见下一节）。罪之概念原本基于对神谕隐式的诉求，却成为了格伦迪人进行道德协商的基础。一个"有罪"之人，只与一个同胞有关，对于这个同胞，他是最直接的责任人。

　　忏悔也是一个社会概念,比如一个人当时否认偷盗,但后来"忏悔"了(*metaniono*,比较《旧约》和《新约》中的"*metanoia*"),然而他的忏悔未必是真心开悟。格伦迪人不相信心理归因,正如我们所看到的,他们混淆了《新约》中"良心"(*suneidēsis*)的概念和强调社会道德的"习惯"(*sinithio*,源于*sinithisi*)。在此情况下,格伦迪人最多将其视为一种扪心自问的心理状态,并把这种责任感称为"灵魂之重",即尚未得到满足或者尚未得到回报的 240 责任:比如有个格伦迪人去世了,葬礼也已结束,但是为了避免承受这种灵魂之重,格伦迪的亲属在得知死讯后赶回村庄以示对逝者的哀悼。对于格伦迪男人,忏悔与其说是一种良心的驱使,不如说是一种从困境中获得最大优势的战术决策。

　　　　有时,你"吃"了我的羊,你认为我知道。后来你告诉我,我们应该去教堂发誓,可是你可能忏悔了(*na metaniosis*),你又告诉我,"嗯,我已经改变主意了(*emetaniosa*),不管怎么样,我相信你什么都不知道。"

这里说的忏悔可以理解为一种战术,即审时度势,在不利局面发生之前及时退出比赛。坦白亦是如此,主要是男性的世俗关切。牧羊人可以参加忏悔的仪式,也可以为了在复活节前参加圣餐,但一般情况下他们尽量避免去教堂,以减少忏悔带来的压力。牧羊人不向牧师坦白心迹,而是相互"坦白"。从教会教义上,忏悔先于坦白,为了得到另一个牧羊人的宽恕(*signomi*)和友谊,首先要回心转意,然后才承认自己的劣迹。这两种氛围下的坦白(宗教的"*ksemologho*"和世俗的"*mologho*")均源于相同的词源。

　　但是,"坦白"是对保密的背叛,"如果现在就对他们承认(*moloyisoume*,偷盗),我们就输了,他会'吃'掉我们所有的羊"。这个术语有时指蓄意的背叛,也指天真的孩子无意识的泄密。在用于报复性偷盗时,这个术语还有"严重泄露"之意,有可能引发新一轮的报复行为。谈到这个问题时,有个村民说他宁愿什么都不知道,他评论说,"是的,我可以找个机会让他先发誓,过后再告发他(*na tone moloiso*)!"

　　重要的是,这位评论者将"告发"行为和牧师联系在一起。另一位村民说如果他是个牧师,也会像现任的格伦迪牧师一样拒绝接受忏悔,最好对别人的秘密知之甚少或一无所知。一般来说,人们普遍害怕通过忏悔向神父吐露秘密。经验告诉村民,牧师有可能是最危险的泄密者。偷盗者向牧师忏悔,牧师又向全世界"忏悔"。有一首押韵两行诗表达了这种普遍情绪:

> *Kallia ´kho ´na ghaidharo na me ksemoloyisi*
> 与其把秘密告知牧师后被他出卖
> *para na pao stom bapa na me kseyevendisi.*
> 不如把故事讲给毛驴并对它坦白

因此,村民经常指责教会要为泄露忏悔的隐私负责:此时的"坦白"在措辞上意味着背叛,按照格伦迪人的世俗价值观,牧师确实可以被视为真正的罪人:

    A:我相信上帝,比如说,我也相信基督。也就是说,作为一个基督徒,我相信所有这些,基本上我相信。可是我不想去教堂,也不想看牧师一眼!

    B:对,看在圣母玛利亚面上! 如果我回到教堂,可以说,那里有一堆牧师,可以说(牧师太多难以避开)。

    A:是的!

谈了许久之后,第三个人也发表了意见:

    C.我也一样,眼里容不得他们。为什么呢? 因为他们不是人类! 嗯,不是,当牧师告诉你,"如果你不投票给某某人,"所有那些废话,都是牧师告诉你的。我就对他说,"你这个戴绿帽子的,你是个牧师,可以说,干嘛跟政党政治混在一起?"(……)在其他州,他们都找牧师算账! 呃,他们不想要牧师之类的东西! 因为这些东西都是罪人!

将牧师拒绝在"人类"之外,反映了人们的普遍看法,即牧师是违背社会公德的人。他们滥用精神权威,在道德上比任何世俗人群都低下。作为人类,牧师应该参与正常的社会生活,按照格伦迪人的理解,牧师要么不愿意、要么做不到。这种反教会教权的情绪,部分来自牧师的唯利是图,通过倾听忏悔索取大量钱财。有个村民不无得意地描绘了他是如何戏弄当地牧师的,他谎称要忏悔而把牧师骗到旷野(而不在教堂),当牧师要他付费时,他借机取笑了一番。还有一次,一个格伦迪男人和他的表妹在貌似庄严的教会唱诗班上唱道:"上帝的仆人禁食了,因为没有面包了!"(上帝的仆人是受过洗礼的尼古劳斯)。这种对洗礼仪式的戏仿,幽默地表达了相对富裕的格伦迪人都认可的假设,即教堂特权是为养活权贵阶层而设计的,而且以牺牲人民的利益为代价,这种假设无疑加剧了村民对整个忏悔仪式的质疑。 242

目前的格伦迪牧师是否倾听忏悔尚不清楚,只知道该职责曾经委托给一名来自弗瑞思的牧师,原因是害怕当地牧师被指控背叛了忏悔者的隐私。另外,牧师也不愿意承担规定忏悔者忏悔的责任。年长的老牧师(现任牧师的父亲)最终屈服于上级的压力同意倾听忏悔,但服务范围仅限于那些坚持要忏悔的人。

一边是神学的职责,一边是社会的现实,两种原因都使他极不情愿。牧师深知村里的男性村民不愿意把更严重的罪行向他透露。

> ……因为很多已发生的事情,在任何情况下都不该说,这就是为什么牧师不听忏悔,因为他知道,如果他听我的忏悔,比如说,我也不会告诉他(所有事情)。

问题是如果一个人还未忏悔完就去领圣餐同样是犯罪。一位慈祥的牧师也意识到,忏悔者可能因没有彻底忏悔而感到痛苦。我刚才引述的村民,把牧师不愿听忏悔的原因归结为"他是本村村民……是个好人,非常好的人。"另一位当地牧师也证实说,"他们忏悔时不说真话",并以此作为他不愿主持忏悔仪式的理由。

另一个村民从格伦迪老牧师的态度上,看到他对个人责任明智的处理。

在他看来,牧师"也不想(自己)承担罪责。"即使忏悔者彻底坦白了,但只要牧师允许忏悔者参加净化心灵的圣餐仪式,"灵魂之重"就将从忏悔者身上转移到牧师身上,牧师自然不愿意承担全部罪责,尤其是在格伦迪这样一个普遍持不同政见的社区。然而罪在此时是否真的传递到了忏悔牧师身上是模棱两可的,这有点像牧羊人的发誓,不管说的是真是假,牧羊人在任何情况下都把"发誓"视为无法忍受的负担,因为要求别人发誓也要承担个人的道德责任。同样的道理,如果忏悔者没有说真话,那么同意他领圣餐的牧师也必须承担最终的道德责任。

还有一个深层次的因素是,无论何人,只要他对村里的秘密知之甚多,都会有不慎泄露之嫌。当地牧师不愿听忏悔,和牧羊人选择中立地带的修道院发誓非常相似:作为缓冲罪恶感的有效方式,首先要把精神权威从社会压力的直接性中排除。如果非法行为被"泄露"给官方当局,那么听取忏悔的神父就是首要的嫌疑人。一个村民曾参与一起谋杀案,后来被听忏悔的牧师出卖,他愤怒地质问那个牧师说:"你是牧师还是魔鬼!"③该地区的另一位牧师这样解释,"正如我所说的,假如有人来忏悔,后来我顺便提起这个事……我自己就有了罪"。当然这里说的"罪"是名副其实的罪,给另一个人带来麻烦的罪。我们不妨回顾那个在结婚当日被送进监狱的人犯的"罪",在此就不难看到,当地神职人员至少给"罪"的世俗定义做了背书。

即使是一个尽职尽责的牧师,在做出极其艰难的决定时也会举棋不定,除了道德上的困境,牧师本身就被置于一种微妙的社会地位上。

正是由于这个原因(做出正确决定的困难),我当然听过很多人指责牧师。

对!是在咖啡馆!我听见他们指责(原文如此)A和B,说A和B一样也犯了这个罪(原文如此),他们都承认了,两人都承认了。然后(牧师)指示A(原文如此,但讲述人下面说的话应该是指B)去受领圣餐,却对另一个人说,"你不能去!一年或两年之后你才能领圣餐。"

"为什么不一样?"他说。"我反对!"

我对他说,"A结婚了吗?"

他说,"是的,结婚了。"

"他有家庭吗?"

他说,"当然有。"

"那么 B 有家吗? 他结婚了吗?"

"没有。"

"难道 A 应该从床上爬起来,离开他的妻子,离开孩子,和 B 一起犯罪? 而 B 没有家庭,自由自在。这就是为什么牧师允许 B(口误:应 244 该是 A)去领圣餐……"

这时的教会地位相对接近村民的社会价值观:已婚男人犯罪,罪加一等,因为除了偷盗罪,他还是一个失败的家长。剥夺他的领圣餐权利,此时似乎有了一点神学基础:

> ……他不允许你(领圣餐),因为你已经结婚了,有妻子。另一个没有结婚。
>
> 这是有区别的。坐在家里,吃自己的面包,吃饭,吃橄榄,(然后)到山上偷一只羊,这是一回事。而另一个人(已经在那里)在山上,没有面包和其他东西。这是很大的区别! 所以这个人(牧师)要惩罚他,就是那个从家里出来,吃饱了喝足了,还有钱,而且还(继续)偷盗的人。而另一个人在山上,什么都没有:他才应该去领圣餐。
>
> 这个道理同样(适合)法庭,因为其中一个离开家去偷盗,(然而)另一个发现了它(被偷的羊)并说"我饿了"。这是有区别的!

自我免责为我们所熟悉:这个牧羊人的饥饿和"坐在家里吃面包"的人大不相同,他寻找猎物不需要"碰巧发现",他对肉的依赖与拥有丰富农业资源的家庭形成了对比。

然而,牧师的态度比牧羊人要严厉得多。牧羊人用"饥饿"之说为所有偷盗的行为和恶习辩护,而牧师视自己为法官,专门负责评估偷盗行为和与当时环境相适应的惩罚(图 21)。在忏悔过程中,牧师是唯一的倾听人,他必须守口如瓶,一旦他失信并泄密,自己就会沦为罪人,正如当地一位忏悔者所说:"只要他说出口,就要承担罪责(*perni tin amartia otan moloyisi*)"。牧师"坦白"别人的罪,如同把自己置于忏悔人的同等地位,必须与后者共担罪责。从教会的角度看,牧师违反了教规,从世俗的角度看,他犯下了违背个人信任的社会之罪。从理论上讲,这种情况在牧羊人当中非常罕见,所以牧师自然被视为"最坏的罪人"。谴责牧师行为的教会和世俗理由各自不同,但它们交织在一个错综复杂的概念上,使格伦迪教徒在坚持自己作为基督徒身份的同时,也否认了牧师的基本人性。牧师每一次削弱村民对于忏悔的信任,都进一步证实了村民对牧师的敌意,同时牧师也担忧越来越少的牧羊人会前来忏悔。

男人与女人不同,他们更关心罪的政治意义,而不是宗教意义。他们认为自己被权力和财富的世界所隔绝,这就决定了他们目前的态度和行动。事实上,从标准人类学的角度看,他们的职业和角色未必是偷盗者,任何暗示他们可能是偷盗者的说法都是对他们的侮辱。按照严格的专业术语,拥有羊群的人只是"牧羊人",而拥有相对较多羊只(超过五百只)的人,才有资格被称为"牧羊大佬"(*kouradharidhes*,源于 *kouradhi*"羊群")。他们的确在叙事中用"盗贼"一词形容自己,但只是在特定的情况下,比如显耀他们的偷盗战绩或赞美自己的勇气时。

我们知道,根据伯克的理论,偷盗者是一种"职业",根据当时的情况,其社会身份属于一类群体(Burke 1954:237 - 238)。正如伯克所指出的,人们不断寻求将这些职业"伦理化",让已被造就的环境创造出美德。此时,罪犯用属于一类群体的犯罪来补偿自己的行为。格伦迪牧羊人以不可抗拒的政治环境为依据,将偷盗行为伦理化,每一次偷盗,都通过证实他们被排除在政治之外而补偿了他的失落状态。通过这种方式,"属于一类群体的动机可以作用于相应的个人动机的动机"(Burke 1954:290):每一次偷盗都是重申其正当性的先决条件。

虽然教会全盘否认偷盗的价值,但并不意味着所有格伦迪人也完全否认教会的观点。首先,老人在行将死亡时就会更加关注来世的报应,从而更倾向于忏悔。女人从很小就开始忏悔是理所当然的事情。她们诺守教会教

图 21　教堂一景

规,与男人的世俗忏悔形成互补对立。坦白和承认偷盗在道德上都被认为
是正确的,然而也是危险的行为:一个女人可能被告解室中的牧师出卖,一
247 个男人也可能因为承认偷盗而被人出卖。区别在于男人可以对不守信用的
牧羊友施以暴力,而女人面对牧师却无能为力。格伦迪男人并不认为哪个
人特别值得信任,在相互告知偷盗行为时,他们拒绝将权力集中在一个人手
中。相反,他们共同把握自己,让坦白和忏悔变成了世俗的行为。

　　格伦迪人坚持认为,对教会制度的厌恶并不妨碍他们接受更高意志的
存在。他们的对头是教会权威和政治统治,其腐败行为为教堂赢得了"小
铺"(maghazači)之称号。在下一节中,我们将切换到另一个领域,即村民
普遍笃信的超自然力量,也是"唯我独尊"不可或缺的法典。

胛骨之争

　　在格伦迪牧羊人当中,胛骨占卜非常盛行,他们用山羊或绵羊的肩胛
骨预测未来。然而,这种实践活动与其说是预测未来,不如说是构成社
交、伦理和现实问题的符号学,涉及格伦迪人实际生活的所有关切:婚姻、
死亡、妻子忠诚、生育、社会价值、羊群、偷盗事件、自然因素,以及物质财
富和家庭幸福。

　　这种趋吉避凶的方法也许根本算不上占卜。说是"解读"未来,但给人
的第一印象是粗枝大叶的草率表演,与格伦迪人对待命运和机会的态度极
为相似。格伦迪人从不凭借对未来的消极假设而调整行为,而是用命数之
类的话语解释过去。在他们的社会审美中,机会不是等来的:等待只能破坏
自我表演的艺术性和自发性,剥夺他们"从死神手中偷取最难熬的时刻"之
机会。同样,肩胛骨(koutala,"大勺子",中性名词 koutali"小勺子"的阴性
化形式,语法上指男性的占有对象)的解读并不能揭示未来,因而就被规避
248 了。恰恰相反,占卜的意义在于强调不能掉以轻心:它提供了一个表演的语
境,供男性探索深层次的不确定性,也许有一天他们可以在不确定中展示自
己的真正实力。

　　格伦迪男人对肩胛骨也持不可知论的态度,这和他们看待宗教问题一

样。一位年迈的前牧羊人说,"有时占卜碰巧(*tikheni*)揭示了(未来)"。然而,这说明宁愿信其有的人,也未必相信其绝对的可靠性。预测的不确定性再现了真实社会经验的不确定性,"机会"("*tikhi*",这里由同源动词"*tikheni*"表示)只提供了两种可能:毁灭之威胁和战胜之可能。

这种不确定性给我们的总体印象是,人们好像最初对占卜的态度不同。有个讲述人就断然否认胛骨占卜,说他和"卡赞扎基斯(Kazantzakis)一样,不相信任何事情!"④他赞同这位克里特岛最著名的作家对占卜的质疑态度,但同时声称另一个年长者的预测就很准,这就证明他绝非彻底否定占卜,反而说明成功占卜的意义不在事件本身,而在事后的回顾。由此可见,即使是那些把占卜斥为完全是"谎言"的人,也一直在"占卜"他的生活本身和他所处的世界。

信也好不信也罢,有一点是共同的,村民都愿意承认以前占卜的灵验效果。总而言之,各种各样的评论表明,肩胛骨更多提供的是一种试探和探索社会经验紧急情势的途径,而不是对未来的规划。即便预测没有应验,村里的占卜者亦可声称那块骨头可能来自一只羊羔(至少应该一岁),他仍然认为肩胛骨具有意义,并将其视为普遍原理。另一个讲述人对占卜也表示怀疑,他本人从未亲眼见过占卜成真,但他接着补充说,尽管如此他还是相信胛骨占卜,它毕竟是"老祖宗的传统"。

或许颇具创意的评说是一句戏谑之言:除非骨上有肉,否则就没有"意义"。然而,我们不能从字面上理解这种说法中的嘲弄语气,更不能以为这是在否定胛骨占卜。反而,这会提醒听众,说者并不情愿放弃胛骨占卜:给他一块带肉的肩胛骨,他会试着再次解读,因为任何通过"肉"来确认男子汉的行为,对他来说都是有意义的。在对胛骨占卜的不可知论的嘲讽中,预示着他敢于接受超自然力量的严酷考验,再现男子汉的气概而直面他的同伴。肉是靠机会得到的,占卜预测亦可成真。即便在更守法的社区,人与人之间的竞争关系也体现在对自然的集体态度上(见 Friedl 1962:75)。格伦迪人对死亡的嘲弄并没有取代恐惧,只是将其掩盖了而已,对日常经验以外的任何事情,他们均采取不敬的态度。占卜的环境相当随便,牧羊人将肩胛骨上的肉剔除,然后嬉戏般地开始"解读",信任他

的亲朋好友则在四周围观,带着既好奇又讥讽的混杂心情。(图 22,23)

通常情况下,人们知道胛骨占卜用的是谁家的羊剔的肩胛骨,因为关键在于整个占卜是针对某个人的。然而,预测是否如愿以偿,格伦迪人并不十分介意,他们更感兴趣的是预测是否真的可能。所以,显然他们喜欢用抽象的方式来证明。让我们听听格伦迪人如何"解读"一块胛骨,当然他当时并不知道胛骨来自谁家的羊(这位老师还给我画了两张解释图,见图 8A)。他开始说,"这个人有钱……结婚了……身体很健康。"他没看出这个人是否有后代的迹象,而是接着说,"这个家伙没有道义,'因为'他没有道义,所以这个牧羊人一定很有钱。"

他说羊的主人有个道德有缺失的妻子,"从贞洁上看,她有缺失!"然后话语马上转到天气上,"好多天没下雨了",紧接着又回到牧羊人的自身问题:他的家庭生活很困难,也没有羊(莫非这块肩胛骨来自家养的羊?),他不会马上得病,也没有生命危险,但太缺乏道义了,甚至连口水都不给你喝!妻子的忠诚有点问题,但没有完全否定。妻子不忠的迹象在末端连接处的黑点上(见图表 8A),现在有两三个黑点,但没有一个在中心。这种解读的
253 模糊性,和是否有孩子以及有几个孩子的说法雷同。占卜者说这块骨头太小无法确定。骨头上没有显示他当过(牲畜)偷盗者的迹象。

这个讲述者几乎解读了骨头上所有可能的迹象,有些说得较多也更详细。他画的图表(图 8a),在某些细节上和希腊其他地区的类似图表相似,图表二不如图表一详细(图表 8b)[⑤],两图之间存在不少区别。尽管存在地区差异,格伦迪人的解读显然与社会生活中的"西玛西亚"相关。当地的占卜中居然还有一些匪夷所思的变化,比如有个迹象表明塞浦路斯正在靠近希腊!当然这属于个别版本,或许是为了迎合村民的兴趣和需要。

肩胛骨分为三个主要的识别区域,分别是平坦区、脊状区和若干边缘区。平坦区上存在所有一般、自然的标识:妻子、孩子、天气,死亡等,其中死亡的标识是一个凹点,在希腊其他地方则指瘟疫。注意:天气条件最接近羊
254 群,对实际生活影响最大,但天气并不直接暗示身体或经济的情况,而是通过对羊群的影响而起作用。

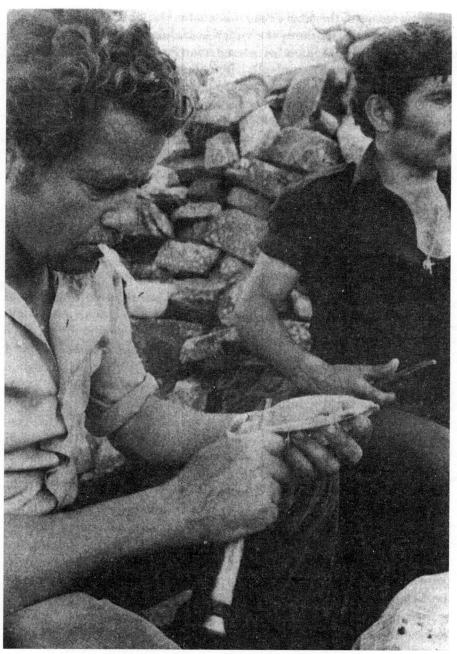

图 22 从羊的肩胛骨上剔去肉,牧羊者即可解读骨头上面的信息

图 23 聚集在一起探索肩胛骨之谜

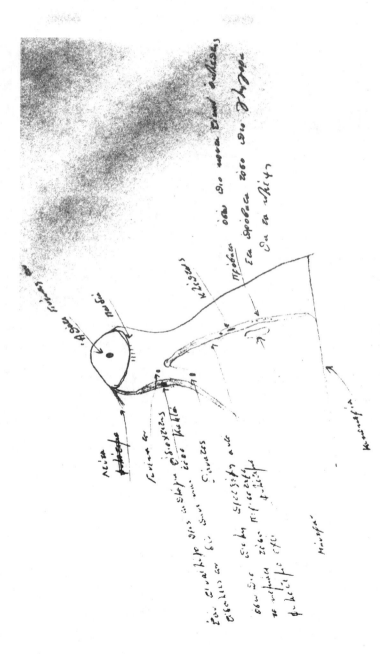

252

图表 8a 肩胛骨的详细解读

解读的翻译如下：1. 钱；2. 妻子；3. 被妻子欺骗；4. 孩子；5. 如果羊的主人（即该标识代表羊的主人）在这边一点的话，他的生意就不会很好；6. 死亡；7a. 这一片骨头越向外，即表明他越有道义；7b. 肩胛骨；8. 羊圈；9. 坏天气；10. 偷盗者靠着羊越近，就会越快把羊偷走。

253

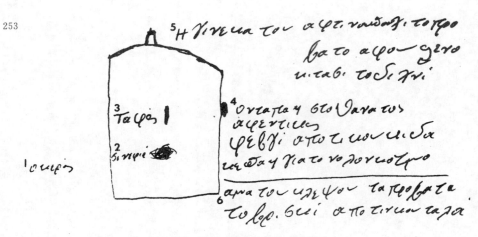

图表 8b   肩胛骨的第二张图

尽管不如图表 8a 详细,但仍可确定布伦迪胛骨占卜的实质性问题。

解读的翻译如下:1.天气;2.云彩;3.坟墓;4.羊的主人死亡之时,此标识就会移动,他就到了另一个(?)世界(即阴间);5.如果羊主人的妻子跟他人睡觉,它(肩胛骨)就会显示;6.如果他的羊被偷了,也能在肩胛骨上看出端倪。

众所周知,子女满堂等同于财富,子女体现在关节的膨出部分,而不是平坦区的某个准确点位上。这显然很重要:个人声望随着后代数量的增加而增长,尤其是男孩的数量。子女也是婚姻成功的产物,繁衍下代是格伦迪人最明确的目标。随着生老病死,死亡代表着上一代的终结,子女保证了家庭的延续:需要留意妻子和母亲在肩胛骨上举足轻重的位置。妻子不忠就不会起到应有的作用,骨头上就会出现半隐半现的瑕疵点,意味着家庭内有一个"内在"隐患。骨头左侧的瑕疵意味着一般性的失败。好的妻子通过生育确保家庭的繁衍,坏的妻子成事不足败事有余,只能破坏丈夫的现有地位,两者的对比都在肩胛骨的图示上得以再现。

还要注意"钱财"的位置,体现在软骨的膨出部位,其柔软度则象征着钱财的变化:我们不妨揣摩占卜者的假设:有钱人未必有道义。钱是好东西,与子女和羊群的象征符号一样,都处在平坦区的膨出部分,但两者之间的曲线变化,又表明了"多子多财"的暧昧性,因此不排除其中还有另一层含义:子女多也会抵消个人财富,因为遗产必须分割为相应更小的部分。这种财富与后代的关系在肩胛骨的图标上得到再现。

　　另一方面,脊状区可以显示社会的积极意义。脊骨越高,肩胛骨的羊主人就有越多的道义。脊骨的最上端是羊圈,象征着牧羊人的实际地理位置和威望来源。顶端代表羊和偷盗者,两者点位越近,偷盗者和羊群也就越近。这种并列的关系恰如其分:一个牧羊人拥有的羊群越多,被偷盗的可能性就越大,尤其当他的“道义”大到让别人确信他遭到袭击不会无动于衷,才会导致相互尊重和最终同盟。肩胛骨明确地表达了羊群、道义与偷盗之间的不解之缘。另外,基于羊群的道义和金钱一样,均属于结构上的同源性,是外部而不是内部关系的指标,是肩胛骨上的突出部分而不是“日常”生活的平坦部分表示了两种属性。

255

　　格伦迪人的空间象征意义意味着位置越高道德就越纯净。这至少提示无论好事坏事,预测都要从肩胛骨平坦区的中心开始逐一排除。当然并非所有中心的迹象都绝对是好事,死亡和恶劣天气就是不可避免的自然现象,这样的迹象并不适用于对不忠、财富或者道义等方面的预测,而需要一定程度的社会曝光度。

　　这种曝光度也反映在口头习语中。比如上当受骗是“丢人现眼”(*vyeni koroidho*);善于应对危险是“走出来”,虽然这是个褒义习语。但也有其不确定性,成功的喜悦随着权力和威望的提升,相应也带来了更多人的觊觎,并意味着更大的失败和侮辱的危险。但这正是格伦迪牧羊人为成为男子汉而必须抓住的“机会”,如果他没有能力应对险象环生的局面,就会功亏一篑。另外一个习语是“走出去”,意思是上去,尤指攀登山路。牧羊人带着羊群去夏季牧场,攀得越高,离道义所要求的道德纯洁就越近,被袭击的风险也就越大。目前,拥有最高的唯我独尊声望的两个牧羊人都是斯格法斯家族的成员,他们所拥有的夏季牧场都在最高处,这种情况肯定不是巧合,其中一个曾夸口说:“我们这里是自由的希腊!”

　　肩胛骨符号学形象地再现了格伦迪社会的空间象征意义。这个世界如此脆弱,充满不确定性和模糊性。对于村民来说,肩胛骨解读似乎能提供绝对的确定性,而事实上与他们的经验和认知背道而驰:每次解读的暧昧性,都意味着预测事件的不可能性。骨头过小或看不清,是卜辞不可或缺的组成部分,也是自我标榜的占卜者在表演过程中的口头伎俩。成功预测似乎是过去而不是今天的事,同样可以证明这种不确定性:随着社会生活的不确定性日益增长,人与超自然力量的关系也在不断恶化。上一代人对他们的祖先说过同样的话,绝不是不可能的(引自 Herzfeld 1983b)。

　　胛骨占卜代表着乡村生活内在的紧张状态。作为本土社会理论的符号,它也代表了格伦迪社会在整个国家中的非正常地位,教会并不认可胛骨占卜,但格伦迪人依然如故。正如格罗津斯基(Grodzynski 1974:267 -

256 276)所言,从历史上看,所有流行的占卜形式都被视为对神权和皇权的篡夺。尽管被官方和教会谴责,但早在基督教初期,这种特殊的胛骨占卜活动就在希腊出现了,拜占庭作家迈克尔・普塞留斯(Michael Psellos)曾对此作过长篇的描述。有一份 13 世纪早期的长篇手稿,详细记录了占卜秘笈,其详尽程度甚至可以与现代民族学例证相媲美(Megas 1926)。胛骨占卜出现在希腊,主要被认为是受到了野蛮人(尤其是哥特人)的影响,而且只在政治边缘地区盛行,这些地区的居民主要为牧民,极其厌恶和排斥法制。

　　胛骨占卜的边缘性符合民族主义作家的目的。例如在评论 13 世纪的手稿时,美加斯(Megas)问道,"但是,我们如何解释一本书的标题中提及了突厥人和野蛮人的名字,而书的本意正是记录希腊习俗和希腊信仰呢? 人们普遍相信,拥有不同语言和宗教信仰的人民,其魔术技巧更臻于完美"(Megas 1926:6)。通过这种方式,民俗学者就能证明其结论和大众态度,以及普塞留斯的观点达成了某种程度的一致,即胛骨占卜来自波斯,两种观点都认为希腊不是胛骨占卜的原生地。

　　这种文化的边缘性再现了占卜者的社会边缘性。在希腊独立之前,胛骨占卜在山地游击队中极为流行(Megas 1926),这些山地游击队的生活方式在很多重要方面与格伦迪牧羊人非常相似,尤其,对当局的抵抗正成为一种习俗。

　　如果格伦迪对肩胛骨的解读是社会普遍关切的符号,那么作为一个整体,这种仪式物品就可以被解读为格伦迪人从政治中心被疏远的指数,尤其考虑到其散乱但内在一致的历史先例。这并不是说格伦迪人谙熟历史背景,但他们对教会的持续抵制,以及"偷盗者"在肩胛骨的具体点位,皆有效地表达了格伦迪人的独特之处。在此程度上,肩胛骨既是社会内部关切的图释,也是社区与外部官方世界关系的象征。正如坦纳(1978:100)在一个完全不同的民族志背景下所说,胛骨占卜可以作为一种思考生存方式的有效工具。格伦迪人显然依据的是自己的现实生活,然而却远远超出了对直接行为的思考,并在游牧生涯的变迁中得到了很好的体现。在更普遍和广泛的层面上,它涉及格伦迪人生活中所有重要经验所必要的不确定性。 257

有时预言"碰巧"成真了,但其不确定性仍然不容忽视:在道德全盛的时期,人们对预测未来充满信心,与认知未来知识的不确定性形成了鲜明的对比。然而,男人之所以是男人,正是因为他们一直在与不确定性博弈,其博弈的政治表现则体现在社会关系的裂分理念上。他们并不需要现代知识作为生存的保障,而是依赖于机会和运气。在"解读"肩胛骨时,他们解读的是神秘的现在,而不是未来。也许成功的预言曾经有过,也许会再次降临,天晓得!唯一赋予胛骨占卜的"意义"只是其表演本身。作为对男子气概的表达,它带给格伦迪人的启迪是必须抓住每一次降临的机遇,而不是期待一个安全的结果,这就是肩胛骨上有肉才有"意义"的内涵:有肉的肩胛骨才能引起男人的兴趣,就像偷来的肉最鲜美一样,因为它象征着不确定的机会被成功地抓住了。

因此,肩胛骨再现了男子气概的理念结构,并将格伦迪社会内部的紧张关系和他们与官僚国家关系的外部不确定性有机联系在一起。这种陈述或许有点不祥,毕竟开玩笑是格伦迪人随意而为的事情。然而玩笑未必是玩耍嬉笑,正相反,敢于和死亡与危险开玩笑的人,显然正在探索与他们休戚相关的问题。"西玛西亚"是占卜玩笑中的关键术语,是格伦迪人表达"关联性""意义""重要性"等理念的总概括,所有这些理念都与平时的琐碎事情形成对比。笑话是一时戏言,是"社会结构暂时的中断……,一个小小的干扰,会使社会的特定结构变得不像其他结构那么相关(Douglas 1975:107)"。所有格伦迪男人,早晚都要置身于这种颠覆性的角色中:他们都是爱开玩笑的人。

这就是为什么对幽默的反复讨论在本民族志中扮演了如此重要的角色,它远远超出了对传统守法社区的描述。这种逍遥法外的状况,需要我们对社会经验的内在和外在的模糊性进行不断地探索。对格伦迪人来说,所

有生命和整个世界都是一个谎言,与之开个玩笑就是冒点风险去探索隐藏
258 在谎言背后的真相,一个无从得知但有其绝对确定性的未来真相,一个在国
家意识形态下的规定话语中永远找不到避风港的真相。真相就像被盗的
羊,必须在机会来临的那一刻攫取。机会稍纵即逝,无法定义。正如格伦迪
人的胛骨占卜所示,幽默中的不确定性比任何一套官方规则和定义都更能
洞察社会经验的本质。

第八章　转变

愿景之转变

"只要艾达山不倒，家畜偷盗就会继续！"一个禀性难移的偷盗者如是说。按他的说法，克里特岛之所以出名，要么是因为根深蒂固的赞助制度，要么是由于政治独立的光辉典范。然而有明确的迹象表明情况正在发生转变。

偷盗是否真有一天会减少甚至销声匿迹，现在下定论尚为时过早。迈塔克瑟政府（Metaxas，1939－40）、帕帕多普洛斯政府（Papadopoulos，1967－73），以及约安尼季斯政府（Ioannidis，1973－74）等专制政府，至少有两次试图系统性取缔家畜偷盗，有时不惜动用野蛮的方式。这些极右政权奉行强调古老美德的文化策略，欲将整个国家纳入军事管制的状态。干预无所不在，包括穿衣打扮，发型长度，甚至音乐等日常生活细节。他们不容忍任何形式的盗匪活动，这本身并不奇怪：因为盗匪不仅是对权威的无视，也与希腊人理想化的纯正形象格格不入。此外，因为这些政府都是独裁政权，不需要讨好选民，因此即使该地区最有权势的牧羊人，他们也可以毫无忌惮地冒犯。然而，当这些强硬的政府被较温和的民主政府取代后，家畜偷盗便再度兴起。有些政客认为，尤其是通过家族和牧羊友联盟之间相互承担的业务关系，是控制大票仓的最佳方式，山地居民（aorite）在确认这个事实后，恢复了一度转为地下的赞助活动。虽然格伦迪人对政治赞助人的幻想经常遭到破灭，但同时也声称他们别无选择。经验告诉他们不能对民主进程抱以期望，只好对赞助制度有利的一面加以利用，其他方面仍然遵循自己的传统和价值观。

上校军政府垮台之后，泛希腊社会运动党的崛起似乎给村民带来一缕新的曙光。确实,该党的"转变"(*allayi*)口号确实吸引了不少村民,旧的赞助模式似乎不再牢不可破,该党对赞助制的无情鞭挞,极大安慰了那些由于偷盗者的掠夺而弃牧从农的家庭。从本书提供的证据来看,家畜偷盗明确表达了格伦迪人的集体和个人自我形象的核心价值,任何根植于话语和社会经验的东西都根深蒂固,不可能一夜之间消失始尽。事实上,在政府更迭之前,一些嗅觉灵敏的法律代表就放弃了直接镇压的方式,而尝试用说服的手段,这意味着基础已经具备了。

警方的应对策略不仅仅局限于口头劝说,在所有合法的手段中,最突出的是定期巡逻,这在很大程度上得益于放牧山区修建的道路。主干道上设有路障,警方可以随时检查运往城市屠宰场的卡车,方便且行之有效,尽管这种做法与传统主义者的规范大相径庭。警方的线人无处不在,他们意识到只有依靠当地认可的调解方式和劝导习惯,才可能根除当地猖獗的家畜偷盗。

在 1974 年恢复民主后的几年中,警方的主要措施是成立地方委员会,由各村所有重要家族中有实力的代表组成。实践证明,委员会除了起到一定的震慑作用,其他效果微乎其微。例如,格伦迪一年内只抓到一个斯格法斯家族的偷盗者,而且还是被村委会任职的亲属举报的。大义灭亲大逆不道,现在却被视为正义之举,因为偷盗败坏了村庄的声誉,这才是更大的叛261 逆。然而这种良知并没有压倒世俗观念,把亲属交给当局的人少之又少。经过不到两年徒劳无益的运作,该委员会名存实亡。

无论采取何种应对措施,成功或失败的焦点在于这些尝试的可及性,或者说证据。在长达四个月的初次考察快要结束时,我才对家畜偷盗和承认偷盗等方面有了系统的了解。如今,正是因为许多村民支持泛希腊社会运动党的施政纲领,所以他们尤其不愿意脱离原有的生活方式。此外,每当一个独裁政权垮台之后,家畜偷盗都会死灰复燃,这个事实让人们(在目前情况之下)愈加怀疑回归雅典的保守政治是否有同样的效果。事实上,村民经常指出泛希腊社会运动党和上校政府的相似之处,这当然是奇怪的相提并论,直到人们想起上校政府的主要权力基础也在农村,其言辞也极具民粹主义色彩,同样反对家畜偷盗和政治操纵。两种意识形态本来截然不同,但温和保守派的政治腐败被认为要对家畜偷盗的持续存在负责,这个论点不能不引起格伦迪人的兴趣:它暗示家畜偷盗不是原发性的,所以这种言论在地方层面也得到复制,同时也和国家层面视偷盗为舶来品或是外国占领的结果等言论相吻合,它还含蓄地迎合了格伦迪人将雅典政界视为"突厥统治"(*Tourkokratia*)之延续的观念。

在政府更迭之前,偷盗的高犯罪率已经得到了一定遏制。让当地政党的大佬们感到难堪的是,当地的泛希腊社会运动党和共产党的领导人与以下两个主要群体达成了共识:山区村庄的小家族与低地居民和来自艾达山对面的南方人(*noticotes*)之中温和的养羊农户。这两大群体早已成为高地强悍的牧羊人掠夺的牺牲品,他们对保守派政客积怨甚深,认为正是在这些政客的默许下,这种可悲局面才持续至今甚至加剧。作为选举前的策略之一,这两个政党的地方代表敦促举行一次公开的抗议集会,讨论家畜偷盗问题,同时也想让他们的保守派政敌难堪一回。事实证明,这个目的虽然不是很明确,实际上却很有效。

我也参加了这次会议,会议在地区首府举行,许多村庄都派出代表。参 ²⁶² 会者包括泛希腊社会运动党的地方议会代表、新自由党和新民主党的代表、地方警察局局长,以及该地区大约二百名牧羊人。甚至在会议开始之前,人们就怀疑会议能取得什么成果。许多活跃的偷盗者聚集在离会场一箭之遥的咖啡馆,居心叵测地等着看笑话,至少据说是这样。

会议讨论了各种各样的问题,包括如何有效识别羊群,因为现有的标识系统已经被熟练偷盗者所掌握。一种新的标识方法得到几个支持者的极力吹捧,据说已试验过多次,但多数人不感兴趣。建立反偷盗委员会形同虚设,在会议上一带而过。但家畜偷盗在政治层面有两个主题,一是人们如何对偷盗者进行羞辱,二是政客在反偷盗制度化方面发挥什么作用。

羞辱作为一种惩罚手段,在希腊农村历史悠久。然而,将羞辱作为克里特岛西部处理家畜偷盗的手段,很可能是源于一些地方官员的敏锐感。他们意识到道德话语的重要性,再三强调偷窃不是男子汉行为,并呼吁人们为了促进克里特社会变革而追求永恒真理。这种做法远胜于直接镇压,有证据表明效果开始显现,不少人正在向农业和小企业稳步转变。

在这次会议上,警察官员和左翼政客相处融洽,在很多问题上不谋而合,比如鼓励村民公开羞辱被抓现行的偷盗者。通过这种方式即可把责任交还给村民,让他们自己根除该地区公认的"祸害"。但是,在涉及第二个议题即滥用政治赞助的问题上,官方的法律与秩序的代表讳莫如深,生怕有权有势的保守派政客下不来台,而左翼政客也小心翼翼进退有度,以免直接卷入不体面的争吵。但是,左翼的当地支持者们大喜过望,大讲特讲高层干预搭救偷盗者出狱的故事。

263   会议组织者也试图避开第二个议题,但效果不佳。他们希望把讨论重点放在处理问题的实际方法上,但在场的牧羊人却不肯轻易放过这些政治大佬们。结果,该地区的新民主党代表和新自由党代表被迫发表谴责偷盗的声明,并否认他们与偷盗者串通一气,或有此企图。互不相让的激烈言辞和不着边际的陈述,并没有缓和尖锐的政治分化。

从事后的评论看,在场的牧羊人都质疑会议是否取得了实质性进展,多数人认为整个会议更像一出惺惺作态的政治演出,或许确实如此。然而会议毕竟召开了,这个事实本身意义重大。它象征着一种崭新的克里特岛自豪感,也是不满的格伦迪农民和小牧羊人所期待的,或许也表达了那些打压牲畜偷盗的最大受益者对这种自豪感的战略利用。媒体对家畜偷盗的持续负面报道,使克里特岛在国家乃至国际上的声誉都受到损害,这种意识已经激起人们对消除偷盗根源的强烈愿望。

国家媒体对家畜偷盗的负面报道,延续了民族主义者的史学传统,即任何形式的盗匪行为与希腊秉性和传统无关。一篇报道甚至尖锐指出,大规模机动化偷盗是"黑手党"(Mafia)的行为之一,亦有文章把偷盗者和受害者之间的枪战描述为"遥远的西部场景"①,这些说法旨在否定整个偷盗现象的希腊性,此亦是克里特人最敏感的话题(对其他希腊人而言),臭名昭著的独特性已经成为一种负担,表明他们已经从文化中心的象征性中被排除在外。

此外,这种话语的转换与随之出现的"偷盗非好汉"之观念如出一辙。从男人角度看,如果你是个格伦迪人或克里特人,就必须有男子汉的样子,那么很明显"偷盗非好汉"的说法肯定也是"外来的"。在某种程度上,这种自欺欺人的说法早就存在于传统的乡村话语中,比如将家畜偷盗归咎于突厥人和其他外国占领者就是对"偷盗非好汉"的一种表述。然而直到最近,格伦迪的男性当中多数是牧羊人[②],除了极力鼓吹赞助制的右翼政党和中间派政党,他们没有可行的左翼政治选择,更何况格伦迪极少有人受过教育,也没有甄别外界对其社会看法的经验。这个村庄内部被几个最大父系家族的男性成员所统治,而农业被认为是女性化的职业,只适合那些不能保护自己羊群同时还残害邻近社区羊群的人。而现在一切都在改变,甚至一些最有实力的牧羊人,虽然在上一代就获得了"牧羊大佬"的称号,现在也开始了土地耕作。这种转变给他们的道德世界带来了彻底的重新评估。

264

话语与务实的整合

除了村庄上面可以勉强种植小麦和家畜饲料的梯田,以及居住区里的小块菜园之外,格伦迪几乎没有可利用的土地。早在 20 世纪 20 年代初期,一位富有创新精神的业主兼杂货商成功种植了第一批葡萄树,不少格伦迪人纷纷效仿。十多年后,格伦迪人组成的一个财团收购了附近波托卡利(Portokali)地区的一些土地,开始生产葡萄酒和橄榄,达到了一定的自给自足水平。但直到第二次世界大战结束之后,格伦迪人才开始认真考虑大规模的农业生产。1951 年,一个由村长、牧师和三位德高望重的领导人组成的财团,收购了波托卡利约 16.9 万平方米的肥沃土地,开启了大规模生产。有关各方通力合作关系融洽,说明获得土地与传统忠诚并非水火不容,也没有起到破坏作用(图表 9)。1963 年修建的一条道路,连通格伦迪村和低地的农业社区及城镇,意味着村民可以在更远的社区耕作,同时继续居住在自己的山村。但是陈旧观点依然存在,仍然认为只有放牧生活才是严肃男人从事的职业。

富有成效的变化发生在 1960 年之后,先是去西德和欧洲其他国家的大规模临时移民;再就是乔治·帕潘德里欧政府于 1963—1964 年实行的粮食补贴政策,村民的自给程度随之下降;然而最大的转变是大规模收购低地的地产,人们购买了机动车,加速了转变的进程。

265

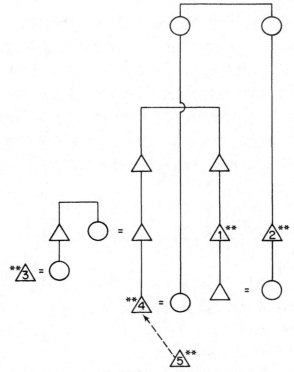

**图表 9　土地联合购买者之间的关系（双星号代表做出此
安排的各方。第五合伙人为第四合伙人的孩子做了洗礼）**

最后的进展由两个主要因素促成：一是可靠的信息网络，格伦迪人通过
该网络可以获得低价良田的信息；二是农业人口的大量流失。二者均不乏
特殊的讽刺意味。就信息网络而言，信息主要来源于牧羊友同盟和冬季牧
265 场所有者之间的关系，更具讽刺意味的是，这一关系也与其他偷盗者有关。
因为牧羊友同盟之间有约定，双方不仅要相互支援以应对袭击，还要互通有
无，提供有价值的经济信息。很明显，这种承诺只是名义上的，在实际中履
行承诺的程度有天壤之别，但也有几次，一个仪式性亲属曾提示格伦迪人哪
里有物有所值的良田。

第二种讽刺与土地来源有关。第一批移居希腊主要城市和海外的克里
特人并非都是山区村民。的确，战后的沿海地区和平原地区遭受了严重的
266 人口下降，而且这个进程一直在加速，以至于有些村庄 30％到 50％的农业

土地如今都归格伦迪人所有。在农村人口涌入雅典和伊拉克利奥等城市之
际,当地居民抓住机会扩大葡萄和橄榄树种植的规模,这也给格伦迪人带来
良机,种植规模不断扩大。许多移民回国后,不想重温昔日牧民的艰苦生
活,于是热衷于寻求新的商机,在国外赚的钱也要寻找投资的出路,这也是
当时出国的初衷。农业生产需要付出辛勤劳动但有季节性,还可以自由进
出城市,劳动时间有更大的灵活性。自 1975 年以来,这部分人的银行存款
剧增,有些人居然拥有价值高达 100 万德拉克马的房产。

　　部分格伦迪人在涉足农业的同时也保留了羊群,通常做法是购买以前
租用的冬季牧场,并将部分土地转为农业用途。仅仅几年前,低地居民还对
格伦迪人充满恐惧和厌恶,唯恐避之不及,现在却巴不得把地产卖给他们,
自己搬到城镇居住。格伦迪人借机在新的地产上购置或建造房屋,以便在
牧场和格伦迪都有体面的居住条件,不少人甚至从格伦迪直接搬走。随着
这种模式变得愈加普遍,格伦迪的人口增长似乎有可能发生逆转。与此同
时,一些最大的牧羊人,包括从父辈起就拥有最高"石棚屋"牧场的斯格法斯
家族成员,也采取了双重经济模式,其中一名曾在当地反家畜偷盗委员会担
任过要职。

　　在这种情况下就不难理解家畜偷盗与男子汉的关系为何走向衰败,其
他与之相关的象征性也随之消亡。当我 1981 年再次造访格伦迪时,年轻人
当中鲜有留浓密胡须者,有些人,当然都是农民,甚至已经戒烟。财富不再
以羊群数量计算,而要看银行存款和住所的奢华程度(当然有些豪宅归个别
成功的偷盗者所有)。即使那些暂时选择操守旧业的牧羊人,关心的也不再
是羊的数量,而是羊的质量。

　　但是还有一个最主要的内因促使村民转变了家畜偷盗的观念。一伙儿
"创业者"突然升级了作案工具,他们使用机动化交通工具,在一次偷盗中即
可"运走"多达五六十只羊。参与其中的人并非为了报复,亦不为建立新的
牧羊友同盟,而是为了赚取唾手可得的经济利益。村民谴责这种新型方式
为"商业"(emborio),甚至称他们为"非格伦迪人",也许更准确的说法是"非
牧羊人",认为这是把饥饿强加于他人,而不是对饥饿的反应。偷盗不再是
一场碰运气的游戏,而是十拿九稳的行当:这些人三五成群(spira)团伙作

案，无线电随时通报警方的动向，并有城里的赞助人暗中参与，提供法律援助和经济保护。扩展的偷盗网络团伙不断增加的证据，在国家和地方报纸上屡有披露，让格伦迪人愈加清醒地认识到，不能再对这种曾经属于他们的行为方式报以任何幻想。与此同时，这些"创业者"依然能够得到官方保护甚至主动帮助，很难代表刚正不阿的克里特人继续行使其光荣身份的地位和权力，这些都成为村民心照不宣的共识，甚至，尤其是那些最坚定的传统主义者，也对这种牲畜偷盗的商业化转型深恶痛绝。

在地区会议上，人们怨声载道。人们高度重视家畜偷盗的商业化转型，它使得有所萎缩的"传统"偷盗模式和规模相形见绌。新型商业化偷盗者使用卡车和无线电通信手段，迫使当局提出比以往任何时候都更为迫切的反偷盗理由。掠夺者的胜算如此之大，难道仅仅靠男子汉的"意义"就能解释吗？家畜偷盗何以为继，增强风险意识或提倡商业道德，这使得两种人从此分道扬镳：年长的牧羊人仍然公开赞扬古老的偷盗模式，受过教育的年轻人则对所有偷盗给克里特岛的形象造成的伤害感到无地自容。

268　　　然而，新型偷盗者使用熟悉的话语进行反击，为社会价值观的协商提供了丰富的象征性资本。他们振振有词，说通货膨胀日益加剧，摆脱贪婪政客的控制几乎无望，他们别无选择，官僚腐败只会让事情变得更糟，更何况那些转向农业的人拥有更多的财富，导致社会竞争越来越激烈：确保美满婚姻需要更大的住房，布置得更加优雅，农业和小型企业也需要新的各种投资增添设备。认为牧羊人不放牧就不会偷盗的观点反而增加了偷盗的诱惑，因为只要该地区有活跃的牧羊人存在，新型偷盗者就很少引起怀疑。这可能是真的，正如格伦迪人所坚持认为的，活跃的新型偷盗者在这整个地区极为少见，更不用说格伦迪村了。然而识别新型偷盗者的难度陡然增大，增加了对当地经济的威胁，也增加了对克里特岛整体声誉的威胁。新型偷盗者匿名行窃神出鬼没，完全颠覆了"偷盗交友"这一古老的原则。尽管他们辩称，他们发动大规模偷盗是基于克里特人象征性的"饥饿"的新版本，但是，整个地区显而易见的繁荣，使他们试图回归老派克里特人的、像父辈那样纵横天下的愿望化为泡影。如村民所说，在此种情形下，他们不能成为英雄，全都归因于受害者。

新型偷盗者为一己私利而扩展的"偷盗者生活方式"(*kleftouria*)的原则,只是如愿以偿地侵蚀了其赖以存在的社会准则,也改变了格伦迪男性表演的诗学性。偷盗行为失去了识别个人表演者的唯我独尊与父系家族、村庄、地区、岛屿乃至国家的唯我独尊之关系的能力。相反,他们随心肆意指向一个单一的目标,直接伤害所有同心的社会实体的骄傲和自尊,而没有为这种骄傲和自尊增光。相关的叙事或许根本没有开场白可言,因为发现的后果都比以前更加错综复杂。人们对新型偷盗知之甚少,但有一点是可预测和不变的:高超的手段将秘而不宣,因为偷盗者对保持专业技能和优势更感兴趣,而不是获得该地区"关键人物"之称号。这些人现在一般在四十岁左右,老一代甚至最强悍的偷盗者都对他们恨之入骨,因为他们是互惠原则规范的终结者。就大多数格伦迪人而言,赋予男人行为"西玛西亚"的诗性, 269 在这些人身上荡然无存:与其说他们是"女人",不如说他们是"非男人"。

风格的逝去

前几节描述的政治和经济变迁中,针对其他牧羊人羊群的偷盗行为尚未根除,常规的小规模偷盗仍在继续。然而,少数商业化偷盗带来的困窘本身就有很强的威慑力。村民们公开担忧,如此下去势必影响克里特岛在国家乃至国际上的声誉。电视的问世和农村职业学校的普及,淡化了年轻人对表演技能的兴趣,尤其是能够表现理想化男性自我的两行诗,如今已无人问津。

在当前重塑社会生活的过程中,官方价值观和目标不断渗透到村民的话语中。村庄已经整合到一个新的经济体系中,偷盗再也不能大行其道并具有破坏性。越来越多的村民开始拥护国家的法律和道德,任何通过偷盗获利的企图只能让人加倍唾弃。比如,有些新型偷盗破坏了传统规则,要求社会做出反应。有个曾经高度活跃的偷盗者,发现自己成了纯农作物偷盗的受害者,开始时他尝试用传统方式寻找被盗物的藏匿之处,然而一无所获,于是只好向警方投诉。他的举动的确引发了一些负面评论,有些村民认为他将永远失去寻找嫌犯的机会,"因为他晓得这个地方的风俗!"但是重要的是,这种事情到底还是发生了,而且这种偷盗没有任何意义。因为偷盗涉及的是农产品而不是家畜,违反了现有的规范。受害方是当地颇有声望的人物,在家族中代表一股活跃的政治力量,而此时的他已经成功地蜕变为一个农夫和地主了。更重要的是,全村人很快就知道他干了什么。

尽管人们对他出这样的事感到诧异,但偷盗者最初的行为同样违反了传统的规矩:农产品无论多么贵重,都绝不是严肃的牧羊人应该偷的东西,唯有农民才会偷个西瓜也津津乐道一番。随着农产品价值的增加和格伦迪人越来越积极地参与农业,农业偷盗的危害性也日益增大。向警方报案只能说明在日益商业化的经济形势下,所有旧的互惠关系都已经走向衰败。

在对官僚政府日益增强的认同的过程中,村民不再一味追求理想化的民族性,而且越来越依赖政府。特别是他们会通过农牧合作社从农业银行获得急需的贷款。有的村民直接受雇于合作社:有一个村民甚至当上了警察。尽管村民们仍然对各种限制条件颇有微词,但他们在经济上缺乏自给自足的能力,农产品也有赖于通过官方认可的市场来销售。所有这些都意味着逍遥法外的生活只能让村民在关乎声望的竞争中严重滞后:家庭幸福和财产(需要贷款)、后代就业、机动车驾驶证,甚至出国旅游证件,统统离不开新秩序。那些缠绕在潜在偷盗者身边的蜿蜒羊肠小道,如今则象征着绞杀偷盗者的条条绳索。

结果,人们把家畜偷盗当作明日黄花而津津乐道。严格地说,这不是对现状的准确评价,说它是陈年往事,是面对陌生人时交谈的话语,但是,当地条件也越来越不利。自 20 世纪 70 年代中期以来,羊群都实行了集中管理,牧民不再需要迁徙放牧,这样警察就可以在夏天有效管理的基础上,减少对冬季牧场的巡逻。随着活跃的牧羊人逐渐减少,互惠性报复的模式也就随之减少了。

然而,自身的条件决定一切。我们已经看到,从广义上说,反对偷盗的唯一有效的措辞同样源于自我的意识形态,简单地说,它就是偷盗行为的理念所在。这是一种男性至上的意识形态,认同自我与所有同心社会现实之间的同一性。但是,它也是一种与中央集权的金字塔式概念——即官僚机构代表全体公民行使权利——直接冲突的意识形态。格伦迪人的自我意识选择了相对的自治：这是根据民族的裂分关系而不是根据官僚政府的金字塔模式而设计的。

尽管如此，今天的自我意识有了其他的平台。甚至于一个相对贫穷的非牧羊人也会因自给自足而得到尊重（图24）。男人在都市的环境中展开竞争，会欣赏大腹便便的体态，而非牧羊人瘦骨嶙峋的样子。一个年轻的前牧羊人在伊拉克利奥市开了一家糖果店，他的日渐发福受到他人的赞扬，他圆滚滚的脸上洋溢着的笑容，代表着格伦迪人前所未有的现实成就。从前人们常用"虚弱"（*adhinatos*）一词批评牧羊人，意思是他不是一个合格的偷盗者，而如今人们用"消瘦"一词形容某人没有获得足够的财富和安逸。

图24 编篮子

如今,地方利益和国家利益相互认同,难以分开。报纸和其他媒体给村
民带来参与国际政治的意识:比如克里特岛人反对实行欧洲经济共同体的
农业政策,虽然与当时执政当局的立场相左,却把此项争论提高到了地方和
272 国家认同的层面,地方和国家认同会被克里特岛持续的盗匪名声严重损坏。
格伦迪人深刻地认识到,正像一个农民所说的,如果再有雷西姆尼地区的新
闻见报,那一定就是轰动性的家畜偷盗的报道。那些曾经和克里特人一样
支持抗议示威和道路封锁的格伦迪人,如今和其希腊同胞一样同仇敌忾,共
同抵制西欧(和美国)资本主义的统治。这里依然是唯我独尊的热土,而且
声势比以往更加浩大。被压迫和不服从的话语表达的是格伦迪人及其同胞
的共同痛苦和集体经历。从他们以往游牧生活的比较角度来看,他们已经
不再"饥饿"。然而,经济活动把他们推向国际舞台,他们面临着新的怨恨和
反叛,相比之下,偷盗只是与之相关罢了。

尽管村民依然用与男子汉相关的话语来解释家畜偷盗的减少,却表明
了中央集权意识形态的某种胜利。这并不意味着格伦迪人从此将逆来顺
受,接受被选举或被任命之官员的旨意,然而它的确意味着他们越来越难以
自视甚高,以个人和家族为基础的唯我独尊意识从此将一蹶不振,而正是这
种任性的自我标榜构成了本书的核心。社会身份的等级制度已经被解释为
一种管理模式。因此,对国家,当然不是对某个特定政府的最高忠诚,遏制
了因文化差异而产生的为每一次非法行为喝彩的自豪情绪。男子汉的诗学
被遵纪守法和字面意义上的道德所替代,"西玛西亚"的语境意义逐步转化
为具体的定义。

每年,克里特岛上的羊群可以圈在封闭的牧场里更安宁地吃草,克里
特人的行为在官僚政府的规范下也有了新的定义。甚至仍在持续的违法
行为都可以如此重塑:这些只为了一个目的,即发展经济。如果还有谁把饥
饿和剥夺继续挂在嘴上,那只能是那些面对外部的经济发展而甘居下流的
人。此外,几乎没有格伦迪人有意破坏来之不易的新的繁荣。新的话语延
伸到与他们所熟悉的互惠主义毫不相干的活动中,经济吸引力重塑了个人
和国家之间的关系,格伦迪人对男子汉诗意的颂扬就变得平淡无奇了。格
伦迪人不再通过个人表演来表达集体身份的各个层次,他们的自我将不断

服从于一个单一层次,所有其他集体身份均在这个层次上由官僚机构控制 273
和定义。

　　然而,转变既非完全彻底,也非始终如一。正如大多数尽责的人类学家
所认同的,用"民族志的当下"(ethnographic present)的思维写作是不可行
的。然而同样的道理,人们更容易反其道而行之,并否认格伦迪男子汉的理
想"真实"当下的意义。这种方式最终只能得出同样荒谬的结论。近期从村
里发生的事件中,我又获取了大量有关偷盗、复仇和社会竞争的资料。假如
格伦迪人迫于文化与社会同质化的外部压力而放弃自我的诗学,我就不会
撰写本书。家畜偷盗的具体特征还将持续多久尚不清楚,但近期的事件足
以表明,早先关于偷盗即将灭绝的预测是错误的。格伦迪人在胛骨占卜的
实践中字字珠玑的预测,应该教会我们切莫草率定论。

　　于是,我们兜了一大圈后又回到了这个主题,即格伦迪人教会了我们什
么。他们关于社会生活的意义与社会生活中的意义之理念,是对民族志和
理论之分野的莫大嘲弄。他们的社会理念显然包括上述二者:既可被描述
为格伦迪文化和社会的特征,也富有成效地应用了人类学的理论资本。格
伦迪人当然不是专业民族志学者,但是和民族志学者一样,他们致力于对本
社区,和有幸贸然闯入他们社区的客人做不懈的社会诊断。在本书中,我不
仅试图寻求人们对他们的社会制度予以同情和理解,因为我相信人类学家
具备专业能力支持超越讨论习俗和犯罪的老生常谈,我还真诚地希望格伦
迪人作为评论家来审视他们自身的状况。鉴于从他们身上学到的一切,这
是一个完全合理的立场。

　　当然,社会自我的诗学是一种外来的概念。如果我成功运用,使之不那
么牵强附会,就是因为格伦迪人对社会互动的本质做出了脚注。尤其,诗学
的定义是对信息本身的设定,一种对形式和风格的关注,它使得格伦迪人唯
我独尊的表演展现的淋漓尽致。同样,我所展示的有关细节的语境分析是
一种文化翻译的工具:其目的在于表明格伦迪人的特殊语言和其他符号形 274
式的联想空间。

　　然而最后,主要的焦点即格伦迪人对"西玛西亚"的看法和理解。这的
确是进一步比较研究的基础。目前的人类学主要基于如下观点,即对意义

的探讨是人类状态的普遍特征。意义总是一样吗？当我们说"是"时，又是什么意义呢？当然，格伦迪人的"西玛西亚"是他们独特生活中的一个概念框架，但发生在他们身上的诸多案例表明，格伦迪与其他社会具备进行比较的可能性。同时，如果我们愿意聆听格伦迪人的看法，就可以根据它自身的条件和语境来进行比较。对他们来说，只有真正的自我的诗人，才能从时间的无情流逝中攫取短暂的社会生活经验。

附录　希腊语文本样本

1.参见本书第 188-189页.[*]

Μιά φορά που λες επήγαμενε μ' ένα στην ϧλεψά, ϰαι πιάνομ' ένα ϰαι ξανοίγω το ζο εγώ. Μμμ, του λέω, φέρε μου το σϰοινί να την μπουζάσουμεν 'παέ, δηλαδή, 'α ξανοίξουμε να πιάσουμ' άλλο ένα ζο. 'Α πάρει ϰαθαείς μιά. Καί μου δίνει αυτός σϰοινάϰι, τήνε ϧουζάζω. Ζυγώνουμε δα ύστερα να πιάσουμεν άλλο ζο, ζυγώνουμε, πάε στριμώνω, 'παέ ξέρω εγώ τι, δε πιάνουμε άλλο ζο. Ωστόσο, ξεπατώνεται του ορτάϰη μου το οτιβάνι ϰαι πηαίνει αξυπόλυτος. Καί τον εφάγαν οι αγϰάθες, ϰι αναγϰάστηϰα να τόνε φέρω. [此时，一个听众发出了不信任或讽刺的感叹声。]Σοϧαρά. 'Οϊ ψευτιές, ϰαι τού 'πα, Ναί. Λοιπόν, τ' αποτέλεσμα είναι, μου λέει, Δε γίνεται, μόν' άδε να φύγομενε να πάρουμε το ζο ϰειόν', να φύγουμε. Πάμενε. Ξεϧουζάζω το ζο ϰαι να το πάρουμε να φύγομενε. Ξανοίγω τη σαμιά ϰαί 'τονε του ϰουμπάρου μ' που μ' έχει στεφανωμένο. Μ' έχει στεφανωμένο. Λέω, Καϰομοίρη, μα τούτηνε το πρόϧατο δεν τη παίρνω 'γω για, άνε χαλάσ' η γης. Γιάντα; μου λέει. Γιατί 'ν' του Τάδε που μ' έχει στεφανωμένο. Μπρε αμάν, μου λέει. Τίποτα, δηλαδή. Ε, ϰαθώς είν' ϰαι τη μολαίρνω. Πραγματιϰά δηλαδή, τη μόλαρα. [然后，他对另一位发言者的评论说道：] 'Απου δεν ήπρεπε να μουλάρω 'γώ, ήπρεπε να τήνε φάω. Τέλος-πάντων.

2.参见本书第171-173页.

Μιά φορά πάλι θυμάμαι, ϰ' ήμουνε, τότ' ήμουνε πολύ μιϰρός, ήμουνε δεϰαπέντε χρονώ'. Εϰεί-μέσα. Καί πήγαμε σ' ενούς τσι ϰουρές. Εϧλέπαμε τα πρόϧατα μου ϰαι ϰούρευε ένας γείτονας, νά 'με, όχι ϰαι ϰο, ϰοντά γείτονας, να πούμε, αλλά λίγο πιο μαϰρυά. Λέ', Αde ϧρε να πάμενε ϰει στο, στο Τάδε να πούμε να πα' τόνε ϧοηθήσομεν, να πάμεν ϰει στο Οσίδι να μας ϰεράσ' δυό-τρει' τσιγάρο [原文如此].Ε,τοτεσάς εδά, τσιγάρα που να δεις, νά 'με; Εγώ 'ϰανα στ' αόρι ένα μήνα νά 'με, ϰαι αν είχενε ϰαπνίσω το μήνα πέντε τσιγάρα, δέϰα. Λοιπόν, πάμε στη μάντρα εϰεί ϰαι ϰουρέγανε. [下面讲的是主人没有递给他烟，叙述者决定报复。] Μόλις εσυχάσαμ' τώρα τα πρόϧατα ϰαι ϰοιμή-θηϰεν τώρα αυτός, την ϰοπανίζω εγώ. [大笑。] Καί λέω, Θα σου πάρω δυό, δε σηϰώνει άμα του πάρω δυό, γιατ' ιντ' 'α τσι αποϰαλύψουνε τούτοινε. Λέω, Μιά θα πάρω. Δεν ημπορούμουνε ϰαι να πάρω ϰαι παρα-πάνω. Πάω λοιπόν στα πρόϧατα ϰει, ϰάτεχα βέϧαια

---

* 页码均指本书边码。——编者

αφού τσι κουρεύαμε νά 'με το, 'ην ημέρα. [注意，他在这里改变了冠词的性，并与下面的内容进行了比较。] Ḱαι πιάνω μιά, μα διαλεχτή όμως, ε! [窃] Ḱαι τήνε παίρνω και τή σφάζω επί τόπου. Δεν ξέρει τώρα ο άλλος τίποτα. Αρμέμ' 'μεις το πρωΐ τα πρόβατα. Ḱείνη την ημέρα δεν έψησα ḱείνο το, μέρα νά 'με, καθόλου. Τό 'χα βέβαια φυλαμένο σ' ένα σημείο που σεν μπορούσε να το, ουτε σκύλος ούτε άνθρωπος να το βρει. [解释:] Τρύπες νά 'με στο βουνό που χώναμεν ḱρέας, νά 'με. Το πρωΐ βέβαια αρμέει αυτός, μετρά τα πρόβατά του, λείπει μιά. Σου λέει, Πε! ίντα γίνηḱε, μου πήραν το πρόβατο, ξέρω εγώ. Γυρέει, δεν τη βρήνει. Σου λέει, Πήρασί μου την απόψε.

3.参见本书第164-165页.

[当被问及他的第一次偷盗时:]Αααα, εḱείνν' έχει ḱαι σημασία, ε; Λοιπόν. Ήμουνε τότε ένδεκα χρόνων. Ένδεκα χρονών ήμουνα. Λοιπό'. Και ήτανε παραμονή Χριστογέννων. Παραμονή Χριστογέννων. Λοιπόν. Εμείς τότε είχαμενε καμμιά τριανταριά πρόβατα, ο πατέρας μου ήταν τότε φτωχός, πολύ φτωχός, ο πατέρας μου ήτανε πολύ φτωχός. Λοιπόν. Ḱαι μ' είχε ḱαι τά 'βλεπα να πούμε 'παέ μέσ' στα φαράγγια, και τα βάλαμε ḱάθε βράδυ μέσ' στο σπίτι μας, τα βάλαμενε μέσα. Χειμώνας ḱαιρός, σου λέω, τω' Χριστογέννω'. Λοιπόν. Μία βραδυά, ήτανε άλλο ένα από τη χωριοδάḱι μου ḱειδα, πιο μεγάλος αυτός, ήτανε δυό-τριών χρονών πρώτος. Όπως εκουβεντιάζαμεν τώρα, μου λέει, Δεν πάμενε, λέει, να βρούμε γιανένα ζο; να φάμε; Εγώ τότε πιτσιρίκος, σου λέω, πρώτη φορά που πήγα. Μώρε συ, δεν πάμε; Πάμε! Πάμε; πάμε. Λοιπό', εσηκωθήκαμεν αποḱεί, πάμενε τότε παέ στα Θολιώτικα. Ε. Πιτσιριḱάδες τώρα και οι δυό, μαζώνουμε τα πρόβατα, τό, το κουράδι όπως ήταν να πούμ' το μαζώξαμ'. Λοιπόν, ḱαι για να πιάσεις ζο πρέπει να το μαζώξεις. Ḱαι μαζώνουμε ḱαι πιάνω εγώ ένα, ένα πρόβατο, ḱαι πιάνει ḱι αυτός δυό αρνιά. Τότε βυζάνανε. Ḱαι πιάνω δ'λ'ή το πρόβατο με τ' αρνί τḱη ḱ' έναν άλλο ένα. Λοιπόν. Τα σέραμεν εμείς αποḱειδά, ḱαι τα πάμε σ' ένα οπιτάḱι. Ḱαι σφάζουμεν επί τόπου τ' αρνί, που δεν είχενε μάνα, σφάζουμεν τ' αρνιά, ḱαι το γδαίρνουμε ḱαι το καταστένουμ' να πούμε ḱαι το σουβλίζουμε τελικά ο ḱαθαείς το μισό.

注　释

前言

①关于诗句幽默和社会分类，特别见：Fernandez 1976－77；关于仪式中的诗学，特别见：Galaty 1983；关于社会学文本的美学，特别见：Brown 1977。

第一章

①大约六年前，斯特利奥斯·马诺拉斯（Steryios M. Manouras）出版了一本小册子，提供了相关信息，以及当地的统计数据，并简要概述了该村当时面临的具体问题。后来，在马里诺斯·赞恩·巴涅利斯（Marinos Tzane Bounialis）的《克里特战争》（*The Cretan War*，1685）一书中也有一处记载，在威尼斯时期，这里曾存在一个社区，是突厥人文件中最早的行政记录，除此之外没有任何更早提到格伦迪的说法，在地图上也不存在，但并不排除某个更早时期格伦迪的所在地是一个小定居点或牧羊人营地的可能性。

②许多希腊人至今对外国的干预感到痛苦不堪。库鲁比斯（Couloumbis）、彼得罗普洛斯（Petropulos）和普索米德斯（Psomiades 1976）都做过详尽的历史阐述，弗里曼（Freeman，1975）对1944—1974年上校统治的关键时期做过描述，尽管该时期的宗派色彩更为浓厚。库鲁比斯和亚特里德斯（Couloumbis, Iatrides, 1980）增加了关于美国具体作用的详细论述，以及外国势力在克里特岛的政治作用，最新著作是帕马诺萨基斯（Papamanousakis，1979）完成的。当地出版物的一些文章，尤其是科里提克斯·伊克尼斯（Kritikes Ikones）的文章，提供了一些更加排外的叙述。赫兹菲尔德（Herzfeld 1982b）也讨论了外国干涉希腊事务在政治应对方面的话语。

③村民坦率承认新鲜羊肉随时都有，而且有零散证据支持这一观点，比如该地区的歌词（例如：Mavrakakis 1983:244, no. 3）。肉是艰苦生活的产品或偷盗的食物，因此比任何"精致的"食物更具"野性"，一般来说，格伦迪人吃不到精致的食物。参见第四章。

④格伦迪的官方人口普查数据如下：

1881	390	1951	926
1900	590	1961	958
1928	728	1971	1,056
1940	789	1981	1,425

尽管越来越多的人倾向于每个家庭生育三个孩子，尤其是已经放弃牧业的家庭，但人口增长是事实。无需让几个兄弟轮流看管羊群，亦无需让后代子孙瓜分土地，孩子因此可以得到更好的生活和教育。

　　格伦迪人身体健壮,与大多数沿海和东部地区的情况形成鲜明对照,甚至与富饶的梅萨里亚(Messaria)平原地区相比也非常明显(特别见:Burgel 1965:95－125)。

　　⑤希腊人在外向的集体自我表现和内省的集体自我认识之间,一直存在着紧张关系,它赋予希腊文化一种意识形态上的意义,我在其他论述中称之“二元”(disemia)现象(Herzfeld 1982c)。在文化表述方式的广泛范围中,存在一种对外正式的编码与对内相对非正式的编码之对比,通过形式和内容表现出希腊人固有的刻板印象。“二元”现象在语言双言制(diglossia)中体现的最为著名,新古典的纯正希腊语(katharevousa)与日常生活中的通俗语言(dhimotiki)之间进行对比。然而,这种现象不仅局限在语言层面,例如在建筑领域,外墙一般呈现新古典风格,但内部装饰却古朴典雅。这种紧张关系在意识形态上的蕴含是:新古典的刻板体现出希腊人的形象,很大程度上归功于西欧影响和政治操控,尤其受希腊右翼政治党派的青睐。紧张关系不仅体现在国家层面;比如当克里特人和希腊大陆人在一起谈论他们的家乡岛屿时,就与同克里特人在一起谈论的口径大相径庭。本书在一定程度上正是为了展示他们的各自态度,以识别希腊国人和克里特人:因为克里特岛有着极其悠久的历史,克里特岛人所称的新古典主义无需牺牲其独特性而广受尊敬,不过他们也可展现更为人熟知但或许不太受人尊敬的特征,如狡黠(poniria),并将这种特征作为其纯正希腊人的标志。

　　279　⑥这种极端的敌对情绪根深蒂固,以至于“保加利亚人”(Bulgarians)经常被用作“共产主义者”的代名词,在政治文献中也充满了“外国教条”和“斯拉夫威胁”等措辞,借以影射共产主义。

　　⑦可能有人反对说这是一种误译,理由是偷盗(kleftouria)属于历史现象,具有英雄主义和爱国主义的色彩。然而,翻译本着尊重格伦迪人赋予该词的基本意义之原则,而且有理由认为,独立战争时期的游击队使用过该词。在民族主义史学中,它更多被塑造成一种英雄主义的生活方式,这并不奇怪,但我们没有必要做出同样的解释。

　　⑧关于该主题有很高价值的文献。特别见:Kondoyoryis 1980;St. Clair 1972:35－40;Vasdravellis 1975。关于独立后的盗匪与希腊官方以及外国关系的发展史研究,见:Koliopoulos 1979,1982。尽管历届政府对盗匪都表示敌意,但科里奥普洛斯的研究表明,即使是受过教育的人,对盗匪也抱有一定程度的“谨慎性钦佩”。他在 1835 年的一篇文章中指出:“描述中的生活无疑来自于盗匪的传统,更确切地说,当时就是这样的生活,后来成为了传统……这一定是对‘匪盗’的一种积极态度。毫无疑问,更多人把独立前的盗匪概念和独立后的盗贼混为一谈。尽管这一点从未得到正式认可,但国家职能对盗匪属性的认知不难想象”(Koliopoulos 1982:41),这种态度拖延并妨碍了对大陆盗匪的有效镇压。现在,我们又遇到格伦迪的家畜偷盗问题,以及警察和官员面临的窘境。这种相似之处虽然需要谨慎对待,但通过比较资料和民族志角度进行分析,肯定有助于阐明希腊盗匪的历史。关键问题是认识到,真正的比较基础确实存在,学者的研究使这一观点变得更加容易理解。

　　有关民族志的预览资料,见我的论述(Herzfeld 1983d)。

　　亦有必要注意,到底使用什么词汇合适一直存有争议,且争议一直持续至今。一般

的说,这也是某些国家的特征,即中央政府继承了殖民地的遗产,努力维护其代表所有 280
公民的合法性。举一个简单例子:"据乌干达广播电台报道,11 人在乌干达纳马莱农业
研究站被砍死,政府在描述这些人时称其为土匪(bandits),即反叛的游击队员(rebel
guerrillas)"。[*The Times*,London,♯61,593(July 25,1983),p. 6(col. 8)]

⑨例如,位于克里萨村(Kritsa)(Merambello)的帕纳吉雅凯拉教堂(Panaghia Kera)
和位于艾斯欧斯(Axos)(My lopotamos)的施洗约翰教堂(St. John the Baptist)[Gerola
1961:57(♯297),85(♯568)],两个教堂的壁画都是在威尼托-拜占庭壁画的主要时期
创作的(13—15 世纪),画面再现了当时流行的惩罚形式,显然在明确的反偷盗法律条
文颁布之前,这种做法就在整个希腊普遍存在,目的是羞辱偷盗者(见:Anagnostopoulos
1955:63 - 64)。

⑩目前尚不清楚这些谣言是当地小道消息还是新闻报道。如果是后者,见:An.
Koumandos 在发表新闻日报的文章,(*Ta Nea*)(雅典)1981 年 7 月 10 日第 11 页;伊拉
克利翁市新闻条目 1981 年 7 月 28 日第 3 页;泛希腊社会运动党刊 1981 年 7 月 2 日刊
登的一篇冗长的描述性分析文章(第 1 页—第 5 页)。

值得注意的是,关于这个主题的新闻报道有一个例外。达弗莫斯(Dafermos 1984)
的一篇文章,虽然严厉批评了盗窃所代表的伦理道德和赞助制的政治利益,却敏感地承
认它是意识形态和社会的基础。

⑪更多详细讨论,见 Herzfeld 1982a。

⑫这可能是受到学校教师或官方文化代表的影响而引入的"学术主义"(learne-
dism),无论如何不可能代表米诺斯(Minos)传说的"民间记忆"。

⑬希腊语 *Dios genos*,其虚假的词源把狄金斯(Digenes)讹传为赫拉克勒斯(Hera-
kles)。

⑭根据我对西提雅(Sitia)一些村庄的短暂访问能够做出的结论,那里的规范做法
实际上和格伦迪是一样的。然而,当一个西提雅的老板进入咖啡馆后,有可能主动招
待已经就座的伙计。但也可以这样解释:既然招待通常意味着某种情境下的优越感,
伙计招待老板就显得不合适。这种情况在格伦迪不太可能出现,因为西提雅的各社
会阶层的等级实际上是未知的。当西提雅人被问及格伦迪人颠倒了他们的招待模式
时,西提雅人似乎有些尴尬,好像我把一些不实之名归咎于他们。这或许意味着他们 281
赞成格伦迪人对正确的咖啡馆礼仪之重要性的看法,但也意识到他们一直在频繁地
违背这一礼仪。

⑮这个术语显然源于古典词汇 *knisa*,即用于包裹祭祀品的脂肪层和燃烧祭祀品散
发的气味(见:Liddell and Scott,s. v.)。如果是的话,则表明脂肪的示范性消费是对神
圣特权的诉求,甲骨占卜实践也暗示了这个进程(见第八章)。虽然这些词源学的推
测性用法带有极大的倾向性,但其所暗示的内容肯定与这里讨论的社会意识形态是
一致的。

⑯比较边码第 130—135 页关于食物的象征意义的更多讨论。

⑰这段叙述的措辞,暗示着格伦迪人的诗学能力,他们可以随时颠倒意识形态话语

的习惯。例如,在对突厥人统治的描述中,我们读到"这些人因为'个人勇敢'的原因,苏丹(Sultan)顾不上橄榄林和小村庄⋯⋯甚至在其他地区,橄榄林是由基督徒经营的,但橄榄都被这些勇敢的人吃掉了⋯⋯"(Marnieros 1984:106)。如果我们回想在希腊语中,"勇敢"更具体的意思是"男子汉精神",就更容易理解格伦迪人故事中的颠覆性意义:"男子汉精神"(*andhrios*)首先是一种美德,格伦迪人用这种美德全面否定低地人和岛屿的统治者,无论过去或是现在。这种与地方学术言论的联系不仅仅是想象,反而说明这种联系对于理解当地的价值观有多么重要。

勤劳的格伦迪企业家和经纪人以格言的形式提供了进一步相关的信息,如"不劳作,勿进食"(*ama dhe dhoulepsis she tros*)。

⑱"雷贝提卡"(*rebetika*)是一组独特的歌曲,曾一度与都市黑社会有关,如今广为流行(经过改编之后)。帕特普洛斯(Petropoulos 1968)的一项详细研究似乎在一定程度上促进了这种时尚,并影响了像曼诺斯·哈吉达基斯(Manos Hadjidakis)和米斯特·赛德玛吉斯(Mikis Theodorakis)等作曲家。尼科斯·谢洛里斯(Nikos Xylouris)是出生在迈诺斯的本地歌手,因激情演绎克里特民歌和乐器而闻名希腊各地。

⑲有关一个希腊村庄的女性权力来源的详尽分析,参见 Danforth 1983。

⑳由于这个原因,这种方法也有助于分析道德价值术语,其语义是全国统一的。

282 第二章

①我曾经研究过罗德岛(Rhodian)上一个叫皮弗口(Pefko)的小山村,那里只有三家咖啡馆为 160 人服务。虽然它代表着咖啡馆与人口的比例关系,同样也是人口减少的结果。二战之前这个村庄的咖啡馆也是三家,但当时人口大约是 480 人。就希腊农村而言,格伦迪咖啡店的比例相当高。

格伦迪和皮弗口的其他比较数据,见:Herzfeld 1980a,1980 b。

②和所有其他陈述一样,这句话应该解读为一种理想和象征,尽管它非常接近日常现实。如果没有男性在场,女性可以进入咖啡馆,但多数是业主让妻子临时看守店铺。她们不会停留太久,否则会引起人们的注意。业主回来后,妻子可能继续打理生意,或者当手下帮忙。有些业主的妻子在咖啡馆消耗大量时间,比如安静地做针线活或编织活,偶尔也参与一些讨论,前提是在场的顾客与丈夫非常熟悉。如果是等着坐公共汽车,女性也可以待在咖啡馆里,和游客的妻子和女儿一起坐等,尤其是城市游客。但女性从来不在咖啡馆或其他任何地方打牌。她们不喝酒,只是在相互接待时在家里喝一点红酒或啤酒。最重要的是,她们以一种安静、缄默的心态进行着自我管理,和她们在家庭关系中表现自我的方式截然不同,任何例外都会立即引发对她们女性气质的质疑和挑战。

③这套系统已于 1957 年得到安德米达斯(Andromedas)的确认,但在希腊的普遍适用性在 1973 年受到比亚劳(Bialor)的质疑。在罗德岛就发现很多同族称谓上的差异,比如在皮弗口村,两性都包括在内的 *aksadherfia* 一词表示第一代表兄妹;*protodheftera* 一词表示第二代表兄妹,但在格伦迪村就没有这种称谓,而是用 *thios/thia* 和

anipsi 分别表示（亦无性别区分）。还要注意一些老形式的称谓，如 *ablos*（B＝兄弟）；*abla*（Z＝姐妹）；*čiris*（F＝父亲）；*thighatera*（D＝女儿），以及用 *papous*（岳父和爷爷）代替 MFB 和 FFB（姥爷的兄弟和爷爷的兄弟）；*mami*（姥姥和奶奶）同样可以用于 MMZ 和 FMZ（姥姥的姐妹和爷爷的姐妹）。

　　这些表示称谓的术语同源性似乎不受任何变体的影响。另一方面，对这些群体术 283 语的解释也存在一些困难，最麻烦的是索伊（*soi*）一词。坎贝尔（1964）曾给出一个明确的同源意义，杜布雷（1974：144）也同意他的观点。但比亚劳（1973）却认为这是一种"最低程度的血统关系"，与某些突厥和阿拉伯社区的报告所反映的情况类似。在皮弗口，我发现对这种解释的正确性有矛盾之处，但大量证据（比如在对赞美特定群体的押韵对句，以及叙述人对我关于该词特定用法的回答）表明它主要是一个亲属称谓单位，并没有在今天发挥任何重要的政治或社会作用。要确定这个词的确切语义范围，还需要进行更多的研究，所以我建议最好把它看作一个道德群体的称呼，即最亲密和最可靠的亲属范围（延伸讨论参见 Herzfeld 1983）。这种解释的优势在于衡量其精确含义时留有余地：例如在皮弗口村，当强调单方关系转变为双方关系时，*soi* 这个术语就会出现模糊性。这就证明对"亲属关系"的关注是人类学研究的一个重要领域，它严重依赖于对正式称谓分析的证据，阻碍了对社会生活中的道德和政治用途的理解，尽管表面上是基于亲属关系的称谓（Needham 1971，Karp 1978）。

　　④受过教育的希腊人，一定会联想到 *fara* 这个称谓与革命时期强盗"大家庭"的关系，*fara* 一词在格伦迪各个阶层的家族分支中广为盛行，所以也是 *soi* 的同义词。另一个称谓 *yenia*，在有关独立战争的文献中经常出现，似乎更多用于特定的姓氏群体。更多来自该地区的资料，以及对这种姓氏组群家族史的详细案例研究，见 Saulnier 1980：101－128。

　　⑤比亚劳（1973）在近东地区相似的类比基础上，提出了"最小世系"（minimal lineage）一词。关于这些群体是否"是"家族谱系的问题，很容易沦为纯粹的唯名论。索尔尼尔（Saulnier 1980）明确将其归为血统关系（*lignages*），当然并不是像非洲人使用这个术语时所要求的那样，必须是规范的异族通婚，也不同于阿拉伯家族裂分的血统关系。把格伦迪人的群体称为"血统"可能会引发反对意见，因为他们在技术上并不是一个整体：他们并不拥有属于群体的土地或家畜。可以这样理解，他们在概念上和意识形态上是群体性的，比如这些群体的社区命名，或在当地选举的集体投票（有时也包括全国大 284 选）。尽管我在此基础上对使用"血统"一词感到满意，但确实需要做出一定的解释，其中一个可能的替代说法是"姓氏群体"，可以在最大程度上迎合家族的裂分制度：每个层次的 *soi* 都是由一个共同的姓氏所定义的，也是合法的，然而对其附属群组根本不起作用，这些群组最终以成为一个单元的姓氏来定义，换句话说，也就是昵称（*paratsoukli*）。最后，似乎最简单的方法就是采用一个模棱两可的新词"父系家族"（patrigroup）。从这个意义上讲，每个父系家族的定义都是拥有一个组群名称，而且这个名称来自于一个顶端祖先的洗礼名或昵称。每一个 *soi*，无论细分程度如何，都通过家族的整体团结形成了纽带关系，这种关系在地方选举过程中表现得尤为明显。每个父系家族都有可能在

下一代分裂为若干附属家族。目前,格伦迪尚不存在超出五代的父系家族,每一代都以这种方式分割。然而,几代人之间似乎有一些重叠,因此最古老的父系家族并不总能说明那些边远分支之间的系谱关系。

⑥村里近亲通婚的规则严格禁止三代以内的近亲结婚。然而,教会允许第二代近亲结婚(*In Trullo* LIV;见:Alivizatos 1949:99 - 100,531,721)。亲表兄妹结婚被视为乱伦,尤其是如果双方都是兄弟的孩子,否则就会使父系家族内的关系发生混乱,也会因为两个兄弟间(即父亲间)的斗殴而威胁家族团结。

⑦源于 *timi* 一词,被注释为“社会价值”(例如,Campell 1964:268;du Boulay 1974:107)。

⑧关于咖啡馆空间的使用,见:边码第 152—155 页。

⑨*ghamos* 一词特指世俗的婚姻庆典,与之对应的是礼拜仪式“加冕”(*stefanosi*)。鉴于它的重要性,订婚也要以特殊的欢乐聚会(*arravoniasi*)方式来庆祝,这个事实让我们看到这个词经常用在非正式订婚庆典上。该术语的使用由两个新人从此可以同枕共眠而得到强化,或许同样成为了表示性行为的同源动词。关于这些术语变种的详细分析,见:Herzfeld 1983b。

⑩在这种场合演奏的同类乐曲中,包括一首著名的利齐提科(*rizitiko*)乐曲“*Pote
285 tha kamiksateri*”,以前是歌颂反抗外国压迫的起义歌曲,近代经常用于表达反抗政治压迫的情怀和凝聚力(例如反抗雅典军政府的统治),这首歌通常被认为起源于克里特人反抗突厥统治时期,摩根(Morgan 1960:26)认为它的起源更早,很可能在威尼斯人的无情统治时期就是一首地方性的仇杀之歌。

⑪特别见:边码第 142—143 页和 144—146 页。

⑫特别见:Galaty 1981:78 - 89。加拉迪用符号学解释裂分政治行为的论点,一举解决了介于裂分模式的“理想”特征与观察到的政治行为“现实”之间的尴尬二分法。演员和与之打交道的人赋予他们的行为以意义。如果对这些行为没有按照本地解释来描述,从民族志的角度就值得怀疑。当小群体的行为代表更大的群体时,就行为者本身而言,并不一定违背了裂分模式。

⑬*sasmos* 从词源学上来自 *sazo* 一词,意思是“拉紧”,比如拉紧一根绳子(标准希腊语为“*siazo*”)。但要注意,这个派生词并不意味着通过 *sasmos* 就已经消除了紧张关系。正相反,在格伦迪,紧张关系既是敌对也是友谊和联盟的明确特征,联盟是从以前的敌对关系转变过来的。

⑭我曾表达过这样一种观点,收集垃圾是乡村团结的表现,值得拍照记录下来,也得到村长和文化协会轮值会长的支持(注意:二人都是斯格法斯家族成员)。有个人反对收集垃圾,认为肮脏的衣服和工作让乡村生活显得没有尊严,另一些人认为,如果有更多的村民参与进来,他可能就没那么多顾虑了。他最近刚从德国回来,显然对自己家乡的现状感到不安,认为没有达到应有的水平,像许多当过客籍工人的人一样,他视自己为有文明责任和卫生标准的公民。

⑮另一方面,当一位高级神职人员安排她的两个孩子进孤儿院时,他们并没有干

涉。人们普遍认为她太穷了，无法独自抚养七个孩子，去孤儿院的那两个孩子也沿用了父系家族的名字。

⑯关于男性和女性属性的精彩论述，参见 du Boulay 1974:100－120。他的分析部分建立在坎贝尔(Campell 1964:274－291)和佛里德尔(Friedl 1962:89－91)早期著作的 286 基础上。现代希腊研究杂志(*Journal of Modern Greek Studies*)第 1 卷(1983)中的一些文章对这些深刻的见解作了详述。关于女性身份的商榷，尤其是与死亡仪式有关的讨论，可以在卡拉威利-查韦斯(Caraveli-Chaves 1980)和丹福斯(Danforth 1982)的著作中找到。

⑰关于格伦迪食物消费的象征意义，见：边码 130—135 页。

⑱我从阿德纳(Ardener 1975)的著作中借用了该词。使用一个专门描述女性意识形态的术语来描述以男性为中心的意识形态似乎有些不妥。然而，格伦迪男人在强烈反对官僚价值观的同时，也承认在与官方直接打交道时需要掩饰。在这种情况下，他们的意识形态是"沉默的"，没有有效表达的途径，否则就会招来批评或压制。他们的观点构成民族志的一个中心主题：各个层次的社会对立群体，将彼此的显著特征作为道德边界。在此，格伦迪女性处于男性的从属地位，与格伦迪人处于政治当局的从属地位相类似。既然格伦迪人在彼此交谈时拒绝上述从属地位，那么对克里特岛妇女的进一步研究就显示出类似的二元区分，女人在公共场合扮演的角色，以及私人行为所暗示的内容。事实上，在家畜盗窃的叙述中就有强烈的暗示，女性总是要保护自己的丈夫和儿子，并不会受到所谓男子汉气概的愚蠢影响，这只能增强而不是削弱她们自己的道德优越感。见：边码第 169—170 页。

第三章

①这很可能是诽谤之词，但广为流传，村民说他们的经历可以证实这一点。在希腊，实习医生必须去农村工作一段时间才能获得正式医生职位。这似乎意味着一些乡村医生只是为了躲避服兵役，而非真心献身医学事业，尽管在格伦迪和其他地方也有许多值得称赞的医生。村民对这位年轻医生的习惯性质疑加深了这种偏见，他们自己也很矛盾，如果医生是个女性，情况将变得更为复杂。

②*Sandolos* 源于威尼斯时期意大利语 *Santolo*，与 *santo* 同源，表示"圣人，神圣的"。*Filiotsos* 源于同时期意大利语 *figliozzo*，意思是"教子"，*figlio* 意思是"儿子"，阴性形 287 式为 *sandola*，*filiotsa*，即"女圣人"，在"标准希腊语"中相对应的分别是 *no(u)nos* 和 *vaftistikos*，但在格伦迪极少使用，除非与非克里特籍的外部人交谈时使用。所有这些称谓都用于称呼和引用(适用范围内的呼格形式)。

③通常应该用通俗形式 *Kaka*(教父)，但有可能让别人不太好理解，因为道德上的不赞同要求他在此使用这种纯正希腊语(*katharevousa*)形式。特别要注意，米特索斯在此情况下使用该词，是为了远离别人对他唯我独尊的责难，因为它只是一种"乡村"或"粗俗"的价值观，与泛希腊社会运动党的意识形态所蕴含的现代观念相冲突。然而在其他情况下，米特索斯并不缺乏唯我独尊精神，正如本书想说明的那样，如果唯我独尊

得不到积极的表现,它就什么都不是,但这种条件也给了个人选择的可能性,比如在何时以及在何种情况下去表现它。

④比较:Herzfeld 1980:346-347。*Sindihisi*(良心),是 *Sinithio/sinithia*(习俗)和动词 *Sinithizo*(养成习惯)合而为一构成了 *Sinithisi* 的形式。村民们还用 *dhen ekhi sinithio*(他没有良心),表达一个人缺乏社会责任感。这是村民完善的知识体系中的一个概念,实际上是其内在动机中不可分割的一部分。此外,村民说谁也看不透别人内心深处的想法和感受,所以把"习俗"和"良心"分开没有意义。

⑤他这样做是为了凸显一个观点,即他的家族支持的政党本质上代表着被废黜的军政府,并在某种程度上有效避免了人们的非议。同时他还暗示他不会偏离对家族的基本忠诚,不管他以前在村里的政治关系如何左右着他的投票倾向性。这样就可以表明他是一个好的家族成员,因此也是一个好格伦迪人和好克里特人,但同时也是一个有正确判断力的人,只是被卷入政治责任中,并非自己的选择。

⑥作为马其顿人,卡拉曼利斯(Karamanlis)来自希腊的一个地区,格伦迪人常把该地区与"流放"联系在一起。流放马其顿对于家畜偷盗者一直是受欢迎的惩罚方式。早年曾经在马其顿战斗过的克里特人持有如下偏见,即那里的人不代表纯正的血统。那里确实存在几个主要的不说希腊语的少数民族。最后,卡拉曼利迪斯(*Karamanlidhes*)族说突厥语,信仰东正教,使用希腊文字而不是阿拉伯文字。格伦迪人可能没有考虑过这些细节,甚至一无所知,但他们认为马其顿人身上有"外来特征",这种感受影响了一些人对卡拉曼利斯的印象。

⑦注意:最常见的诅咒包括"去你的圣母玛利亚,去他们的圣母玛利亚,去他的圣母玛利亚,去她圣母玛利亚,去它十字架的,去它基督的"("screwing *your/their/his/her* Virgin Mary/Cross/Christ")。这种对神明的世俗化亵渎出现在平时话语中时,或许不像我们在政治宣传中遇到时那么令人惊讶,但是这种习语过于常见,以致它的神学意义可能从来没有被注意到。

⑧马夫拉基斯(Mavrakakis 1983:249)认为此类诗句是在传统婚礼上对新郎一方的回应,意思是新郎已经"捕获"了新娘。因此它和克里特岛绑架新娘传统和克里特岛婚礼的特殊性之间有着不解之缘,有些在现场听到的人未必感到高兴。

⑨由于斯格法斯家族候选人决定不参加竞选,致使许多同族亲属把票投给了泛希腊社会运动党,也导致该党在1981年全国选举中在格伦迪获得令人印象深刻的绝对多数。共产党只获得18张选票。帕夫洛斯·瓦迪诺亚尼斯在1984年的欧洲选举前去世,似乎让自由党的选票减少了一半,同时也使新民主党的选票逼近泛希腊社会运动党的选票,然而并没有赶上后者。在这种情况下,极右政党(EPEN)大概是靠该群体的家族关系,才获得了18张投票。

地方选举于1982年举行,最初有四名斯格法斯家族候选人竞选村委会主任,其中两名因缺乏支持而退出,包括一名现任主任,剩余两个分别代表泛希腊社会运动党和新民主党参与到选战中。在那年的选举中,政党忠诚开始超越家族忠诚,最终泛希腊社会运动党候选人和其竞争候选人胜出。

第四章

①*skoutelovarikhno* 一词的含义不是很清楚,很多克里特人认为它是 *koutelo*(前额)的派生词,但科里亚里斯(Kriaris 1979:66 - 67)认为它源于一种用来饮水的粘土容器(*skouteli*),我用模棱两可的"马克杯"(mug)作为适当的翻译。

②关于该主题的详细论述和参考书目,见:Danforth 1982;关于希腊传统哀悼的详细历史和语言学解释,见:Alexiou 1974。

这种意象绝不仅局限于希腊,但在希腊得到广泛阐述,因此引起了早期学术界的关注(例如,Zambelios 1859)。

③关于社会结构在饮酒狂欢中的再现,特别见:Karp 1980。

④该术语通常解释为"荣誉"。然而,正如我在其他场合(Herzfeld 1980a)所指出的,这种解释忽略了该术语在使用中的一些重要成分。总的来说,为了民族志的整体性,对当地道德术语进行整体"翻译"是可以接受的,但也存在危险,当它们被用作比较分析的基础时,就会产生相反的效果。因此,我不建议用"社会卓越"取代"荣誉"来翻译 *filotimo* 一词。事实上,那种解释曲解了我的论点。格伦迪在当今的希腊乡村中可能相当不寻常,他们推崇唯我独尊的意识形态,并将其置于"荣誉"的同等地位,简化这两个术语的翻译会妨碍对两者特征的识别。

⑤见:例如,N. G. Politis 1874:272。

⑥这个词源于古希腊语 *hetoimos*(准备好的),不应与词源学"etymology"一词的谐音词组混淆。

⑦在罗德岛也有类似的惯例,皮弗口村民用内部(*mesa*)表示罗德镇方向(村庄的东北方向),用外部(*ekso*)表示自己的区域。他们还说自己生活在"世界的边缘"(*stin akria tou kosmou*)。

第五章

①"*klari*"是描述大陆绿林好汉的熟悉用语,现在被格伦迪人用他们的日常用语 *cladhi* 替代。

②*Stefana*(王冠)由婚姻赞助人(*koumbaros*)戴在新婚夫妻头上,象征他们成为新家庭的主人。

③此案例让人想起一则警世故事中的道德和风格的寓意。一个过路人后悔当初拒绝吃肉,便问肉是从哪里来的,希望得到第二次机会,但遭到拒绝。(Mavrakakis 1983:118,no.58;出处不详)。

第六章

①我们曾邀请一些朋友品尝咖喱,男人都表示非常喜欢这种"辛辣"的食物,有一位女士说没有什么特别感觉。

②关于"二元"现象的讨论(见第一章注释五)。

③已屠宰的牲畜必须经过村长检查,以证明所宰之羊即羊主人的羊,并在一份正式

文件上盖章加以确认。该项措施是最初起草的国家法律《防止和惩罚牲畜偷盗规定》中的一部分（♯2836,July 23-25,1911）。参见 Anagnostopoulos 1955:63

④关于男性受压迫的主导意识形态与女性自省之间的复杂关系,见:第一章注释19,第二章注释18。

⑤阿格拉（Aghora）人在当地以吝啬而闻名,人们给他们起了"毛驴"（*ghaidhouria*）作为绰号,即没有社会责任感的人。我第一次造访这个村庄时,村民缺乏热情和好奇,令我十分震惊。我和一个格伦迪同伴一起进了一家咖啡馆,人们表现得十分冷漠,与我第一次去格伦迪以及该地区的其他地方形成了鲜明的对照。对于一个民族志学者来说,很难不被当地的刻板印象所迷惑,那次的遭遇可能跟某种未知原因有关,而且超出了我们现有的知识范围。然而,互惠和好客的模式可能因村庄的不同而有很大差别,这些地方的刻板印象基于社会的事实。

⑥关于 adynation（夸张）这一修辞格的详细讨论,见图芬（Tuffin 1972-73）,丹佛斯（Danforth 1982）曾用民族志详细记录过一个更为特殊的例子。

⑦这句话表明格伦迪人及许多希腊人在承认希腊文化中存在突厥（或"非欧洲"）因素时会感到尴尬。讲话人可能更想告诉我一个公斤数,但他知道我对历史细节感兴趣,而且显然觉得我们之间已经达到了足够的亲密程度,因此可以接受这种略显突厥人风格的说法。这一时刻非常清楚地说明了"二元"现象的社会协商性。

第七章

①关于该话语的整体论述,参见 Herzfeld 1982b。

②我借用的这个术语来自一个明显不同的语境。刘易斯（Lewis 1961:101）将该术语用于家族族谱中,逐渐省略了中间名和相对不重要的名字。按此推理,现在的昵称持有者无疑已经忘记了自己的父亲!另一方面,也有另一种可能,反复使用某个昵称可能导致一些早期的昵称从族谱记忆中"消失"。

③在另一个场合,我也听到玩牌人对一个旁观者说了同样的话,那个旁观者贫嘴薄舌,差点搅局。这说明"罪"是一种社会概念而非神学概念。鉴于纸牌游戏和家畜盗窃之间的关系,"坦白"与"背叛"的对等关系尤其具有启发性。

④很多克里特人都熟悉卡赞扎基斯作品中的名句:"我别无所求,我无所畏惧——我是自由人!"

⑤这方面的最详尽的信息仍然由美加斯（Megas 1926）所提供,不同社区可能有所不同,其中一个令人注目的区别是"不祥之云"（见图8）,云雾遮住光线会被视为战争迫在眉睫,尤指"游击战"（*andartika*）,也可解读为格伦迪人对权威态度的一种暗示。

第八章

①牲畜盗窃属于"希腊性"还是"非希腊性",一直存在分歧,其紧张关系从雅典《每日报》[*Ta Nea*（Athens）1981-07-10,第 11 页]的通栏标题上就可见一斑,"有组织的活跃网络……统治了（*vasilevoun*）克里特岛的部分地区"。标题的暗示性非常巧妙:它

模仿了水手回答美人鱼问她深爱的亚历山大大帝在何方的模式（"他活着并在统治"，*zi ke vasilevi*）。这表明克里特岛上发生的任何事情都为希腊人所熟悉。文章的副标题用粗体小字，"今天的偷盗行为让人想起黑手党"，显然与文章的主标题前后矛盾。

　　该报刊登的另一篇文章（1981－7－18，第1页），标题为"遥远的西部场景，疯狂追逐家畜的偷盗者"。不久，该报又报道（1981－7－20，第1页）"全村追捕歹徒"。两篇文章里的英语词汇均被音译，而未用希腊词汇，显然是有效地异化了他们要表达的概念。

　　有关现代家畜偷盗者的详细报告，见：《每日报》[*Ta Nea*（Athens）1981－7－28，第3页]。

　　地方报刊亦模仿官方口吻，称家畜盗窃是克里特岛畜牧业中的"瘟疫"（*mastigha*）[例如：*Elefiheri Ghnomi*，《雷西姆诺报》（Rethimno）1981－7－7，第4页]。在该地区首 292 府的会议上这种措辞不绝于耳。该地区正式的村代表习惯性地否认了牲畜偷盗的地方属性，[例如：*Kritiki Andilali*，《克里特之声》（Cretan Echoes）1981－7－27，第1—2页，系雅典发行的克里特岛移民月刊]。泛希腊社会运动党的议会代表成功地利用了这个话题，在1981年的选举中起到重大作用（据官方不完全统计，格伦迪人对该党的投票率为56.65％，新民主党得票率为24.49％，新自由党得票率仅为17.29％）。

　　②据估计，大约90％的成年男性在1960年以前从事畜牧业，1981年的比例约为30％，而且仍在下降，据当地非官方的最新估计，主要从事畜牧业的家庭数量已经不足240户。

参 考 文 献

Alexiou, Margaret B. 1974. *The Ritual Lament in Greek Tradition*. Cambridge, Eng.: Cambridge University Press.

Alivizatos, Amilkas S. 1949. Οἱ ἱεροὶ κανόνες καὶ οἱ ἐκκλησιαστικοὶ νόμοι. Athens: Βιλιοθήκη ᾿Αποστολικῆς Διακονίας, 19.

Allbaugh, Leland G. 1953. *Crete: A Case Study of an Underdeveloped Area*. Princeton, N.J.: Princeton University Press.

Allen, Peter S. 1976. "Aspida: A Depopulated Community." In Dimen Friedl 1976:168-198.

Anagnostopoulos, Xenophon. 1955. Λαογραφικὰ Ρούμελης. Athens: n.p.

Andromedas, John. 1957. "Greek Kinship Terms in Everyday Use." *American Anthropologist* 59:1086-1088.

Ardener, Edwin. 1975. "Belief and the Problem of Women" *and* "The Problem Revisited." In S. Ardener, ed., *Perceiving Women*, pp. 1-27. London: Malaby.

Bauman, Richard. 1977. *Verbal Art as Performance*. Rowley, Mass.: Newbury House.

Berks, Bradley. 1982. *Tragic Thought and the Grammar of Tragic Myth*. Bloomington, Ind.: Indiana University Press.

Bialor, Perry A. 1973. "A Century and a Half of Change: Transformations of a Greek Farming Community in the Northwestern Peloponessos." Ph.D. dissertation, Department of Anthropology, University of Chicago.

Blok, Anton. 1983. "On Negative Reciprocity among Sicilian Pastoralists." In Di Bella 1983:43-46.

Bourdieu, Pierre. 1977. *Outline of a Theory of Practice*. Cambridge, Eng.: Cambridge University Press.

Brandes, Stanley. 1980. *Metaphors of Masculinity: Sex and Status in Andalusian Folklore*. Publications of the American Folklore Society, n.s., 1. Philadelphia: University of Pennsylvania Press.

Brown, Richard Harvey. 1977. *A Poetic for Sociology: Toward a Logic of Discovery for the Human Sciences*. New York and London: Cambridge University Press.

Burgel, Guy. 1965. *Pobia: Étude géographique d'un village crétois*. Athens: Centre des Sciences Sociales d'Athènes.

Burke, Kenneth. 1954. *Permanence and Change: An Anatomy of Purpose*. 2nd rev. ed. Indianapolis: Bobbs-Merrill.

Campbell, J. K. 1964. *Honour, Family, and Patronage: A Study of Institutions and Moral Values in a Greek Mountain Community*. Oxford: Clarendon Press.

Caraveli-Chaves, Anna. 1980. "Bridge Between Worlds: The Greek Women's Lament as Communicative Event." *Journal of American Folklore* 93:129-157.

Couloumbis, Theodore A., and Iatrides, John O. 1980. *Greek American Relations: A Critical Review*. New York: Pella.

Couloumbis, T. A., Petropulos, John A., and Psomiades, H. J. 1976. *Foreign Interference in Greek Politics: An Historical Perspective*. New York: Pella.

Crick, Malcolm. 1976. *Explorations in Language and Meaning: Towards a Semantic Anthropology*. New York: John Wiley (Halsted).

Dafermos, Olimbios. 1984. Ζωοκλοπή—Κοινωνική μάστιγα και "καπετανιλίκι," Αντί (Περίοδος Β΄), issue no. 267 (Aug. 3, 1984), p. 33.

Danforth, Loring M. 1976. "Humour and Status Reversal in Greek Shadow Theatre." *Byzantine and Modern Greek Studies* 2:99-111.

———. 1982. *The Death Rituals of Modern Greece*. Princeton, N.J.: Princeton University Press.

———. 1983. "Power through Submission in the Anastenaria." *Journal of Modern Greek Studies* 1:203-223.

Davis, John. 1977. *People of the Mediterranean: An Essay in Comparative Social Anthropology*. London: Routledge & Kegan Paul.

Di Bella, Maria Pia, ed. 1983. "Dossier: Les représentations du vol du bétail dans les sociétés mediterranéennes." In *Production Pastorale et Société: Bulletin de l'Équipe Écologie et Anthropologie des Sociétés Pastorales* 13:4-83.

Dimen, Muriel, and Friedl, Ernestine, eds. 1976. *Regional Variation in Greece and Cyprus: Towards a Comparative Perspective on the Ethnography of Greece*. Annals of the New York Academy of Sciences 268:1-465.

Douglas, Mary. 1975. *Implicit Meanings: Essays in Anthropology*. London: Routledge & Kegan Paul.

du Boulay, Juliet. 1974. *Portrait of a Greek Mountain Village*. Oxford: Clarendon.

Evans-Pritchard, E. E. 1940. *The Nuer: A Description of the Modes of Livelihood and Political Institutions of a Nilotic People*. Oxford: Clarendon.

Fernandez, James W. 1976-77. "Poetry in Motion: Being Moved by

Amusement, by Mockery, and by Mortality in the Asturian Countryside." *New Literary History* 8:459-483.

Frangaki, Evangelia K. 1949. Συμβολή στα λαογραφικά της Κρήτης. Athens: Ioann. G. Goufa.

Freeman, John, ed. 1975. Ξενοκρατία· το αποκαλυπτικό χρονικό των ξένων επεμβάσεων στην Ελλάδα (1944-1974). Athens: Viper-Papyros (originally published in serial form by Επίκαιρα).

Friedl, Ernestine. 1962. *Vasilika: A Village in Modern Greece*. New York: Holt, Rinehart & Winston.

Galaty, John G. 1981. "Models and Metaphors: On the Semiotic Explanation of Segmentary Systems." In L. Holy and M. Stuchlik, eds., *The Structure of Folk Models*, pp. 83-121. ASA Monographs 20. New York: Academic Press.

————. 1983. "Ceremony and Society: The Poetics of Maasai Ritual." *Man* (n.s.) 18:361-382.

Geertz, Clifford. 1973. *The Interpretation of Cultures*. New York: Basic Books.

Gerola, Giuseppe. 1961. Τοπογραφικὸς κατάλογος τῶν τοιχογραφημένων ἐκκλησιῶν τῆς Κρήτης. Iraklio: Society for Cretan Historical Studies (Ἑταιρεία Κρητικῶν Ἱστορικῶν Μελετῶν). Originally published as *Elenco topografico delle chiese affrescate di Creta*.

Goffman, Erving. 1959. *The Presentation of Self in Everyday Life*. New York: Doubleday.

Goldschläger, Alain. 1982. "Towards a Semiotics of Authoritarian Discourse." *Poetics Today* 3:11-20.

Goodman, Nelson. 1981. "Twisted Talk; or, Story, Study, and Symphony." In Mitchell 1981:99-115.

Grodzynski, Denise. 1974. "Par la bouche de l'empereur (Rome IVe siècle)." In J. P. Vernant et al., *Divination et Rationalité*, pp. 267-294. Paris: Seuil.

Hadjidakis, G[eorgios] I. 1958. Κρητικὴ Μουσική. Athens: n.p.

Herrnstein-Smith, Barbara. 1981. "Narrative Version, Narrative Theories." In Mitchell 1981:209-232.

Halpern, Joel M. 1967. *A Serbian Village*. Revised edition. New York: Harper & Row.

Herzfeld, Michael. 1977. "Ritual and Textual Structures: The Advent of Spring in Rural Greece." In Ravindra K. Jain, ed., *Text and Context: The Social Anthropology of Tradition*, pp. 29-50. ASA Essays 2. Philadelphia: Institute for the Study of Human Issues.

————. 1979. "Exploring a Metaphor of Exposure." *Journal of American Folklore* 92:285-301.

Herzfeld, Michael. 1980a. "Honour and Shame: Problems in the Comparative Analysis of Moral Systems." *Man* (n.s.) 15:339-351.

――――. 1980b. "Social Tension and Inheritance by Lot in Three Greek Villages." *Anthropological Quarterly* 53:91-100.

――――. 1981. "An Indigenous Theory of Meaning and its Elicitation in Performative Context." *Semiotica* 34:113-141.

――――. 1982a. *Ours Once More: Folklore, Ideology, and the Making of Modern Greece*. Austin: University of Texas Press.

――――. 1982b. "The Etymology of Excuses: Aspects of Rhetorical Performance in Greece." *American Ethnologist* 9:644-663.

――――. 1982c. "Disemia." In Michael Herzfeld and Margot D. Lenhart, comps., *Semiotics 1980*, pp. 205-215. New York: Plenum.

――――. 1983a. "Signs in the Field: Prospects and Issues for Semiotic Ethnography." *Semiotica* 46:99-106.

――――. 1983b. "Semantic Slippage and Moral Fall: The Rhetoric of Chastity in Rural Greek Society." *Journal of Modern Greek Studies* 1:161-172.

――――. 1983c. "Interpreting Kinship Terminology: The Problem of Patriliny in Rural Greece." *Anthropological Quarterly* 56:157-166.

――――. 1983d. "Reciprocal Animal-Theft in Crete: At the Intersection of Ideologies." In Di Bella 1983:47-54.

Hobsbawm, Eric. 1959. *Primitive Rebels: Studies in Archaic Forms of Social Movement in the 19th and 20th Centuries*. Manchester, Eng.: Manchester University Press.

Jakobson, Roman. 1960. "Linguistics and Poetics." In Thomas A. Sebeok, ed., *Style in Language*, pp. 350-377. Cambridge, Mass.: MIT Press.

――――. 1980. "On Poetic Intentions and Linguistic Devices in Poetry: A Discussion with Professors and Students at the University of Cologne." *Poetics Today* 2:87-96.

Kapsomenos, Eratosthenis G. 1980. Η αντίθεση φύση vs κουλτούρα στο ελληνικό δημοτικό τραγούδι. In Karin Boklund-Lagopoulou, ed., Σημειωτική και Κοινωνία, pp. 227-232. Athens: Odisseas.

Karp, Ivan. 1978. "New Guinea Models in the African Savannah." *Africa* 48:1-17.

――――. 1980. "Beer Drinking and Social Experience in an African Society." In Ivan Karp and Charles S. Bird, eds., *Explorations in African Systems of Thought*, pp. 83-119. Bloomington, Ind.: Indiana University Press.

Kevelson, Roberta. 1977. *Inlaws/Outlaws: A Semiotics of Systemic Interaction*. Lisse: Peter de Ridder, and Bloomington, Ind.: Research Center for Language and Semiotic Studies (Indiana University).

Koliopoulos, John. 1979. Ληστές: Η κεντρική Ελλάδα στα μέσα του 19ου αιώνα. Athens: Ermis.

———. 1982. " 'Enemy of the Nation': Attitude Towards Brigandage in Nineteenth-Century Greece." In A. Lily Macrakis and P. Nikiforos Diamandouros, eds., *New Trends in Modern Greek Historiography*, pp. 39-51. Modern Greek Studies Association *Occasional Papers*, 1.

Kondoyoryis, Y. D. 1980. Η ελλαδική λαϊκή ιδεολογία. Athens: Nea Sinora.

Kriaris, Arist. I. 1979. Αθιβολές. Vol. 1, 2nd edition. Athens: Knossos.

Lambithianaki-Papadaki, Evangelia. 1972. Ο σεβντάς του ντελικανή· το προξενειό, ο αρραβώνας και ο γάμος σ[']ένα χωριό τση Κρήτης. Iraklio: n.p.

Lévi-Strauss, Claude. 1968. *L'Origine des Manières de Table*. (*Mythologiques*, 3.) Paris: Plon.

Lewis, I. M. 1961. "Force and Fission in Northern Somali Lineage Structure." *American Anthropologist* 63:94-112.

Liddell, Henry George, and Scott, Robert, 1968. *A Greek-English Lexicon*. Oxford: Clarendon.

Loizos, Peter. 1975. *The Greek Gift: Politics in a Cypriot Village*. Oxford: Blackwell.

Marnieros, Spiros Ap. 1984. Η αντίσταση στο Αμάρι· Ενθυμήματα Αλέξανδρου Κοκονά. Athens: n.p.

Mauss, Marcel. 1968. "Essai sur le Don." In *Sociologie et Anthropologie*. pp. 143-279. *Année sociologique*, 2ᵉ série I (1923-24). Paris: Presses Universitaires de France.

Mavrakakis, Yannis. 1983. Λαογραφικά Κρήτης. Athens: Stef. Vasilopoulos Historical Editions.

Meeker, Michael E. 1979. *Literature and Violence in North Arabia*. Cambridge: Cambridge University Press.

Megas, G. A. 1926. Βιβλίον Ὠμοπλατοσκοπίας ἐκ κώδικος τῆς Ἐθν. Βιβλιοθήκης Ἀθηνῶν. Λαογραφία 8:3-51.

Mintz, Jerome R. 1982. *The Anarchists of Casas Viejas*. Chicago: University of Chicago Press.

Mitchell, W.J.T., ed. 1981. *On Narrative*. Chicago: University of Chicago Press.

Molfese, Franco. 1964. *Storia del Brigantaggio dopo l'Unità*. Milan: Feltrinelli.

Morgan, Gareth. 1960. *Cretan Poetry: Sources and Inspiration*. Iraklio: A. Kalokerinos. Originally published as Κρητικὰ Χρονικὰ 14:4-68, 203-270, 379-434.

Moss, David. 1979. "Bandits and Boundaries in Sardinia." *Man* (n.s.) 14:477-496.

Mouzelis, Nicos P. 1978. *Modern Greece: Facets of Underdevelopment*. London: Macmillan.

Needham, Rodney. 1971. "Introduction." In Rodney Needham, ed., *Rethinking Kinship and Marriage*, pp. xiii-cxvii. ASA Monographs 11. London: Tavistock.

Papamanousakis, Stratis G. 1979. Ἡ Ξενοκρατία στην Κρήτη. Athens: Kalvos.

Peristiany, J. G. 1965. "Honour and Shame in a Cypriot Highland Village." In J. G. Peristiany, ed., *Honour and Shame: The Values of Mediterranean Society*, pp. 171-190. London: Weidenfeld & Nicolson.

Pashley, Robert. 1837. *Travels in Crete*. Vol. 1. London: John Murray.

Petropoulos, Ilias, Ριζίτικα τραγούδια, Athens: n.p.

Politis, Alexis. 1973. Το δημοτικό τραγούδι: Κλέφτικα. Athens: Ermis.

Politis, N. G. 1874. Νεοελληνικὴ Μυθολογία. Vol. 2, pp. 205-end. Athens: Karl Wilberg and N. A. Nakis.

Ricoeur, Paul. 1981. "Narrative Time." In Mitchell 1981:165-186.

Romanias, Alekos. 1965. Η Λεβεντογέννα: Ηθογραφικά Κρήτης. Iraklio: n.p.

Rosaldo, Michelle Z. 1980. *Knowledge and Passion: Ilongot Notions of Self and Social Life*. Cambridge, Eng.: Cambridge University Press.

St. Clair, William. 1972. *That Greece Might Still Be Free: The Philhellenes in the War of Independence*. London: Oxford University Press.

Saulnier, Françoise. 1980. *Anoya, Un Village de Montagne Crétois*. Paris: P. H. Stahl/Laboratoire d'Anthropologie Sociale.

Spyridonidis, K.-V. 1980. Εφαρμογές των αρχών της σημειωτικής στο πολεοδομικό σχεδιασμό. In Karin Boklund-Lagopoulou, ed., Σημειωτική καὶ Κοινωνία, pp. 131-156. Athens: Odisseas.

Tanner, Adrian. 1978. "Divinations and Decisions: Multiple Explanations for Algonkian Scapulimancy [*sic*]." In Erik Schwimmer, ed., *The Yearbook of Symbolic Anthropology*, 1, pp. 89-101. Montreal: McGill-Queen's; London: C. Hurst.

Tuffin, Paul G. 1972-73. "The Whitening Crow: Some *Adynata* in the Greek Tradition." Ἐπετηρίς, Κέντρον Ἐπιστημονικῶν Ἐρευνῶν [Nicosia] 6:79-92.

Turner, Victor. 1974. *Fields and Metaphors: Symbolic Action in Human Society*. Ithaca: Cornell University Press.

Vasdravellis, John K. 1975. *Klephts, Armatoles and Pirates in Macedonia during the Rule of the Turks, 1627-1821*. Scientific Treatises, Philological and Theological Series, no. 43. Thessaloniki: Society for Macedonian Studies (Ἑταιρεία Μακεδονικῶν Σπουδῶν).

Vlastos, Pavlos. 1909. Ὁ Διγενής: Ἀρχαῖος Γίγας καὶ Μέγας Ἥρως τῆς Κρήτης. Iraklio, fascicle of Ὁ Κρητικὸς Λαός.

Waugh, Linda. 1980. "The Poetic Function in the Theory of Roman Jakobson." *Poetics Today* 2:57-82.

Xenos, Stefanos. 1865. *East and West: A Diplomatic History of the Ionian Islands to the Kingdom of Greece*. London: Trübner.

Zambelios, Spyridon. 1859. Πόθεν ἡ κοινὴ λέξις Τραγουδῶ; Σκέψεις περὶ Ἑλληνικῆς Ποιήσεως. Athens: P. Sousas & A. Ktenas.

索　引

（索引页码为原书页码，即本书边码）

abduction 绑架　参见 bride theft

action 行为；意义基础 xiv,4,16,18,140

adynaton 怪诞诗；修辞手段 224,290 注

affines 姻亲 54,58,59,60,70,76,88,96,
101,103,105,117,118,161,162

agnosticism 不可知论　参见 belief

agricultural and Pastoral Cooperative 农牧
合作社 270

agricultural Bank 农业银行 270

agriculture 农业 4,6,55,95,111,229,262,
264,266,268；同见 farmers,attitudes to-
ward

Alexander the Great 亚历山大大帝 291 注

Alexiou,Margaret B 玛格特・B. 阿列克谢
288 注

Alivizatos,Amilkas S 阿米尔卡斯・S. 阿
利维萨托斯 68,284 注

Allayi（Rethimno）改变（雷西姆诺）280 注

Allbaugh,Leland G 利兰德・G. 阿尔博 131

Allen,Peter S 彼得・S. 艾伦 23

alliances, allies 联盟；同盟 55—56,126,
157,162,166,184,185,190,193,194,
215,285 注

Anagnostopoulos,Xenophon 色诺芬・阿纳
格诺斯托普洛斯 280 注

androcentrism 男性中心主义 52,100,286 注

Andromedas,John 约翰・安德米达斯 282 注

animals 家畜；男性竞争对象 52

aorites 山里人 38,39,40,69,81,259

"apostasy"变节；希腊议会历史（1963—67）
97,118

Arab society 阿拉伯社会；～中的亲属关系
283 注

archaeology of Crete 克里特岛考古 8

Ardener,Edwin 艾德温・阿德纳 286 注

Aristotle 亚里士多德 10

Arkadi monastery 阿卡迪修道院；1866 年
焚毁 7,9—10

arotikhtadhes 打听人 32,74,99,175,189,
197

Asia Minor disaster of 1922 小亚细亚灾难
（1922 年）93；克里特岛难民 94

Assyria 亚述 34

Athens, Athenians 雅典；雅典人 xvi,19,
24,34,37,93,97,98,100,106,117,118,
215,261,266,285 注,292 注,

avoidance 避免 61,62,74,80

Axos 艾斯欧斯 280 注

backgrounding 背景 97,206

Balkans 巴尔干；小巴尔干人,隐喻小家族
67,84

banditry 盗匪 29,279—280 注；同见 brig-
andage

baptism 洗礼；～仪式 20,68—69,212—
213；滑稽模仿 242；当地同盟基础 55—
56,157,219,220；～解决偷盗纠纷 74,
82—83；～与偷盗周期结束 174,191,

136,137,138,147,149—162；皮弗口村～（罗德岛）282 注，帕拉马村～262，西提雅～280—281 注；家族集会场合 60—61,101；格伦迪以外的～290 注；赞助人的～59—60；政治候选人进入～102；～礼仪规则 38,52,71,90,152—155,280—281 注；议会候选人使用～119—120

commerce 商业；对～化的牲畜偷盗的负面评价 267,269

Communion 圣餐；神圣仪式 240,242,244

Communism 共产主义；希腊人对立面 27,33,96,278—279 注

Communist Party of Greece 希腊共产党 261；投票～110,116,121,288 注；官方担心～吸引力 27,33

Compensation 赔偿；财产～（羊）83

concealment of stolen meat or animals 藏匿被盗羊和肉 171,196；同见 *koumos*

confession 忏悔 291；世俗～；～与牲畜偷盗 197,199,203,233,239,247；～与宗教仪式 203,239,240,241—242,244,246—247

connectedness 关联；西玛西亚的组成部分 140

conscience 良心；～概念 111,239—240,287 注

conservative parties（moderate）保守党（温和派）96—97,99,109,110,112,261

Constantine I, King 国王康斯坦丁一世 93—94

Constantine II, King 国王康斯坦丁二世 93,157—158

Constantinople 君士坦丁堡 93

cosmology 宇宙学 16,84,87

costume 服装；参见 dress

Couloumbis, T, A　T. A. 库鲁比斯 277 注

Cretan embroidery 克里特岛刺绣 149,151

Crete 克里特岛；～在现代希腊史的地位 6—7,9,92,94,102；～当地历史 7,9

Crick, Malcolm 马尔科姆·克里克 46

Cross 十字架，～符号 204

cultural Society of Glendi 格伦迪社会文化 285 注

custom 习惯；格伦迪人话语概念 239,269,273,287 注

Cyprus 塞浦路斯 52,91,97,152,253

Dafermos, Olimbios 奥利姆别斯·达弗莫斯 280 注

Dance 舞会 xvii,16,17,25,26,67,124,140,141；～中的男女两性 63,65

Danforth, Loring, M 劳瑞·M. 丹弗斯 xv,25,71,281 注,286 注,288 注,290 注

Davis, J J. 戴维斯 xi,33,52

death 死亡 xv, xvii,10,53—54,63,85,106,126,140,141,149,240,247,249,252,253,255,257；婚姻类比 126,288 注；牲畜～146—148；同见 funerals, mourning

definition 定义；～的具体化 272

democracy 民主；～概念 99,120

demonstrations 表现；政治～272

detection 侦查 197,200；躲避～198—199

devil 魔鬼 140,158,161,243,291

diagramming 图表 142

diagramming 方言；克里特岛～xix,6,20,24—25,124,209,210,211,236,274,275—276

Di Bella, Maria Pia 玛利亚·皮亚-迪贝拉 9

dictatorship 独裁 96,259,261，同见 junta

diet 饮食；克里特人～131,226

Digenes 狄金尼（神话人物）35,280 注

diglossia 正规和通俗语言并用 278 注

Dimen, Muriel 穆里尔·迪门 8

图书在版编目(CIP)数据

男子汉的诗学：一个克里特岛小山村中的竞争和身份认同/(美)迈克尔·赫兹菲尔德著；赵德义，徐鲁亚译.—北京：商务印书馆，2023
(汉译人类学名著丛书)
ISBN 978-7-100-21542-8

Ⅰ.①男… Ⅱ.①迈… ②赵… ③徐… Ⅲ.①克里特岛—男性—社会人类学—研究 Ⅳ.①C912.4

中国版本图书馆 CIP 数据核字(2022)第 169660 号

汉译人类学名著丛书
男子汉的诗学
一个克里特岛小山村中的竞争和身份认同
〔美〕迈克尔·赫兹菲尔德 著

赵德义 徐鲁亚 译

商 务 印 书 馆 出 版
(北京王府井大街 36 号 邮政编码 100710)
商 务 印 书 馆 发 行
北京市白帆印务有限公司印刷
ISBN 978-7-100-21542-8

2023 年 2 月第 1 版　　开本 710×1000　1/16
2023 年 2 月北京第 1 次印刷　印张 20¼
定价：95.00 元